中国军事专家文库

孙子兵法
制胜智慧

吴如嵩　著

北京出版集团
北京人民出版社

图书在版编目（CIP）数据

孙子兵法制胜智慧 / 吴如嵩著. — 北京：北京人
民出版社，2025.4. —（中国军事专家文库）. — ISBN
978 - 7 - 5300 - 0640 - 5

Ⅰ. E892.25

中国国家版本馆 CIP 数据核字第 2024YU5463 号

中国军事专家文库

孙子兵法制胜智慧

SUNZI BINGFA ZHISHENG ZHIHUI

吴如嵩　著

*

北 京 出 版 集 团
北 京 人 民 出 版 社 　出版

（北京北三环中路 6 号）

邮政编码：100120

网　　　址：www. bph. com. cn

北 京 出 版 集 团 总 发 行

新 华 书 店 经 销

北 京 华 联 印 刷 有 限 公 司 印 刷

*

787 毫米 ×1092 毫米　　16 开本　　18.25 印张　　235 千字

2025 年 4 月第 1 版　　2025 年 4 月第 1 次印刷

ISBN 978 - 7 - 5300 - 0640 - 5

定价：89.00 元

如有印装质量问题，由本社负责调换

质量监督电话：010 - 58572393

编辑部电话：010 - 58572414；发行部电话：010 - 58572371

"中国军事专家文库"编委会

主 　 任：彭光谦

副 主 任：黄迎旭　樊高月　包国俊

委 　 员：（按姓氏笔画排序）

王幸生　刘庭华　齐德学

李际均　李炳彦　吴如嵩

陈 舟　邵维正　武 军

胡光正　姚有志　袁德金

徐 焰　黄朴民

总　序

　　在 2021 年举国隆重庆祝中国共产党百年华诞后，2027 年将迎来中国人民解放军建军的百年华诞。百年征程，华章异彩。以毛泽东同志为代表的中国共产党人坚持把马克思主义的普遍真理与中国革命战争的具体实践相结合，创立了毛泽东军事思想的科学理论体系，指导我军从无到有，从小到大，从弱到强，从胜利走向胜利。我军也由此具备了高度的理论自觉，形成了重视总结经验、重视理论创造的优良传统，军事理论建设取得了极其丰硕的成果。习近平主席强调指出，科学的军事理论就是战斗力，一支强大的军队必须有科学理论作指导，要紧紧扭住战争和作战问题推进军事理论创新，构建具有我军特色、符合现代战争规律的先进作战理论体系，不断开辟当代中国马克思主义军事理论发展的新境界，从而为推进军事理论创新指明了方向。

　　值此建军百年之际，我们在北京出版集团北京人民出版社支持下，策划出版"中国军事专家文库"（简称"文库"），旨在总结和展现新中国成立特别是改革开放以来我国军事科学研究取得的丰硕成果，为新时代国防和军队建设尽一份绵薄之力。我们相信，"文库"的出版发行，不仅可以为我军官兵加强理论学习、提高理论素养和开发思维能力发挥积极作用，而且可以为关心中国国防和军队建设的人们提供一个了解中国军事理论建设发展的重要窗口。

为了确保"文库"发挥应有的价值和效益，我们在编辑过程中主要遵循以下几条原则。

第一，突出完整性，尽可能覆盖中国军事科学的各个学科方向，包括军事思想、军事战略、战役战术、作战指挥、军事制度、军队建设、军队政治工作、军事历史、军事经济、外国军事等，其中有专著也有论文集，能比较系统地反映中国军事科学发展的情况。

第二，突出学术性，重点关注基础理论研究，着重反映中国军事科学基础理论建设的情况，同时保持对现实的观照，体现军事理论对军事实践的先导作用。

第三，突出权威性，所收著作的作者均为中国军事科研领域中有深厚学术造诣的专家，是各学科方向的领军人物，在军内外享有盛誉，他们的科研成果为推进中国军事科学发展发挥了积极作用。

第四，突出全面性，力求反映中国军事科学发展全貌，所收入著作创作的年代跨度要尽可能大，能够反映中国军事科学发展的大体脉络。

第五，突出实用性，面对的读者群主要是党、政、军高层领导和机关人员，军事科研机构人员和军事院校研究生及地方高校的国防教育人员，以及众多的军事爱好者等。

"文库"是一个长线产品，前期规划出版40本，约1200万字。其中，第一辑出版10本，作者主要是曾在中国人民解放军军事科学院从事过军事理论研究工作的专家。军事科学院是叶剑英元帅建议创办的我国专门从事军事科学研究的机构，是军事科研信息的"集散地"。军事科学院各个时期专家的科研成果反映了那个时期的军队作战和建设理论需求的前沿性问题，对军事理论研究发挥了引领作用。我军的各级院校、科研机构和领导机关也活跃着一批军事专家，他们是我军军事理论研究队伍的重要力量，其在各个时期的研究和创作丰富了我军军事理论的内涵，推动了我军军事理论的发展。在"文库"后续推出的著作中，我们将扩大作者范围，收纳军队各级院校、科研机构和领导机关的军事专家在各个时期的优秀理论成果。

"兵者，国之大事，死生之地，存亡之道，不可不察也。"军事理论研究探寻的是国家安危之道，关乎江山社稷，是世界范围内军事竞争的重要领域。唯有军事理论先进、军事理论素养高的军队，方能在残酷的军事竞争中占据主动，这已经被世界战争史，包括我军历史所充分证明。新时代，我军正在习近平强军思想的指引下开启新征程，为迎接世界新军事革命加速发展的挑战，向着全面建设世界一流军队的方向迈出坚定步伐。"实践发展永无止境，认识真理永无止境，理论创新永无止境。强军是具有很强开创性的事业，我们要不断适应新形势、应对新挑战、解决新问题，在实践上大胆探索，在理论上勇于突破，不断丰富和发展党在新时期的强军思想，让马克思主义军事理论在强军伟大实践中放射出更加灿烂的真理光芒。"

在此，我们特别要向中国人民解放军军事科学院原副院长任海泉中将表示由衷的感谢。他给予"文库"以极大支持和热情鼓励，不仅对"文库"编辑提出了很重要的指导性意见，而且亲自审阅了一部分书稿，非常负责任地撰写了修改意见，展现了军事科研战线领导干部的使命感和高尚情怀。

由于时间仓促，"文库"难免有挂一漏万之处，敬请各位读者批评指正。

"中国军事专家文库"编委会

2024年7月

吴如嵩

　　军事科学院原军事战略研究部研究室主任，博士生导师，中国孙子兵法研究会副会长兼秘书长，主要研究方向为中国古代兵法与军事历史，已出版《孙子兵法浅说》《孙子兵法新论》《徜徉兵学长河》等10余部专著，发表论文200余篇。全军首批国务院政府特殊津贴获得者、军事科学院首届科研重大贡献奖获得者、"全军优秀科研工作者"荣誉称号获得者，中共十四大代表。

内容简介

　　本书是一部比较全面地介绍孙子其人其书的著作，主要内容包括对孙子的世系、故里、生平等内容的考证，对孙子兵法中蕴含的军事思想和军事辩证法的深入阐发，以及孙子兵法在非军事领域的广泛应用，等等。作为我国权威的古代兵法专家，作者对孙子兵法的研究极为深入。全书史料丰富、论证严谨，条分缕析、新意迭出，语言流畅、通俗易懂，读来令人深受启发。

代序：兵法共此生

　　我一介书生一头闯进军事天地，弹指间，竟然过去了40多年。40多年过去了，许多往事已不复记忆。但是，1963年古代兵法研究室主任李大磊将军在我报到时与我的谈话至今还言犹在耳。他说，古代兵法研究室是院长兼政委叶剑英元帅指示设置的科研单位，成立才两年，正是用人之际，特别需要你们这些大学生来开掘祖国的历史瑰宝。从事这项工作是要干一辈子的，要下决心埋骨红山（军科院位于红山南麓），要有使命感、责任感。要耐得寂寞，耐得清贫。当时，我聆听着这位抗日战争时期邯郸地区李向阳式的英雄人物（他当时任团长）的话，看着他慈祥和悦的面孔，一种庄严神圣之感油然而生。

　　参军从戎，不是我的初衷，却是我的幸运；研究兵法，不是我的选择，却符合我学术报国的志愿。

　　古代兵法研究确实是一个特殊的领域，面对那散发着异味的线装书、冷僻怪异的兵法术语，一时很难适应。工作中，我明显地感到自己的差距太大，必须从零开始，奋起直追。为了适应工作的需要，完成领导赋予的任务，我确曾不惜烛薪之耗，夜以继日地读书。军科院图书馆馆藏的古代兵书之多，在全军乃至全国都是数一数二的。"文革"前的两三年，我几乎把上千册兵书生吞活剥地浏览了一遍。当时我就是怀着一种近乎幼稚的想法，想看看古代兵法究竟是怎样的情形，它有哪些书，书中讲的什么内容，等等。几年下来，对古代兵法总算是有了一个初步的印象，懂得了一点入手的门径。

对于工作，我们那个年月，确实如常言所说"我是革命一块砖，东西南北任党搬"，没有多少个人的考虑。但是，"文革"的重创使我对古代兵法研究，对军事历史研究，严重地动摇了。当时，在对"封资修""大洋古"的大批判中，不仅古代兵书被弃如敝屣，有些知识分子也被视为异己，甚至被戴上"三反分子"的帽子。我们那一批同期入伍的大学生，不少人复员的复员，转业的转业。1970年我被下放到"五七干校"，心情十分苦闷，自己也觉得古代兵法是故纸堆，没有用处，想改行。

这里，不能不提到我的母亲翁淑馨。在我身上不仅流淌着她的血液，也灌注着她的灵魂。她为我多次把握着人生的航向，这次又是她改变了我的想法，使我继续坚持本职工作。她的祖上是可以称得上书香门第的名门望族，她本人却饱受磨难，经历过革命战争的洗礼，通达世事。她多次来信鼓励我不要放弃古代兵法研究，其中有这样一段话：

语曰名将不读兵书，此非定论，如张良受书老人也。曰：读此可为帝王师。陈平家贫好学，六出奇计，遂定天下。关公、杜预、狄青、岳飞之伦，均以好左氏传著名，而陆逊、虞允文竟以儒生建战场之伟绩，挽末造之颓风，则高谈时务者正不可轻量书生也。

她的来信，对于我无异于醍醐灌顶。我一读再读，受益良深。再加上她还以自己曲折的革命经历告诫我如何对待人生的挫折，使我增强了信心。至今想起，仿佛她老人家音犹在耳，容犹在目，抚今思昔，不胜嘘唏。

在"文革"中，军科院的研究工作算是较早转入正轨的。自1971年整编后，我们第三研究室开始为编写中国军事史做一些前期研究，因为人员少，年轻人更少，领导给我压任务，我也都欣然接受，积极完成，诸如审校《中国历代战争年表》，撰写《毛泽东著作中以弱胜强的十个战例》、《中国北方古代战例选编》、《中国古代战争战例选编》（内部本），以及参与银雀山汉简《孙子兵法》《孙膑兵法》的研究等，我的工作量都比较大。

出版了看得见的成果，得到领导重视，受到领导表扬，对本职工作的兴趣也在不知不觉中浓厚起来。

对于兵法研究，在志趣上、在学术上真正得到一次升华、一次洗礼是1975年以后。当时，《孙子兵法》研究的大师、革命老前辈郭化若将军从南京军区副司令员调任军科院副院长。郭老调来之前，毛泽东有一个批示，要他"对所著《孙子今译》写一个批判吸收性的序言，可以再版"。宋时轮院长指定了三个同志协助郭老修订《孙子今译》，我是其中一个，也是年纪最轻、官阶最低的一个，另外两位都是正军级的老干部。包括郭老后来一本《孙子译注》在内，我在郭老指导下工作了好几年。

郭老既是经师又是人师，我不仅在一个难得的宽松的环境里亲炙他的教诲，追随其杖履，学习他点石成金的研究方法，而且我也从他那里学到了怎样做人做事，特别是他刻苦钻研的敬业精神、一丝不苟的治学态度，使我终身受益。早在1938年，他遵照毛泽东的指示开始研究《孙子兵法》，"文革"中又因为《孙子兵法》研究遭到无理的批判，受到不公正的待遇，但是他初衷不改，矢志不渝。

他是名将，又是大师。他身经百战，军事素养深厚，但是不骄不躁，为了落实毛泽东指示的写好"批判吸收性的序言"，我陪他先后访问了胡乔木、胡绳、邓立群、杨宽等好几位大学者。他们对郭老的序言初稿认真地阅读，坦诚地发表意见。他们的高谈阔论，真使我大开眼界，让我进一步看到了古代兵法的价值，懂得了学习研究它的重要意义，也学得了一些学问之道。

在我的学术生涯中，对古代兵法研究从"任务"向"兴趣"转变的标志大概要算1983年《孙子兵法浅说》一书的撰写。这是我研究《孙子兵法》公开发表的第一部著作。

《孙子兵法浅说》不仅是我的处女作，也是我后来在《孙子兵法》研究上得到多方面发展的奠基之作。撰写与出版这本书，从创意到写作自始至终都得到了郭老的鼓励、支持和帮助。

当时，郭老已是接近80高龄的老人了，工作又忙，但是，他对于我的提问、我的疑难，总是不厌其烦地给予解答。他那循循善诱的风范，至今想来，历历在目。他那诲人不倦的精神，令人难以忘怀。

初稿写出后，郭老不仅审阅了全部书稿，提出了十分中肯的修改意见，还为我这本学步之作题写书名，亲笔作序，并在序中特别写道，说我对他的"《孙子今译》前言的改版和注释，也费了一番力量相助，从而也就加深了对《孙子兵法》的兴趣"。

收到郭老的赐序，我十分激动，十分感激，特地到郭老家中当面致谢。郭老很健谈，也喜欢与我们年轻人闲谈。听他谈话，如沐春风，如饮甘露。他的官大，但从不颐指气使；他是大师，却乐于奖掖后进。记得那天谈到我对孙子"不战而屈人之兵"的理解与他不同时，他笑了，说："搞学术研究要允许别人有不同观点。你的书，如果都与我的书相同，那岂不把你自己否定了；如果都与我不同，那岂不又把我否定了。有所同，有所不同；有所继承，有所发展；有学习借鉴，又有独立思考，人类才能进步。我已老矣，你还年轻，《孙子兵法》研究，古代兵法研究，薪火相传，下一步的接力棒就历史地落在你们身上了！"

1995年，享年91岁的郭化若将军病逝。在他逝世一周年之际，我在《解放军报》发表题为《缅怀儒将郭化若》的纪念文章。2004年，军事科学院隆重举行郭化若诞辰一百周年纪念大会，我被指定做大会发言。与此同时，我又在《人民日报》发表了《志壮情深的革命诗史——为纪念郭化若将军百年诞辰而作》一文。郭老偃塞匡床时，我曾怀着沉痛的心情设灵堂，书挽联。后因出差，未能参加对他的告别仪式，深感遗憾。现在仅以以上文字权作心香一瓣，寄托我的哀思。

《孙子兵法浅说》仅是一本10万字左右的小册子，20多年来，多次重印，颇受读者欢迎。一本名为"浅说"的著作，为什么会引起如此广泛的关注和好评呢？原因在于，我打破了注释、翻译的传统著作模式，对孙子十三篇每一篇的核心思想都进行了提炼、概括和阐述。为了探索《孙子兵法》的成书时代是春秋而不是战国，我将记载春秋军事史的主要文献《左传》中的战例分门别类地从头到尾梳理了一遍，并在《孙子兵法浅说》中全部引用春秋时期的战例来论证孙子的观点，从而得出了《孙子兵法》完全有条件成书于春秋时期的结论。

又如，当时有一种观点，认为孙子"不战而屈人之兵"的思想是唯心主义的。我在《孙子兵法浅说》中对"不战而屈人之兵"重新进行了诠释，肯定了其合理意义，明确提出，如同老子的思想核心是"道"，孔子的思想核心是"仁"一样，孙子的思想核心是"全"，即"不战而屈人之兵"的全胜思想。应该说，这一论点，在孙子研究史上具有一定的意义。其后，我又在《析不战而屈人之兵》（《中国军事科学》1988年第1期）及《不战而屈人之兵与威慑战略》（《徜徉兵学长河》，解放军出版社2002年版）中进一步全面系统地阐述和发挥了这一观点。

5年之后，我又出版了关于孙子研究的第二本专著《孙子兵法新论》。"新论"之新，主要体现在突破了以往平面图解的孙子研究模式，将孙子的军事思想概括为安国全军的慎战论、谋深虑远的先胜论、不战而屈人之兵的全胜论、威加于敌的伐交论、纵深奔袭的突袭论、攻虚击弱的易胜论、示形动敌的致人论、因利制权的任势论、兵以诈立的诡道论、奇正相生的阵法论、用兵八法与十围五攻的常法论、令文齐武的治军论、五德兼备的将帅论、因粮于敌的后勤论、九地六形的军事地理论、刚柔皆得的战道论等十六个方面，并结合古今中外的战例进行阐释，提出了一些新的观点。可以说，这是我将《孙子兵法》与现代战争理论相结合进行研究的产物。如果说《孙子兵法浅说》是对《孙子兵法》的解读的话，那么，《孙子兵法新论》便可以理解为对《孙子兵法》的解悟。

今天这本《孙子兵法制胜智慧》与《孙子兵法浅说》、《孙子兵法新论》对《孙子兵法》的解读、解悟也有了很多的不同。这诸多的不同，或许就是进步，就是新意之所在。

《孙子兵法浅说》的写作形式是串讲，《孙子兵法新论》的写作形式是分论，打破了《孙子兵法》原来的体系结构；这本《孙子兵法制胜智慧》的写作形式又是串讲。表面上看，似乎转了一圈又回到了原来的地方，然而这或许是一个升华，是从看山是山，看水是水，进到看山不是山，看水不是水，再进到看山还是山，看水还是水的境界。

原来，《孙子兵法》这座"山"不是平常的"山"。它是兵法，又不是平常的兵法。它既不同于中国其他的兵法，更不同于外国的兵法。它蕴含了一种精神，这种精神体现了中国传统军事文化的情操、价值和生命力。要懂得它、理解它，必须靠心领之，神会之。我至今并没有完全理解它，只不过是进入到理解的层次而已。然而仅仅达到了理解的层次，我就用了几十年的时间，占去了我一生中最宝贵的年华。

对《孙子兵法》，每读一次就有一次新的感受、新的理解、新的认识、新的领悟。老实说，我这一生啃得最仔细的书莫过于它。学习它，品味它，是一种享受。阅读《孙子兵法》不必用红蓝铅笔标记重点，因为它字字珠玑，都是要言妙句。它那古老的命题，仿佛一个个神秘的符号、一扇扇神奇的大门、一座座诱人的宝库，等待你去破译，去发现。每当我有一点心得，便有如在黑暗中看到一缕亮光，令人神往。

正当我像蚕虫开始吐丝的时候，组织上对我也更加关怀，更加重视。1985年，提前晋升我为副师职，1988年任研究室主任，同年职称评定为研究员。先后任硕士生、博士生导师，1987年被评为全军优秀科研工作者，1991年首批获得国务院政府特殊津贴，1998年获军事科学院重大贡献奖。

随着岁月的流逝，对于军科院，我愈来愈有一种老死此地的归属感，对于古代兵法研究也愈来愈有一种不容旁贷的责任感。

历史把我们推向了古代兵法研究的前沿，时代赋予了我们承接祖国军事文化瑰宝的重任，这是国家的需要、军队的需要、人民的需要，是不容推托的，也是不容迟疑的。我觉得，所谓责任感、使命感就是把继承和发展祖国优秀的兵学文化视为自己毕生奋斗的事业，既要珍视它，也要捍卫它。无论珍视还是捍卫，都应当是自觉的行为、无私的行为。

我想，这种责任感不仅表现在完成领导赋予的研究任务，更在于主动地、自觉地去争取任务，完成任务。

中国孙子兵法研究会从酝酿到成立可以视为一个典型的例子。

早在1988年秋，战略部部长谢国良将军对我说："我们应该成立一个《孙子兵法》研究的学会，以便与军内外乃至国内外的同行进行广泛的学术交流，真正起到弘扬兵学文化的作用。你们三室就负责具体的日常工作。"我觉得他的这个想法很好，只是担心上级领导会不会批准。因为军科院在历史上就没有组织成立过这种学会。谢部长说，上面的事由他去办，让我只负责筹备事宜。最后，此事经过多方努力和协调终于得到中国人民解放军总政治部和民政部批准，中国孙子兵法研究会于1989年5月正式成立。谢部长任研究会会长，我任副会长兼秘书长。没有想到的是，中国孙子兵法研究会一经成立，就"一鸣惊人"，1989年、1990年、1992年连续举办三届"孙子兵法国际研讨会",迄今已召开了九届国际研讨会,国内外学者济济一堂,交流学术,受到学术界普遍的关注和好评。为了使会议圆满举行,我作为大会组委会秘书长(后几届任顾问),倾注了大量心血。

2002年底,我退休了。从在职到退休,无疑是人生的一大转折。仿佛驾驶着一条船从浪涛中驶进了港湾,本以为从此可以过一种悠闲、静谧的生活,但是,兵法研究仍然使我魂牵梦绕。我总在想,随着信息化时代的来临,战争形态将发生根本性的变化,传统的军事文化如何与现代化对接,如何与世界军事文化对接,这个问题必须解决,这个门槛必须迈过。在军事学术上,特别是在战略研究上,只了解现实,不了解历史是跛足学者;而只了解历史,不了解现实,则是盲目学者。

我深深体会到,包括《孙子兵法》在内的军事学是一门异常严肃的学科,军国大事,不容空腹高心,乱发议论。特别是一些现实课题,一文一书,一字一句,责任重大。军事学又是一个学科密集的领域,例如古代兵法研究,不过是军事学的分支学科军事思想下属的一个分支。即使是这样一个三级分支学科,过于单纯的文化素养也是很难胜任的,它要求具备多方面的知识,除了军事学知识之外,还要懂得历史学、哲学、古代汉语、校勘学、文献学乃至谱牒学、历史地理学等学科的相关知识。

培根说得好:"进入学问的世界必须像赤子一样。"中国古代兵学深不可测,《孙子兵法》博大精深,以之同西方军事著作相比,中国的古代兵法要深沉得多,高明得多,厚重得多。中国兵法如草书,笔尽而势不尽;西方兵法如楷书,字终而意亦终。二者确有高下之分。

兵法之事,入妙易而入神难。西方文化崇尚奇妙,精确制导,百发百中;而中国文化崇尚神奇,追求一种境界,诸如"争棋无名局,善战无勇功""止战无与战""冲动无战略""无招胜有招""四两拨千斤"等,西方人不易懂,就像他们不了解中国国画的风中之竹、水中之鱼,中医的"司外揣内"、辨证施治一样。

如果说中国古典兵学是一座高山，那么，《孙子兵法》就是高山之巅。前人云"会通之时人已老"，对于我们这种才智平常的人，虽然已老，对《孙子兵法》的研究仍然未能实现"会通"，未能登上它的山巅。我想，那些达到"会通"之境的人，除了他们具有丰富的实践条件之外，天资聪颖、刻苦勤奋也是重要的因素。高山仰止，我还要攀登。"倘能生存，我当然仍要学习"，鲁迅先生的这句名言就是我的座右铭。

目　录

一、兵圣孙子

在我国历史上，春秋战国是一个产生巨人的时代，也是一个产生巨著的时代，老子、孔子、孙子、孟子、商鞅、韩非……诸子百家，群星灿烂。孙子正是这灿烂群星中的一颗。

（一）孙子本事

孙子名武，字长卿，齐国乐安（今山东惠民）人。关于孙子的家世和生平，宋欧阳修《新唐书·宰相世系表》及邓名世《古今姓氏书辩证》均有详细记载。他的始祖是虞帝舜，姓妫氏。到周武王时，封妫满于陈，因此妫满便是陈氏的始祖。待到公元前672年陈国公子陈完避难奔齐后，又改称田完。《新唐书·宰相世系表》指出："齐田完，字敬仲，四世孙桓，子无宇，无宇二子：恒、书。书，字子占，齐大夫，伐莒有功，景公赐姓孙氏，食采于乐安。生凭，字起宗，齐卿。凭生武，字长卿，以田、鲍四族谋为乱，奔吴，为将军。三子，驰、明、敌。明食采于富春，自是世为富春人。明生膑。"

田完即陈完，原是陈厉公之子，其后世子孙在齐国位居重臣。孙武出生的具体年代已不可考，但不应晚于齐景公对其祖父孙书封邑赐姓（公元前541年齐国伐莒）之时。孙武因齐国田氏、鲍氏、高氏、栾氏四姓之乱逃奔吴国，在姑苏（今苏州）附近隐居。公元前512年经伍员推荐，孙武晋见吴王阖闾（一作阖庐），献兵书，斩美姬，任将军，经国治军，使吴国很快

— 1 —

富强起来。公元前506年，孙武协助吴王阖闾大举攻楚，攻下楚都郢城（今湖北江陵西北），取得了"以三万破楚二十万"（刘向《新序》）的胜利。其后的事迹便无具体的历史记载。《史记·孙子吴起列传》称，吴国"北威齐晋"，"孙子与有力焉"，这与《吕氏春秋·简选》记载的吴国曾"北迫齐晋，令行中国"相类似。《史记·伍子胥列传》又指出："当是时，吴以伍子胥、孙武之谋，西破强楚，北威齐晋，南服越人。"至于孙武何年、何地、因何而终，则是历史悬案。《汉书·刑法志》云："孙、吴、商、白之徒，皆身诛戮于前，而国灭亡于后。"颜师古注，"孙"即孙武。而《唐太宗李卫公问对》则称，孙武"脱然高引，不知所往"。《曲品校录·能品哭吴》亦云："孙子十三篇兴吴，吴几霸矣。功成身隐，盖不欲为胥江之怒涛耳。"孙武究竟是被冤杀还是功成身退，终老天年，已无从确考。东汉《越绝书·记吴地传》载，今江苏苏州相城区"巫门外大冢，吴王客齐孙武冢也，去县十里"。据此，则孙武应是死于吴国。现在，此冢已重新迁徙、修缮，仍置于原址不远处，有树木水塘，肃穆幽静，俨然一可供后人凭吊的陵寝。

对于孙武其人，战国、秦汉直至隋唐，无人怀疑。宋代刮起一股疑古之风，个别学者对历史上是否确有孙武其人产生了怀疑。南宋叶适认为，"孙武为大将，乃不为命卿，而左氏无传焉"，因此断定"凡谓穰苴、孙武者，皆辩士妄相标指，非事实"（《习学记言序目·孙子》）。南宋陈振孙也认为"孙武事吴阖闾而不见于《左氏传》，未知其果何代人也"（《直斋书录解题》）。宋人这一怀疑，明代无人响应，但清代以后却多有附和者。清代全祖望说："水心（叶适的字）疑吴原未尝有此人，而其事其书皆纵横家所伪为者，可补《七略》之遗，破千古之惑。"（《鲒埼亭集·孙武子论》）姚际恒亦云："然则孙武者，其有耶？其无耶？……其书自为耶？抑其后之徒为之耶？皆不可得而知也。"（《古今伪书考》）近人金德建断言"所谓孙武，全为伪托之说"（《孙子十三篇作于孙膑考》），齐思和认为"孙武实未必有其人"(《孙子兵法著作时代考》)，日本学者斋藤拙堂则认为"孙膑与孙武，毕竟同是一人，武其名，而膑是其绰号"(《孙子辨》，收入江侠庵编译《先秦经籍考》内）。但南宋以来这些对孙武其人的怀疑之说，因证据不足，并未得到学术界的认可。

（二）《孙子兵法》的成书时代

《孙子兵法》原称"兵法十三篇"(《史记·孙子吴起列传》)，《汉书·艺文志·兵书略》记为"《吴孙子兵法》八十二篇，图九卷"。《孙子兵法》之名，乃汉代以后的称谓，如《隋书·经籍志》著录的沈友的撰解即为《孙子兵法》，曹操、王凌集解的《孙子兵法》，等等。《孙子兵法》十三篇的篇目为：一、《始计》；二、《作战》；三、《谋攻》；四、《军形》；五、《兵势》；六、《虚实》；七、《军争》；八、《九变》；九、《行军》；十、《地形》；十一、《九地》；十二、《火攻》；十三、《用间》。全书不到六千字。

《孙膑兵法》，《汉书·艺文志·兵书略》记为"《齐孙子》八十九篇，图四卷"。大约在东汉末年失传，自《隋书·经籍志》起即不见诸著录。1972年，山东临沂银雀山汉墓出土了竹书《孙膑兵法》残简，现有《银雀山汉墓竹简》整理本。

《孙子兵法》的问世，最早见于《史记·孙子吴起列传》："孙子武者，齐人也，以兵法见于吴王阖闾，阖闾曰：'子之十三篇，吾尽观之矣……'"可见，"十三篇"是《孙子兵法》原来的称谓。《吴越春秋·阖闾内传》的记述则更为详细，即吴王召见孙武后，问以兵法，孙武"每陈一篇，王不知口之称善，其意大悦"。1972年山东临沂银雀山汉墓竹简《孙子兵法》佚文中两次提到"十三扁（篇）"。又，《上孙家寨汉简孙子》佚文亦有"孙子曰：夫十三篇"的文字。以上史料说明，在孙子见吴王时，《孙子兵法》已经是一部完整的著作，对此，唐宋以前无人质疑。但是，宋代梅尧臣首先提出《孙子兵法》乃"战国相倾之说"(欧阳修《居士集·孙子后序》)。南宋叶适进一步在《习学记言》中认为《孙子兵法》乃是"春秋末战国初山林处士所为"。于是,《孙子兵法》的成书时代便成为后来学者所关注的问题。随着时代的推移和研究的不断深入,出现了多种不同看法。比较有代表性的意见是认为《孙子兵法》乃孙膑所著。日本学者武内义雄认为"今之《孙子兵法》一书,是孙膑所著"(《孙子十三篇之作者》)。近人钱穆亦主张"《孙子兵法》十三篇,洵非春秋时书。其人则自齐之孙膑而误"(《先秦诸子系年考辨·孙武辨》)。近人金德建认为,"《孙子兵法》这部书的作者,当为孙膑无疑"(《孙子十三篇作于孙膑考》)。此外,还有《孙子兵法》系战国时人依托说(如清代姚鼐《惜抱轩文集·读孙子》、梁启超《饮冰室专集·汉书艺文志诸子略考释》)、伍员所著说(清代牟庭《校正孙子》)等。

以上诸说,多系臆测,历代学者宋濂、胡应麟、孙星衍、章学诚等均不同意。如宋濂指出:"春秋时,列国之事赴告者则书于策,不然则否。二百四十二年之间,大国若秦、楚,小国若越、燕,其行事不见于经传者有矣,何独武哉?"(《诸子辨》)清代孙星衍更明确认为:"诸子之文皆由没世之后,门人小子撰述成书,惟此是其手定,且在列、庄、孟、荀之前,真古书也。"(《孙子略解·叙》)特别是银雀山汉墓《孙子兵法》与《孙膑兵法》的同时出土,澄清了千年迷雾,肯定了春秋与战国确有孙武与孙膑其人,各有《孙子兵法》与《孙膑兵法》其书。

但是,争论并没有就此结束。1979年,李零在《文史》第7辑上发表了《关于银雀山简本〈孙子〉研究的商榷》,认为汉简两部《孙子兵法》的出土不能完全推翻对《孙子兵法》著作时代与作者的"怀疑之说"。《孙子兵法》不是春秋末孙武亲著,而是"孙子学派"军事思想的记录,成书过程大约从春秋末期的吴国开始,到战国时的齐国,经过长期整理于战国中期成书，其中不能排除孙膑参与了对此书整理的可能性。《中国社会科学》1987年第3期刊出了蓝永蔚的《〈孙子兵法〉时代特征考辨》，从军事史的角度，联系《孙子兵法》所反映的社会和阶级状况，对它的时代特征与版本源流作了进一步的考辨，认为《孙子兵法》成书于春秋末期。

在这个问题上，还有另外两种观点。一是郭化若《孙子译注·再版的话》，认为《孙子兵法》是孙武的门徒根据孙武的著述整理而成，其思想体系属于孙武，成书时间大概是春秋末至战国初；马来西亚学者郑良树《论〈孙子〉的作成年代》（收入《竹简帛书论文集》，中华书局1982年版）更进一步认为，《孙子兵法》成书于前496—前453年，在孙武逝世后40年左右。再就是杨丙安、陈彭《孙子兵学源流述略》，认为《孙子兵法》奠基于春秋，基本完成于战国，定型于秦汉，即以孙武的言论为基础，经战国中期兵家整理，至西汉时校理成书。其主要依据是，春秋无私人著书；十三篇中所论述的虽多是春秋末年的情况，但有些也具有战国时的特征；等等。

从目前出版和发表的有关论著看，多数学者认为《孙子兵法》的作者是孙武，成书于春秋末年，但不排除后人校理时窜入某些字句的可能性。

（三）《孙子兵法》的版本源流

对《孙子兵法》各种版本的研究，杨丙安《宋本〈十一家注〉及其流变》，吴九龙《简本与传本〈孙子兵法〉的比较研究》，李零《读〈孙子〉札记》，高殿芳、陈彭、王颜昱《〈孙子兵法〉在日本的传播源流及一部古书〈孙子兵法〉的再发现》，田旭东《〈孙子兵法〉善本考》等论文集中反映了《孙子兵法》版本研究的重要成果。我与魏鸿博士曾联名发表过《孙子兵学》一文，全面综述了《孙子兵法》研究的概况。现将上述研究成果介绍如下。

1. 关于《孙子略解》本

曹操的《孙子注》，即《孙子略解》，是迄今所见的最早的《孙子兵法》注解本。杨丙安、陈彭《〈孙子〉书两大传本系统源流考》（《文史》第17辑）指出：

曹注《略解》首先见于《三国志·本纪注》。见于书目的，最早是《隋书·经籍志》原注，作三卷；其次是《旧唐书·经籍志》，作十三卷；再次是《新唐书·艺文志》，又复三卷之旧。由此也可看出，《孙子兵法》书到隋时早已由简册改为书卷了。到了宋代，曹注与他家合刻者凡五，即：①魏武、王凌《集解》一卷（见《隋志》），②曹、萧（隋萧吉）《注》，③曹、杜（杜牧）《注》，④曹、杜、陈（唐陈皞）、贾（唐贾林）、孟氏（梁）《五家注》，⑤吉天保辑《十家会注孙子》（《宋史·艺文志》）。时至今日，曹注单行本与以上集注本多已不传，吉辑《十家注》是否即尚存的《十一家注孙子》也有疑问。现在所存之单注，最早见于《武经七书》本与《十一家注孙子》。

关于曹注单本的情况，杨丙安在《宋本〈十一家注〉及其流变》一文中又作了补充：

曹注明本，北图除藏有《武经》二十五卷本与《孙子吴子》五卷合刻本外，还有清徐乃昌校明刊《丛书零种》本。另，严灵峰《知见书目》又录有万历二十年何允中《广汉魏丛书》本。至清，所见亦有十余种，如《四库·孙吴司马法》抄本，上述孙氏《平津》本，张惠言《汉魏丛书》本，王念孙校抄本，咸丰庄肇麟《长恩书室丛书》本，同治《半亩园丛书兵法汇编》本，光绪三年（1877）浙江书局重刊孙氏《平津》本，光绪十年

（1884）朱记荣重刊《平津》本，光绪十五年（1889）浙江书局重刊本，光绪间成都运筹山房写刻左柜笺注本，以及1937年商务印书馆《丛书集成初编》排印本等。曹注在日本也有天正八年（1580）抄容安书院藏本，庆长五年（1600）活字本，宝历甲申（1764）冈白驹校刊本，天保四年（1833）官刊《平津》本，明治十六年（1883）据宋刊铜板本，以及昭和四年（1929）东京文求堂影印《平津》本等。

2. 关于《武经七书》本

《武经七书》最早著录于尤袤《遂初堂书目》，称为《七书》，但在《武经七书》成书之前已有《兵法七书》的合刻本（《太平御览·引书目》）。宋神宗于熙宁五年（1072）六月，继宋仁宗之后重新开设"武学"。为了适应教学和军事训练的需要，元丰三年（1080）四月，宋神宗诏命国子监司业朱服等人"校定《孙子兵法》《吴子》《六韬》《司马法》《三略》《尉缭子》《李靖问对》等书，镂版行之"（《续资治通鉴长编》卷三百三）。校定后的七部兵书共二十五卷，于元丰年间（1078—1085）刊行，统称《武经七书》，以之考选武举和教学。

杨丙安、陈彭在《〈孙子〉书两大传本系统源流考》中介绍说：

现在，元丰年间的官刊本已不可见，清孙星衍《平津馆丛书》中有顾广圻影刊《孙吴司马法》本，保存了该书的原貌。孙诒让以为据以影刊的宋本就是元丰监本，但"慎"字缺笔，故可能是南宋孝宗时的重刊本。南宋高宗绍兴年间，再次"钦定"《武经七书》为武学教本（见《宋史·选举志》），但是否曾予刊印则不可得知。宋刊本另有一种白文大字本（见《仪顾堂题跋》），陆心源根据其避宋代帝讳定为孝宗时刊本。此本原为陆心源丽宋楼所藏，光绪年间，丽宋楼藏书全被日人岩崎购去，存于东京静嘉堂文库，《武经七书》也随之东流日本。1935年商务印书馆所印《续古逸丛书》本《武经七书》即用中华学艺社借照静嘉堂所藏皕宋楼故物影覆。国家图书馆所藏影宋抄本《朱服校定武经七书》（后有张蓉镜跋），盖与上书同出一源。

《武经七书》颁行后，有宋一代还没有为全部七书作注的。而这时，北方女真族所建立的金国却有一种《武经七书讲义》，题为施子美撰。贞祐年间（1213—1217），江伯虎曾予序刻，然国内不见流传，而在日本却流行颇广，有好几种刊本，以庆长本与文久本较善。

元代也有《武经七书》刊行（见《西湖书院重整书目》），今已不存。明初所覆，错字、俗字连篇，几无可采。

明代《武经七书》刊本甚多，见于著录的有：《南雍志·经籍考》所录景泰二年（1451）本与天顺年间（1457—1464）官刊本，《古今书刻》所录南京国子监本、江西袁州本、赣州本、云南布政司本、福建书坊本、福州府学本、南直隶本与淮安府本，《宝文堂书目》所录蜀、陕、闽诸刻本；此外，还有明初复刊元本、《武经七书全集》本、徐乃昌旧藏明中叶刊本、万历年间文锦堂刊本与明末茅氏五色套印本。在明代，为《武经七书》作注和批点的不乏其人。《百家类纂》等丛编类书收录《武经七书》的也有多种。明中叶以后，标题讲章之类的书为数更多。所有这些，有的已不可见，有的则无甚价值。如茅氏五色套印本，对藏书家来说，固不失为可备插架的好书，但对研究者来说，则实可有可无。

清代，直到乾嘉以前都还是"武经"系统占主导地位的时期，而且标题讲章之类的东西也还在大量繁衍。这类东西虽如上所说，价值不大，不过这时期却有一两种值得一提。康熙年间，朱墉的《武经七书汇解》采摭注说颇为广泛，共八十余家。此外，又有夏振翼的《武经体注大全会解》。

此书似据朱书重编，但体例较朱书为胜。夏氏本人的见解也间有可取。

3. 关于《十一家注孙子》本

宋本《十一家注孙子》目前广为流传，校勘者多据为底本。关于此书，杨丙安《宋本〈十一家注〉及其流变》一文论之甚详。他首先对北宋吉天保《十家孙子会注》与《十一家注》本的关系作了考辨。所谓十一家，即曹操、孟氏、李筌、杜佑、贾林、杜牧、陈皞、梅尧臣、王皙、何氏和张预。既为十一家，而郑友贤在其《孙子遗说·序》中却一再提到"十家之注"，并称他的遗说为《十注遗说》。为什么实为十一家而他却说是"十家"呢？这里有两种可能：一是举成数言之；二是如孙星衍、毕以珣、余嘉锡所说"杜佑本不注《孙子兵法》，其注乃《通典》之文；去佑不数，正合十家"。孙星衍之所以称其《道藏》原本即《宋志》吉辑，除上述原因外，可能还有一个原因，就是《道藏·孙子》是十三卷，而吉辑也是十三卷（《宋志》作"十五"，恐系"十三"之误）。如果孙氏的判断不错，那我们就可以说宋本即吉辑，因《道藏·孙子》源于宋本。

杨丙安指出：上述判断虽有其合理性和可信性，但它毕竟带有某些揣测性质。所以，作为一种说法是可以的，但却不能认为它就是无可置疑的科学结论，因为除足以说明二者关系的资料尚欠充分，致使我们对有些事情很难说清之外，还有一个"第三者"在中间搅混，那就是日本昌平坂学问所也存有一部名叫《十家注孙子》的书。此书未著辑者姓名，但却著有十家姓名，这十家是曹操、王凌、张子尚、贾诩、李筌、杜牧、陈皞、孙镐、梅尧臣和王皙。显然，由于这十家与宋本所著"十家"出入很大，故可肯定二者不是一书。但它是否就是吉辑呢？这就不好说了。因为在历史上，佚之于此而得之于彼的事例是不少的。不过，关于该本的情况，我们知道的很少，所以不能作更多的论述。我们只能说它与宋本不是一书。当然，若宋本即吉辑，那它就必是另一种书，否则，我们就不好肯定说它绝对不可能是流传到日本的吉辑。

杨丙安告诉我们，宋本《十一家注孙子》，存世者有三部：

（1）上海图书馆藏本。此书四库虽不见录，但《虞山钱遵王藏书目录汇编》《季沧苇藏书目》《延令宋版书目》《传是楼宋元书目》《天禄琳琅书目》却均有著录。

（2）国家图书馆藏周叔弢先生赠足本。《文禄堂访书记》曾予著录，其中配有明版补页，书尾有承德堂牌记，并有"高山流水""戎马书生"等钤记和岳飞伪印。

（3）除上述周赠足本外，国图又藏有一残本，仅存下卷《地形》以下四篇，钤有"项子京家珍藏""稽瑞楼""常州翁同龢藏本"等印记。

十家本未见元代刻本，明代刊本主要有二：

（1）嘉靖乙卯（三十四年，1555年）锡山谈恺刊本。丁丙《善本书室藏书志》直称此"即《宋志》所称《十家注》也"。北大图书馆藏有明本残卷。

（2）万历己丑（十七年，1589年）黄邦彦刻本。国图与北大均藏有此书。

在清代，成就最大、流传最广、影响最大的十一家注本就要数孙星衍的本子了。孙星衍以华阴《道藏·孙子》为底本，主要依据《通典》《御览》进行校勘。

至于十家注系统在国外的流传情况，据有关资料记载，在日本有宽永六年（1629）官刊本，宽文九年（1669）村上勘兵卫本，天保十三年（1842）官刊本与嘉永六年（1853）活字重印本，以及大正元年（1912）富山房《汉文大系》排印本与《昌平丛书》本等；在朝鲜有明永乐七年（1409）活字本与万历五年（1577）内阁枫山官库本。

4. 关于银雀山汉墓《孙子兵法》竹简本

竹书《孙子兵法》于1972年在山东临沂银雀山一号汉墓中被发掘出

土。参加发掘和整理工作的吴九龙在《简本与传本〈孙子兵法〉比较研究》中指出：一号西汉墓的年代在建元元年（前140）到元狩五年（前118）之间。从字体来看，简本《孙子兵法》的抄写年代当在秦到文景时期，比早期著录《孙子兵法》的《史记》《叙录》《汉书·艺文志》都要早，因而更接近孙武手定的原本。

他断定"简本是传本《孙子兵法》的祖本"。简本《孙子兵法》包括木牍和竹简两部分。木牍一件，是由六块碎片缀合而成的，残长22.3厘米，宽4.3厘米。木牍一面有字，分上中下三栏，从右至左读，内容系《孙子兵法》的篇题。木牍上有绳痕，原本应是系在简册上的，犹如今之书前目录页。竹简共153枚，由372片断简缀联而成，内容系《孙子兵法》十三篇。木牍上书写的篇题残损不全了，尚可隐约辨认，与竹简上的篇题相对照，则能确认一部分。

简本与传本《孙子兵法》篇题有多处差异。木牍有《实虚》篇篇题，二字残损，不太清晰。竹简上此篇篇题亦书"实虚"二字。传本中的此篇篇题为《虚实》。木牍最后一个篇题为《七势》，传本有《势》篇，排列在第五篇。其他篇名可能还有差异，因缺损或字迹不清，无从比较。

简本与传本《孙子兵法》篇题的排列次序有别：①木牍《行军》篇题排在《军争》篇题之前；②木牍《实虚》篇题排在《行军》《军争》篇题之后；③木牍《用间》篇题排在《火攻》篇题之前。看来与简本同时代或更早期的《孙子兵法》简册，虽然足本都是十三篇，但彼此的篇目次序并不见得相同。究其原因，《孙子兵法》每篇可单独成立，这是篇目次序不同的条件。其次是古时书少，全凭手抄，得来不容易。如无法获得足本，一旦借到某篇或某几篇即按得来的时间先后，抄在已编联好的简册上，甚至简帛后有富余的地方，还要抄上其他文章，自然难得次序一致。三则弟子从师学习兵法，师承不同，传授兵法的篇目次序也不会全然相同。

5. 关于日本《古本孙子》樱田本

关于樱田本，高殿芳、陈彭、王颜昱在《〈孙子兵法〉在日本的传播源流及一部古本〈孙子兵法〉的再发现》一文中介绍说：

这部古本《孙子兵法》大约于二十世纪二十年代初，由日本研究《孙子兵法》的著名学者佐藤坚司发现，它是日本仙台藩士、长沼派武学学者樱田迪将家藏抄本《古文孙子》加以标点刊行于世的。1942 年 5 月 3 日，佐藤又在宫城县图书馆发现北条氏长所撰的《孙子外传》抄本。《外传》是古本《孙子兵法》的注解。1962 年，佐藤坚司《孙子之思想史的研究》一书出版，书中附印了《古文孙子》与北条的《外传》抄本，从而才使这两部古籍又为世人所知。

樱田迪于日本嘉永五年（1852）把《古文孙子》加以标点，与他的《略解》一并刊印行世。他在《略解・凡例》中写道："言传入余家之旧《孙子兵法》正文一册，古文《孙子兵法》也。其自何时自何处传来，不可得知。"北条氏长撰写《孙子外传》的时间，据佐藤坚司考证当在日本正保三年（1646）以后。北条在《外传・自序》中说："近视《古本孙子》一编，以其禁秘书，讳言出处。"但令人费解的是，北条撰写《外传》，是庆长十一年（1606）《武经七书》在日刊行以后，此时日本已解除了对《孙子兵法》的禁令，为什么还"讳言出处"呢？而且北条也没让其得意门生福岛国隆和山鹿素行两人了解这个古本的情况。个中原因目前尚不得而知。

以银雀山竹简本、晋写残卷子本、宋刊《武经七书》本和《十一家注孙子》本与樱田本比勘，差异多达 283 处，其中主要歧异有 29 处。樱田本的字体在楷书中杂有古体字与俗体字，反映了六朝至唐初古、俗、异体字与楷体字混用的时代背景。

从避皇帝名讳来分析，汉文帝讳避"恒"为"常"，汉武帝避"彻"为"通"，犹沿袭而未回改；唐高祖李渊的祖父名虎，书中的"唯无虎进"，因避讳去"虎"作"武"，唐太宗李世民则避"民"为"人"，至唐高宗李治则不避讳。

从上面提到的楷书字体的情况和避讳的情况结合起来看，推断樱田本源出于贞观时期的写本，似乎还可以成立。樱田本与银雀山汉简文辞差异很大，而与通行本却较为相近，可以初步推断，它是从汉代古本《孙子兵法》到宋代今本《孙子兵法》的一个过渡形态的唐代本，具有很高的学术价值。

顺便要提到的是，《孙子兵法》的版本除上述诸本之外，还有香川默识《西域考古图谱》收录的《六朝钞本旧注孙子断片》——罗振玉《汉晋书影》称《孙子注残纸》，唯存16行。还有西夏文《孙子兵法》，原书藏苏联博物馆，苏联汉学家克平将其译成俄文出版。

《孙膑兵法》出土之后，文物出版社曾出版过两种版本。一是1975年的30篇本（上编15篇，下编15篇）；一是1985年的16篇本，载于《银雀山汉墓竹简（壹）》中。1985年本删去了1975年本的下编15篇，又于上编15篇中增加了《五教法》一篇。这十六篇是《擒庞涓》《见威王》《威王问》《陈忌问垒》《选卒》《月战》《八阵》《地葆》《势备》《兵情》《行选》《杀士》《延气》《官一》《五教法》《强兵》。

（四）《孙子兵法》在国外的传播与研究

《孙子兵法》最早传入日本。在日本奈良时代，著名学者吉备真备（695—775）于唐玄宗开元五年（717）受派为遣唐使，渡海到中国唐朝留学长达18年，于开元二十三年（735）回国时，将《孙子兵法》等兵书带到日本。据《续日本记》记载，吉备真备曾于日本天平宝字四年（760）在太宰府传授《孙子兵法·九地》篇和诸葛亮的《八阵图》。但是根据当代日本武学研究专家佐藤坚司的推断，《孙子兵法》传入日本的时间可能更早，约在吉备真备之前70余年的唐高宗时期。

《孙子兵法》传入日本后，一直被作为朝廷与兵家的秘籍秘密传授。据称，《孙子兵法》先是存于大江家，传至大江匡房之手，由匡房传到源义家，后又传到甲州武田源氏。从此，《孙子兵法》长期在甲州派中传承。甲州派后裔武田信玄是其优秀的继承者，他在日本战国时代（1467—1573）的群雄纷争中充分运用了《孙子兵法》。其中最著名的是他所制的突击旗，上印《孙子兵法·军争》篇中的"其疾如风，其徐如林，侵掠如火，不动如山"十六个大字。佐藤坚司认为，武田信玄所归纳的"风林火山"的战略表现出了《孙子兵法》常变一体、静动一元的特色。

到日本战国时代末期，《孙子兵法》研究逐渐兴起。到德川幕府时期（1603—1867），日本的兵家与学者对《孙子兵法》的研究空前活跃，形成了日本孙子兵学研究的高潮。这一时期先后出现了大大小小几十个武学流派，出版了一大批优秀的《孙子兵法》研究著作，主要有林罗山《孙子谚解》，山鹿素行《孙子谚义》《孙子句读》《兵法奥义》《武教全书》，北条氏长《孙子外传》，恩田仰岳《孙子纂注》，荻生徂徕《孙子国字解》，德田邕兴《孙子事活钞》，吉田松阴《孙子评注》，新井白石《孙子兵法择》，佐藤一斋《孙子副诠》，平山子龙《孙子折衷》，伊藤风山《孙子详解》，等等。据不完全统计，截至1936年，仅在我国流传的日本研究《孙子兵法》的专著就有50余部。

日本各武学流派所撰的《孙子兵法》专著几乎一致认为孙子是"伟大的战争哲学家""兵圣""兵家之祖""东方兵学的鼻祖"，赞誉《孙子兵法》是"科学的、有生命力的、不朽的名著"，"具有科学体系的优秀著作"，是"韬略之神髓""武经之冠冕""科学的战争理论书""战争哲学书"，给予孙子和《孙子兵法》极高的评价。

第二次世界大战后，日本研究《孙子兵法》的也不乏其人。1980年问世的佐藤坚司所著《孙子之思想史的研究》一书，系统地介绍和评价了日本各个历史时期各武学流派研究《孙子兵法》的概况及其成就，是日本战后《孙子兵法》研究著作中的扛鼎之作。服部千春《孙子兵法校解》也是一部颇见功力的著作。值得一提的是，日本在将《孙子兵法》运用于市场竞争和企业管理方面取得了显著成绩。例如，军人出身的企业家大桥武夫著有《用兵法经营》一书，将兵法与经营熔于一炉，内容新颖，独具一格，畅销一时。他还创办了"兵法经营塾"。正是由于日本企业界研究和运用《孙子兵法》有理论有实践，取得了卓越成就，日本才形成了"兵法经营管理学派"。

由于地理阻隔等原因，历史上的中西交流远不如中日之间便捷通畅，因此，《孙子兵法》传入西方的时间也比传往日本晚了千余年。直到1772年（清乾隆三十七年）才由来华的耶稣会传教士阿米奥译成法文，并在巴黎出版，开始了《孙子兵法》在西方传播的历程。

阿米奥1750年来华，因通晓满、汉语文，深得乾隆帝信任，居北京42年之久，对汉文化有深刻的了解。他在《孙子兵法》法译本的扉页上写道："中国兵法，公元前中国将领们撰写的古代战争论文集。凡想成为军官者都必须接受以本书为主要内容的考试。"《孙子兵法》法译本一经问世，立即引起了人们的注意，在当时的法国文学刊物上受到好评。有的评论家甚至说他在《孙子兵法》里发现了色诺芬、波利比尤斯和德·萨克斯笔下所表现的那一伟大艺术的全部原理。10年后，阿米奥的译本被收入"北京传教士关于中国历史、科学、艺术、风俗、习惯录"丛书再度出版。

阿米奥的译本虽然开创了西译《孙子兵法》的先河，但是由于他的翻译不是忠实于原文的逐字逐句翻译，在很多地方将评注者的话与《孙子兵法》原文搅在一起，甚至将作者带有宗教色彩的看法掺杂其中，因而影响了译文的质量。由于法国大革命后，《孙子兵法》在很长一段时间内不被提及，这一译本也便没有很快被新的译本取代。直到1900年8月法国前驻北京武官德·科唐索恩在《新评论》上发表文章，强调"今天和过去一样，必须通过研究古代兵法家弄清中国官员的谋略"，法国的《孙子兵法》研究才有了新的契机。

在西方世界中，英国对《孙子兵法》的学术研究最深、出版的译本影响最大。1905年，在日本学习语言的英国皇家野战炮兵上尉卡尔思罗普首次把《孙子兵法》译成英文，在东京出版，1908年又出版了修订本。1910年，英国著名汉学家贾尔斯的《孙子兵法》译本由伦敦卢扎克公司出版。贾尔斯的译本是严格按照孙星衍的《十家孙子会注》本翻译的，由于作者具有很深的汉学造诣并对原著做了深入研究，其译文准确流畅，注释详尽，堪称《孙子兵法》译本的上乘之作，对《孙子兵法》在西方世界的传播产生了深远的影响。1944年，英国学者托马斯·菲利普斯所著的《战略之根本》一书刊载了贾尔斯译文。1949年，美国宾州军事出版公司又修订出版了该译本，托马斯·菲利普斯准将为之作序。

1963年，美国退休准将格里菲斯根据清朝经学家孙星衍与吴人骥校勘的《孙子十家注》重新翻译。译者认为，《孙子十家注》是"二百年来中国的标准版本"。格里菲斯在翻译过程中博览群书，广征博引，尤其对《孙子十家注》作了悉心的研究。其译本总的来看弥补了贾尔斯版中的一些不足。英国战略学家利德尔·哈特专门为之作序，更使《孙子兵法》在西方的影响倍增。该译本已列入联合国教科文组织汇编的《中国代表作丛书》，是近几十年来权威的《孙子兵法》英译本，一直为西方知名人士和军事院校援引，并转译成其他文字。该译本的主要特点之一是注意使用军事术语，着力从军事角度探索"十三篇"的内涵。

1983年，当时已定居美国的原英国作家詹姆斯·克拉维尔在美国出版了一个《孙子兵法》的英译本。其译文采用贾尔斯版本，只是在个别文字上作了更改，包括重译个别篇名，并在上下文中作了注释性的增益，调整了一些句子的顺序。克拉维尔还专门写了热情洋溢的自序，这个本子对于在英语世界中普及《孙子兵法》是有积极作用的。

关于《孙子兵法》在俄国的传播与俄国对《孙子兵法》的研究情况，俄罗斯学者丘耶夫在《孙子兵学在俄国》（《孙子学刊》1993年第2期）一文中作了详细介绍。据他介绍，1860年，科斯特罗马团的中校斯列兹涅夫斯基在《军事集刊》杂志第6期发表了题为《中国军事统帅孙子对待部下的规章》的文章，自称他把法国的1772年译本缩译成了俄语。他说："孙子能够了解统率活动的所有的主要的特点，他在作战艺术里能够区分不变的和多变的情况。虽然时间过去了几个世纪，但是，我们认为，他为我们创造的军事原理至今仍然是军事理论的瑰宝。所以，现在如果有一个统帅运用《孙子兵法》，那么，世界上最天才的统帅也不如他。"

十月革命以后，《孙子兵法》继续从欧洲语本被译为俄文。从1955年莫斯科出版的《孙子兵法》的前言中可以看到：1943年，伏罗希洛夫总参军事学院的军事学术历史教研室决定把翟林奈（L.Giles）的英文《孙子兵法》（1910年在伦敦出版）译成俄文。可见，直到20世纪40年代，苏联还在从欧洲语言间接翻译《孙子兵法》。

1950年，苏联出版了康拉德的《孙子兵法：翻译与研究》。在这本书中，他对孙子学说世界观的基础、《孙子兵法》和《易经》的关系、《孙子兵法》出现的历史背景及作者和年代等问题，发表了自己的看法。这本书有五个部分，除了前言和译文以外，还有注解以及对原文文字的科学分析，仿佛是一部中国古代军事词典。和康拉德同时代的西多连科中校也翻译了《孙子兵法》（苏联国防军事出版社1955年版）。

值得一提的，还有克平教授的西夏文《孙子兵法》俄译本。这是迄今首见的西夏文《孙子兵法》木刻本。这个西夏文的本子保存下来的《孙子兵法》只有第七至第十一篇和第十三篇，其文字与现存的各版本《孙子兵法》有所不同。

近年来，《孙子兵法》研究引起了俄罗斯学术界和军事专家们的重视。拉辛将军在两篇文章里详细地分析了《孙吴兵法》，又在专题论文中对中国古代兵法做了多方面的分析和研究。洛博夫在《孙子与军事机智》一文中根据现代军事学术的观点分析了孙子对军事机智的认识，把《孙子兵法》和现代的观点加以比较。最近，对孙子军事学说和欧洲军事学说进行比较研究也引起了学者们的注意。巴斯卡科夫、谢尔盖耶夫著有《关于不同文化传统的思想区别：孙子和克劳塞维茨的比较》。

可以说，现在俄罗斯研究孙子学说最积极的专家是佐托夫。他是研究新疆历史的专家，在俄国科学院东方学研究所工作。他在自己的专著以及许多文章里讨论到孙子的"不直接的战争""用策划的战争"思想，并与现代军事理论家所论及的"战争在第五个向度"的思想加以比较。

瑞士学者胜雅律在《孙子兵法的第一个德译本》（《孙子学刊》1992年第2期）一文中指出，《孙子兵法》的第一个德译本于1910年出版于柏林，书名为《战争之书——中国古代军事学家》，是由布鲁诺·纳瓦拉翻译，献给当时德军参谋长冯·莫尔特克（V.Moetke）将军的。他在序言中说："好几代以来，日本的士兵均按照孙子及吴子的思想投入战斗。""当然，《孙子兵法》一书必将为欧洲的作者及其科学著述提供参考"。

据统计，到1993年为止，《孙子兵法》已经有27种文字的译本及研究专著问世，孙子兵学已经成为一门世界性的学问。各国学者从不同的角度探讨《孙子兵法》的思想精髓及其现实应用问题，使《孙子兵法》得以在更广阔的领域和更深的层次发挥作用。

在电子战中，电子侦察是"知彼"的重要方法，而电子压制旨在瘫痪敌人的"神经"，不让敌人"知己"。在现代作战和军事行动中，电子战的"先知"作用，真是"此兵之要，三军之所恃而动也"。1982年6月以色列空军袭击贝卡谷地而大获全胜就是一个实例。

"兵行诡道"，实施军事欺骗是孙子军事思想的一个重要组成部分，也是实现"出其不意""因敌制胜"的必由之路。随着军事技术的发展和战争规模的扩大，军事欺骗已包括战略、战役和战术三个层次。20世纪70年代末以来，美军专门研究了军事欺骗这一学科，其专著《战略军事欺骗》（"珀格蒙丛书"，1981年出版）一书，不仅研讨了孙子的思想，而且全面地探索了战略欺骗的科学含义、历史经验和实施方法，在理论上有所发展。

二战结束后，随着核武器的发展，核战略思想应运而生并不断改进。美国布热津斯基（前总统卡特国家安全助理）的力作《运筹帷幄》（1986年出版）一书认为美苏竞争是历史的必然，是一个历史的过程，而核武器的发展很可能使美苏竞争不采取兵戎相见的方式。在这一历史性的过程中，布热津斯基力主以孙子的"上兵伐谋""不战而屈人之兵"思想作为美苏竞争战略总方针。

综上所述，从古代到当代，从中国到外国，以《孙子兵法》为核心的孙子兵学研究显示出不朽的生命力，其崇高的学术地位和深远的历史影响是举世公认的。

但是，在孙子研究的宏伟乐章中也出现了不协调的音符。陆允昌先生在他的《孙武研究新探》（以下简称《新探》）中，不顾史实的立论、牵强附会的猜测、匪夷所思的演绎、漏洞百出的考证，对正常的《孙子兵法》研究造成了不小的负面影响。我与霍印章先生为了捍卫《孙子兵法》研究的纯洁性，发表长文，予以批驳。文章的题目是《必须正确对待孙子研究上的几个重要问题——评陆允昌先生〈孙武研究新探〉》，刊于《中国军事科学》2004年第2期。

　　洋洋26万言的《新探》，究竟提出了什么新观点呢？比较引人注目的有以下几个。

　　一是举世闻名的兵学鼻祖孙武是田开疆。众所周知，田开疆就是《晏子春秋》记载的"二桃杀三士"中"以勇力搏虎闻"的勇士，一个头脑简单、四肢发达、毫无智慧可言的齐景公的贴身近臣（保镖）。这样的立论真是匪夷所思。

　　二是孙武的祖父不是在齐国"伐莒有功"，受到赐姓封采嘉奖的孙书。按照陆先生的说法，历史上根本就不存在赐姓封采问题，于是孙子故里乐安无论先秦有无，无论今在何处，就都毫无探求的意义了。那么，孙书是何许人也？陆先生说，孙书是卫国的叛臣孙嘉的族人。这完全是毫无根据的妄说。

　　三是孙武是被伍子胥从齐国聘请到吴国去当军事高参的。如果这一说法可以成立，那么《史记》所载"晋献兵书""吴宫教战"，《吴越春秋》所载"辟隐深居"，《新唐书》所载"因乱奔吴"等就统统不存在。总之，汉唐以来所有关于孙武的历史记载差不多都被陆先生给否定了……

　　陆先生是依据明清乃至民国年间的孙氏私家谱牒去否定两汉唐宋经过审慎考辨、拨乱反正的正史记载，把严谨的考证蜕化为不顾史实的猜测，这种牵强附会，跟着感觉走的研究方法必然是差之毫厘，谬以千里。

二、风起乐安

翻开《中国古今地名大辞典》，在山东、河北、河南、四川、贵州、广东、湖北、江西、黑龙江等省都有以"乐安"命名的郡县城镇，仅山东省境内，就有博兴、章丘、惠民、广饶、高苑、桓台等地曾有过"乐安"的雅称。"乐业安居"，人皆向往，因此，乐安也就成了古人所说的"休令（美善）之名"。

但是，在如此众多的"乐安"之中，山东惠民县曾称过的"乐安郡"却另有专指，别有深意。有何深意，是何专指呢？

原来，这个"乐安"是唐朝时专为军事学家孙武的故里而命名的，即742年（唐玄宗天宝元年）特地把惠民原称的棣州改为了乐安郡。

其之所以以"乐安"命名，是因为孙武的祖父田（陈）书攻打莒国立了战功，齐景公给予"赐姓孙氏，食邑乐安"的隆遇和厚赏。那么，齐景公赐封的这个"乐安"（今惠民县）是什么人、什么时候披露的呢？从现存的史料看，春秋的史料连孙武的姓名都没有提到，战国乃至两汉的史料也没有提到孙武的祖父赐姓封采之类史实。披露这一史实的是唐朝时孙武的后人。唐朝政府经过广泛调查、认真考辨，最终于742年予以确认。

也许有人会问，为什么到了唐朝才来关注这件事，特别是唐朝政府要下大力气管孙武故里之类的小事呢？不，这在当时来说可不是小事。因为自魏晋南北朝以来盛行通过查看一姓、一家、一族的门第、郡望来判断其社会地位的高下。但是，由于长期战乱，人批豪族人处沦亡了，造成"公侯子孙失其本系"(《隋书·经籍志》)的局面。为了重新建立士族集团的统治秩序，划分士族与庶族的范围，唐太宗以及其后的唐宪宗两次下令修订天下姓氏之书，命令各地上报谱牒之书。但是，这些私家谱牒"出于闾巷，家自为说，事非经典，苟引先贤，妄相假托，无所取言"(《汉书·眭弘传》注）。对于家谱中这种攀高枝，傍先贤，鱼龙混杂的现象，唐朝政府是十分清楚的。因此考辨真伪是以政府行为进行的，十分严格。正是在这样的背景下，才揭开了孙武身世及其故里的千古之谜。今天我们还能见到的成果就是唐宪宗时林宝的《元和姓纂》。继林宝之后，北宋欧阳修的《新唐书·宰相世系表》、南宋邓名世的《古今姓氏书辩证》又把孙武身世的考证工作向前推进了一大步。《元和姓纂》《新唐书·宰相世系表》《古今姓氏书辩证》这三本书揭开了孙武身世及其故里的千古之谜。

那么，当时又是依据什么原则确认孙武故里在乐安的呢？这有三条原则：一是得姓之源；二是祖籍所在；三是郡望由来。哪个地方符合这三条原则，它就是某人的故里。孙武的祖父孙书得姓受氏，食邑乐安，那么孙书便是他这一支孙氏族人的得姓之源，而孙书的采邑乐安则是这一支孙氏族人的祖籍和郡望，因此乐安便是孙武的故里。

关于孙武故里是乐安，乐安即唐朝乐安郡，唐朝乐安郡治即今山东惠民县，长期以来无人质疑，著名孙子研究专家李浴日、郭化若分别在1936年、1939年就曾明确表述过这一观点。

但是，在20世纪90年代前后，关于孙武故里不同的观点竟有八种之多。观点不同是好事，可以互相讨论，互相学习，有利于深化认识。孙子的故里及其身世是唐朝和宋朝政府的官修文书揭示出来的，因此，要想推翻孙武故里是乐安（今惠民县）这一结论，就必须拿出比唐朝和宋朝更早的、更可靠的、新发现的史料来。无论是历史文献或地下文物，都必须是早于唐宋并足以否定唐宋三书的。这是讨论孙武故里的前提。

为了较为详细地说明这个问题，兹将霍印章先生与我合写的《必须正确对待孙子研究上的几个重要问题》之"孙子故里'惠民说'的科学依据"转录于下。

破与立是相辅相成的，"惠民说"是在小心假设中逐步求证的，也是在论争中愈辩愈明、愈辩愈坚的。恩格斯在论述假设时指出："只要自然科学在思维着，它的发展形式就是假说。一件新的事实被观察到了，它就使得过去用来说明和它同类的事实的方式不中用了。从这一瞬间起，就需要那种最初仅仅以有限数量的事实和观察为基础的说明方式了。更进一步的实验材料便会洗清这些伪说，取消一些，修正另一些，直到最后建立起一个纯粹化的定律。如果我们要等待建立定律的材料纯粹化起来，那么这就等于说在此以前要停止思想的研究工作，而定律也就永远不会出现。"（《自然辩证法》）社会科学中由假设到真理的建立，也同样遵循着这一规律。"惠民说"由假设到假设的成立，也同样遵循着这一规律。因此，我们感到有必要利用这个机会正面阐述一下"惠民说"坚实的依据、科学的理由。

第一，新莽乐安亭远有端绪，与孙书食采之地乐安是一致的。如前所述，孙子故里是一个既很复杂又很具体的历史问题和学术问题，它必须与乐安孙氏的得姓之源、祖籍之地、郡望由来紧密联系在一起，只有考定出孙书的食采之地才能确定孙子故里的真正所在。

那么，孙书的采地应该在何处呢？应该有多大呢？是不是如"广饶说"所论是一个靠近都城临淄的一个"广袤的地面"呢？不是。持此观点实在是缺乏古代采邑制度常识的外行话。考证孙书的采地，必须与古代的采邑制度相吻合。《周礼·夏官·司勋》说"凡颁赏地，参（三）之一食"，郑玄注引汉郑司农曰："不以美田为采邑。"也就是说，卿大夫的采邑必须远离都城，不给予肥美之地，其实际收入仅相当于肥美之地同样大小的三分之

— 23 —

一。这种做法在劳役地租和实物地租的条件下，完全是必然的，因为都城附近的赋役必须保障公室的需要，根本没有卿大夫的份儿。这个制度的精神实质一直延续到春秋、战国、秦汉及其以后。如孟尝君的采邑在薛，平原君的采邑在东武城，商鞅的采邑在於、商之间十五邑。《汉书》功臣侯表中几乎所有的县侯、乡侯、亭侯都在三辅之外，直到清代的彭始奋还曾发出"新分采邑陕西偏，上奏仍屯塞下田"（《寄陇西观察赵韫退先生》诗）的感叹。由此可知，孙书的采地必然离齐都较远，不可能离齐都太近，这是我们多年来不赞同"博兴说""广饶说""莒邑说"的最主要原因之一。

以莒邑为例，陈无宇"请老于莒"（《左传》昭公十年）尚求之未得，孙书岂能采之？至于"高唐说"虽然其地望离齐都甚远，但那是孙书父亲陈无宇的采邑，孙武根本不会去那里认祖归宗。所以，孙书的采地必须另求其所在。

采地的大小也同样离不开古制。在接近"礼崩乐坏"的局面下，也只有晋之六卿、鲁之三桓、齐之田鲍、高栾无限制地扩张采邑，一般卿大夫，尤其是始封的卿大夫，仍须依古制而行。古制规定："诸侯之下士禄食九人，中士食十八人，上士食三十六人，下大夫食七十二人，卿食二百八十八人，君食二千八百八十人。"（《文献通考》卷六十五）孙书的地位是齐卿，在历史上并无赫赫之名和赫赫之功，也不是当时齐国的"铁腕"人物，其采食依制应为二百八十八人，也就是小小的一邑或一乡、一亭，绝不会像有些同志所反复设想的那样是一"广袤地面"。正由于孙书的采地既偏远又很小，所以乐安这一地名才在先秦文献中失载，只流传于后世孙氏谱牒之中，从而给考证孙子故里的地望带来莫大的困难。在后世所出现的各种"乐安"地名中，以西汉乐安县为最早，其地望之所在和名称之由来，《水经注·济水》说得清清楚楚："乐安与博昌、薄姑分水，俱同西北。薄姑去齐城六十里，乐安越水差远，验非尤明。班固曰：千乘郡有乐安县，

— 24 —

应劭曰取休令之名矣。"休令之名就是美好喜庆的名称。乐安（乐业安居）、安乐（安居乐业）正是这样的休令之名。然而西汉之乐安（今博兴县）一方面离齐都临淄太近，另一方面只是后世"休令之名"而非先秦之乐安，所以与孙书的采地无法相合。至于此后出现的乐安国、乐安郡等，都是对这一"休令之名"的借用，更与孙书的采地难以相合。因此，我们把目光投向了新莽的乐安亭（即古厌次、今惠民、唐宋棣州乐安郡治所）。

乐安亭离齐都临淄较远，地近齐国的北境，与孙书的采地可以相合。乐安亭非先秦重镇、名城、大邑，与孙书采地的大小也能相合。乐安亭名称的由来"远有端绪"，应当是孙书的采地乐安无疑。

乐安亭是王莽托古改制时才出现于历史文献的名称。王莽迷信符命、乱改地名固不足称，但其中也存在地名更改与历史遗迹相关的个例。例如，王莽把西汉淮阳国的苦县改为赖陵县，颜师古注曰："《晋太康地记》云：城东有赖乡祠，老子所生地。"（《汉书·地理志下》）可见这一地名的更改与老子相关。乐安亭也与此相类。

因王莽确定要在全国的郡县中改出360个亭，以应周天360度，那么在西汉富平县（今惠民县）必改成一亭，而此地又恰恰有一个乐安亭（或乐安乡、乐安聚），故可便而用之。亭的产生首先在边地，经春秋、战国至秦汉而遍及全国，这与孙书采地在当时必然封于接近边地之小邑或一乡、一亭、一聚的历史条件甚是吻合。这就是我们力主孙子故里"惠民说"的理由之一。

第二，乐安亭也称安乐亭，与孙氏谱牒中也称乐安为安乐是一致的，这是孙子故里是惠民县的一个铁证。乐安亭是现在所见《汉书·地理志》中的名称，但《汉书》自古至今有很多版本，北魏时郦道元所见的《汉书》就叫安乐亭。《水经注·河水》中有明确记载，滴水经过厌次的时候，郦道元附了一句"莽曰安乐亭"，之所以又叫安乐亭，可能与当地自古以来地名

— 25 —

传说的不同有关，也可能与王莽五次反复更名有关。但不论叫什么，新莽时的安乐亭所指的地方是一个，就是古厌次今惠民。

再从孙氏谱牒看，情况也是这样，绝大多数孙氏谱牒称孙书食采的地方为乐安，但也有个别比较权威的墓志称乐安为安乐，甚至在一墓志中两次称安乐，这绝不是如某些人所主观臆测的那样，认为是"颠刻"之误，而是世代传闻不同所致。但不论叫安乐还是乐安，在谱牒中指的是同一个地方。也就是说，孙书受封那个地方，可以叫安乐，也可以叫乐安。如《唐幽州内衙（副）将中散大夫试殿中监、乐安郡孙府君神道碑》两次提到"乐安"，两次提到"安乐"。两次提到"乐安"在碑题和碑尾，指的是孙氏郡望；两次提到"安乐"在碑文之中，指的是祖先里籍和定居之地。两次提到"安乐"之间仅隔184字，根本不是误刻。

特别值得注意的是唐玄宗开元廿七年（739年）孙逖所写的《宋州司马先府君墓志铭》，就称自己的祖先"故属安乐"。孙逖是中书舍人、刑部侍郎，为皇帝起草文诰曾"掌诰八年"，是天下第一名流。他既然给父亲写墓志，是不会把乐安写成安乐的。像孙逖这种身份的人，给父亲刻墓志如果刻错了必须重刻，不能马虎。在《新探》这本书里依据《通典》专门介绍了古代的葬礼，有一整套程序，先做什么，后做什么，最后才下葬墓志，是非常严肃的，一点也不能马虎，根本不会出现误刻的现象。

这种将乐安称为安乐的现象是后代孙氏谱牒根据传闻记下来的，有的记成乐安，有的记成安乐，但绝大多数家族都称乐安。到了《元和姓纂》时，经过一番梳理，最后统称乐安。今天看到的孙逖为其父所刻墓志正好写在812年《元和姓纂》成书之前，也就是写在唐代改州为郡（742年）之前，就是唐玄宗开元二十七年（739年）。

从墓志谱牒中看，孙子故里一般称为乐安，但也有安乐这个说法；从《汉书·地理志》看，王莽所改的这个亭，一般叫作乐安亭，但是也有安乐亭这个说法，这样二者又是若合一契。因此我们可以得出这样的结论：只有历史上既称乐安又称安乐的地方，才是孙书的采邑所在，这个地方就是今天的惠民县，别的地方是没有这两种叫法的。

还要看到，随着争论的深入，近年来又有新的发现，新的进展，其中最值得注意的是唐代孙逖家族的十四篇墓志文。(见张建国、孙兵主编《孙子故里研究集粹》)这批墓志上起唐玄宗开元廿七年(739年)，下至唐懿宗咸通十二年(871年)，前后共132年，正好跨越了《元和姓纂》的成书时间公元812年。它明确指出孙武故里是乐安。唐孙保衡撰《唐故滑州白马县令乐安孙府君墓志铭并序》云："自齐大夫书始受邑于乐安。"这是迄今发现的第一个明确孙子故里是乐安的史料。这篇墓志正好写于《元和姓纂》成书的公元812年。他所说的"受邑于乐安"是唐朝乐安，唐宋的棣州，今天的惠民县。这批墓志让我们看到孙子故里乐安问题水渐落、石渐显的大体过程，它无可辩驳地进一步证明唐宋三书所说的乐安就是唐朝乐安郡。这就是我们力主孙子故里"惠民说"的理由之二。

第三，唐代改棣州为乐安郡，与孙子故里确定为乐安是一致的。唐玄宗继开元二十一年(公元733年)分天下为十五道，"各置采访使，以六条检察非法"(《资治通鉴》卷二百一十三)之后，又于天宝元年(公元742年)下令改州为郡，这是全面推行两汉郡县制和监察制以强化中央集权的一个重大举措，后因安史之乱爆发、玄宗退位、方镇割据而告废止。

在改州为郡的过程中，唐代的青州本来最有资格改称乐安郡，两汉、魏晋的乐安县(城)和刘宋以后的乐安郡皆在其辖境之内，但它不是孙子故里的所在，所以才被改为北海郡。唐代的淄州也很有资格改称乐安郡，东汉、魏晋的乐安国、乐安郡治所皆在其辖境之内，但它也不是孙子故里的所在，所以才被改为淄川郡。唐代的齐州也有一定资格改称乐安郡，早在新莽时期就是乐安郡的治所，但它更不是孙子故里的所在，所以才先被改为临淄郡旋即改为齐郡。只有棣州是孙子故里的真正所在，所以才被唐代改为乐安郡。

唐代改棣州为乐安郡与新莽改富平县为乐安亭，可以形成鲜明的对比。王莽自称是田氏的后代，所以下令天下，王、田、陈、虞四姓不得通婚，但未禁止孙姓与此四姓的通婚，可见他本人以及当时天下学者对孙武的姓源、身世、故里尚一无所知，只因乐安亭"远有端绪"才被承袭下来。

唐代改棣州为乐安郡则完全不同，当时各种谱牒已满天下，孙子故里已经大白于天下。就我们现在所见的隋唐墓志而言，凡是孙武的后代无不自称"乐安孙氏"，无不自称"其先乐安人也"，只是姓源是妫是姬有些分歧，有待于林宝、欧阳修去解决。尤其是在唐代改州为郡的前夕，时为中书舍人、掌制诰、天下第一名流的孙逖于开元二十七年（公元739年）为其父写《宋州司马先府君墓志铭》，文中明确指出自己的祖先"故属乐安，盖齐大夫书之后"，这在当时对社会公认孙子故里在乐安（安乐）不能不说具有决定性的影响。

这篇碑文及孙逖家族所存的孙氏谱牒，后来完全被《元和姓纂》和《新唐书·宰相世系表》所采纳，只是把"安乐"二字梳理为"乐安"二字而已。正是在这种背景下唐代确定了改棣州为乐安郡，孙子故里与唐代乐安郡完全一致。这就是我们力主孙子故里"惠民说"的理由之三。

第四，《元和姓纂》的编写体例与唐以棣州乐安郡为孙子故里是一致的。我们在十多年前就曾指出，《元和姓纂》中的数千个郡望名称，有的是新望，有的是旧望，有的是指郡，有的是指州和国，还有的是指县，所以有"郡县并用，以郡为主""新旧并采，以新为主""州郡并称，以郡为主"三个特点，而书中代表孙武里籍的"乐安"条，指的是由唐代确定的新望而非旧望，是孙子故里所在的唐郡而非其他。

这个道理十分明显。

其一，孙子故里是由后世孙氏谱牒中流传而来的，其事虽然本于先秦，但先秦并无孙氏族谱的流传，先秦文献不见有"乐安"的记载，先秦齐国没有建立郡县制度，这个时期不可能有"乐安孙氏"的名称出现；否则，这个名称至少应在《史记》或《吴越春秋》中有所记载。

其二，两汉时期是我国绝大多数姓氏郡望的确定时期，正如《史记·平准书》所言："为吏者长子孙，居官者以为姓号。"但此时孙氏谱牒仍未流传于社会，人们对孙武的身世、里籍、姓源仍然一无所知，乐安县、乐安国、乐安郡的出现皆为"休令之名"，并不是由孙子故里得来。所以这一时期"乐安孙氏"的郡望名称仍未确立，文献中虽有孙武、孙膑、孙宝、孙会宗等人的传记，但仍无"乐安孙氏"之称。

其三，魏晋南北朝时期，是私家谱牒的大发展时期，孙武的身世逐渐披露于世，但孙氏谱牒还远未成熟和统一起来。已有众多孙氏人物载于史册，有的已经和孙武联系起来（如孙坚、孙策、孙权），但尚未和孙武的里籍联系起来，有的已称"乐安人也"（如孙旂及其族属），但所指是本人所居的乐安（晋乐安城，今博兴），而非孙武里籍的乐安。这一时期的乐安郡、乐安国仍然是"休令之名"的转借，还没有一个以孙武故里命名的乐安。这是孙武故里的酝酿时期，已经是呼之欲出了。

到了唐代，这个问题越来越明了，孙氏族谱一致认为，孙武故里在乐安；乐安孙氏已在《贞观氏族志》中得到确认，只是还未与孙武联系到一起。最后到唐代改州为郡时，终于确认了孙子故里即棣州乐安郡，这是历史上第一次以孙武故里命名的"乐安"。

《元和姓纂》正是通过自己的体例反映了这一事实，表明"乐安"是唐人依据孙氏谱牒所增认的新郡望，而不是对长已有的旧郡望，郡望的所有就是唐代乐安郡，亦即先秦孙书的食采之地。有些学者不承认《元和姓纂》有体例。其实，没有体例，就无法著书立说。孔子修《春秋》一字一褒贬，不了解一定的体例就读不懂《春秋》；同样，也难以读懂《元和姓纂》和《贞观氏族志》。这就是我们力主孙子故里"惠民说"的理由之四。

第五，唐以后长期以乐安爵号封孙氏，与唐以后长期以棣州为乐安郡是一致的。历史上以乐安为爵号封孙氏，完全是与孙子故里联系在一起的。

从先秦、两汉、魏晋到南北朝，人们对孙子故里并不了解，所以孙氏之族没有一个人得过乐安的封号。唐初，由于孙武故里尚未明确统一地确定下来，所以宰相孙处约之子，有的封为富春男，有的封为乐安子，有的封为会稽公。但是，到唐改棣州为乐安郡之后，孙武故里被完全明确下来并统一起来，所以孙氏之族开始有大量的"乐安男""乐安子""乐安郡公""乐安郡侯"等爵号出现，一直延续到元末明初。元代的孙伯颜，生前为"乐安郡侯"，死后追封为"乐安郡公"，并追封其父为"乐安郡公"，其祖父、曾祖父为"乐安郡伯"，其妻、母、祖母、曾祖母皆为"乐安郡夫人"。明初的孙兴祖，为纪念其戍守北平、出塞战死，故被追封为燕山侯，而其父、祖父则被追封为"乐安郡公"，其祖母、母、妻则被封为"乐安郡夫人"。由此可知，唐以"棣州乐安郡"为孙武故里的影响是何等深远！

有的学者认为，唐代乐安郡的历史只有17年。这是不对的。《新唐书·地理志》和《宋史·地理志》都明确地记有"棣州乐安郡"，《辞源》和《汉语大词典》都有明确的表述："隋唐后，州郡互称，至明而郡废。"唐代虽然在乾元元年（公元758年）再次改郡为州，但郡的称号并未取消，早在改州为郡之前，郡州互称的历史就已开始。如开元二十一年（公元733年）分天下为十五道，各道的治所除京畿道治于西京、都畿道治于东都、关内道由京官遥领之外，其余十二道的治所《资治通鉴》一律注为州，即分别为汴州、蒲州、魏州、鄆州、襄州、梁州、扬州、苏州、洪州、黔州、益州、广州，而《文献通考》则一律注为郡，即分别为陈留郡、河东郡、魏郡、西平郡、襄阳郡、汉中郡、蜀郡、广陵郡、吴郡、豫章郡、黔中郡、南海郡。这就是说，自唐至元，一直是州郡互称，并行不悖。唐改棣州为乐安郡最重要的意义就在于把棣州与乐安郡联系到一起，使孙武故里有了固定之所。在此之前，棣州因唐初新置，并无相应的郡称，孙子故里也未被确定下来。自此之后，直到明初废郡为止，在长达600多年内，"棣州乐安郡"一直与孙子故里联系在一起，与孙氏的乐安爵号联系在一起。这就是我们力主孙子故里"惠民说"的理由之五。

总之，通过以上分析，我们可以看出，孙子故里"惠民说"是科学的、合理的结论，因而是不可动摇的。

三、银雀惊世

刘禹锡《陋室铭》中的"山不在高，有仙则名"，拿来形容山东临沂的银雀山再恰当不过了。

1992年1月，为了筹备第三届孙子兵法国际研讨会，我去临沂见到了我心仪已久的银雀山。对于我这个来自贵州山区的人来说，放眼望去，哪里有山？然而它就是一度震惊中外的银雀山，汉简博物馆就建立在发掘原址上。

十年后，我与魏鸿博士写过一篇专论《汉简两〈孙子〉与〈孙子兵法〉研究》，发表在《漫话银雀山》一书中。我们认为，银雀山汉简的出土，是中国考古史上一次罕见的重大发现，也是中国古代军事学研究的一大盛事。因为在这批竹简中，大部分是兵学著作，除现有传本的《孙子兵法》《六韬》《尉缭子》等重要先秦兵书外，久已亡佚的《孙膑兵法》也被发现，另外还有《墨子》《守法守令等十三篇》等著作中的一些论兵散篇。如此众多的古代军事文献集中出土，这在中国历史上尚属首次。尤其是竹简本《孙子兵法》和《孙膑兵法》的出土，更是为《孙子兵法》研究开启了划时代的一页，具有极为重要的意义。

首先，银雀山汉墓竹简本《孙子兵法》与《孙膑兵法》的出土，廓清了长期以来笼罩在《孙子兵法》研究上的迷雾，使有关《孙子兵法》源流的一些重要争议得以解决。

《孙子兵法》及其作者孙武见诸史籍的最早记载是《史记·孙子吴起

列传》。在这篇传记中，司马迁一则曰，"孙子武者，齐人也，以兵法见于吴王阖庐。阖庐曰：'子之十三篇，吾尽观之矣……'"；一则曰，"于是阖庐知孙子能用兵，卒以为将。西破强楚，入郢，北威齐晋，显名诸侯，孙子与有力焉"。这里有关孙子身世及其著作的记述虽然稍嫌简略，但基本情况却很明确，即孙子是春秋末期仕于吴国的著名军事家，著有兵法十三篇。在同一篇中还有关于孙膑的记载，"孙武既死，后百余岁有孙膑。膑生阿、鄄之间，膑亦孙武之后世子孙也"。又称，田忌进孙膑于齐威王，"威王问兵法，遂以为师"。这里也明确了两点：其一，孙膑是孙武的后代，二人有渊源关系；其二，孙膑生活在齐威王时，也著有兵法。继司马迁以后，东汉史学家班固在其《汉书·艺文志》中著录了《吴孙子兵法》八十二篇和《齐孙子》八十九篇。很显然，《吴孙子兵法》指的是《孙子兵法》，《齐孙子》指的则是《孙膑兵法》。

自汉迄唐，《史记》有关孙子其人其书的记载一直为人们所遵信，并无异词。但是到了宋代，随着辨伪学的兴起，在有关孙子其人的问题上开始出现争议。北宋时期，为《孙子兵法》作注的梅尧臣称《孙子兵法》是"战国相倾之说"（《欧阳文忠公全集》卷42《孙子后序》）。与之同时的著名文学家苏洵则以言责行，讥孙子在战争指导上有"三失"，并不能真正践履自己的军事理论。虽然苏洵并未直接对《史记》的有关记载提出疑问，但立论之中的贬抑之意已很明显。其后，南宋永嘉学派著名学者叶适张大其说，进一步否认历史上有孙子其人的存在。他断言，《孙子兵法》是"春秋末战国初山林处士所为，其言得用于吴者，其徒夸大之说也"（《习学记言》卷46《孙子兵法》）。其主要理由是，孙子在专记春秋史事的《左传》一书中不见记载。

叶适的说法对后世产生了重要影响，此后，不断有人对《孙子兵法》的作者和时代问题提出异议。在诸多怀疑意见提出的同时，也有一些学者认为《史记》有关孙子、孙膑及其著作的记载是确切可靠的，对怀疑诸说予以辩驳。这派学者以明宋濂、胡应麟，清纪昀、孙星衍以及近人余嘉锡等为代表。

总之，在宋代至现代的一千余年中，学者们对孙子其人其书的问题聚讼纷纭，《孙子兵法》一书的成书经过及其作者的身世越来越错综复杂、扑朔迷离。考察双方争议的内容，主要集中在这样三个问题上。一是《孙子兵法》的作者问题，即如姚际恒所说："然则孙武者，其有耶？其无耶……其书自为耶？抑后徒为之耶？皆不可得而知也。"（《古今伪书考》）二是孙武与孙膑、《孙子兵法》与《孙膑兵法》的关系问题。三是《孙子兵法》的篇数问题。《史记》明确记载，"世俗所称师旅，皆道《孙子兵法》十三篇"，但《汉书·艺文志》却著录成了"《吴孙子兵法》八十二篇"。而后来的传世本又只有《孙子兵法》十三篇。对于篇数的这种前后变化，唐代的杜牧曾提出一种解释，认为传世的《孙子兵法》十三篇是曹操删削的结果。他说："武所著书，凡数十万言，曹魏武帝削其繁剩，笔其精切，凡十三篇，成为一编。"（《樊川集》卷十《孙子序》）这种说法使人觉得，传世的十三篇并非司马迁所记十三篇，这也是容易启人疑窦的一个地方，成为双方辩难的一个重要内容。

银雀山汉墓竹简本《孙子兵法》的出土为以上这些疑点昭示了答案。

第一，汉简的出土证实了《史记》有关孙子和《孙子兵法》记载的真实性。与《孙子兵法》十三篇（其中《地形》一篇仅存篇题）同时出土的，还有一些与十三篇关系十分密切的《孙子兵法》佚文残简，共有《吴问》《四变》《黄帝伐赤帝》《地刑（形）二》《见吴王》等五篇。其中《吴问》一篇记述的是孙子与吴王的问答。《见吴王》则记述了孙子吴宫教战等传记材料，不但与《史记》《吴越春秋》的记载相吻合，而且有些情节较《史记》更为详尽，可能就是《史记》所依据的古本史料。由此可见，《史记》

关于孙子的记载并非空穴来风，而是当时的流行之说。至少在当时人们并不怀疑孙子是春秋末吴国将领，同时也是《孙子兵法》一书的作者。

第二，汉简本《孙子兵法》与《孙膑兵法》的同时出土破除了孙子、孙膑为一人的谬说。第0233号竹简上书"吴王问孙子曰……"，第0108号竹简上书"齐威王问兵孙子曰……"，充分证明两个孙子一仕于吴，一仕于齐，当是《史记》所记载的孙武和孙膑。他们处于不同的时代，也各有兵法传世。有关孙武、孙膑为一人，《孙子兵法》即为《孙膑兵法》的怀疑得到了澄清。

第三，汉简的出土证明《孙子兵法》确系十三篇。证据有二。汉简《见吴王》篇两次提到孙子书为"十三扁（篇）"，此其一。在十三篇简文出土的同时，还发现了一块记录有竹书篇题的木牍。尽管这块木牍已经破碎成六个小片，但从其行款及残存的内容来看，简本《孙子兵法》确为十三篇，且其篇名与传世本基本相同，只是在个别的篇名和篇次上与传世本有些出入。也就是说，在汉代初年，《孙子兵法》十三篇已经是一部独立的完整的著作，此其二。至于《汉志》之所以会著录《吴孙子兵法》八十二篇，可能是西汉末年刘向等人在整理过程中把与《孙子兵法》相关的材料及《黄帝伐赤帝》《地刑（形）二》等孙子后学的解释发挥之作也收入了其中，致使篇目大大扩充起来。曹操在为《孙子兵法》作注时明确指出，"孙子者，齐人也，名武，为吴王阖庐作《兵法》一十三篇"，可见当时的十三篇是定本。他之所以为《孙子兵法》作注是因为不满于一般注释之作的"未之深亮训说，况文烦富，行于世者失其旨要"（《孙子序》）。杜牧不解其意，误以为曹操删削八十二篇而成十三篇，以至于谬种流传。

银雀山汉简《孙子兵法》的出土，廓清了长期以来笼罩在《孙子兵法》研究上的重重迷雾，不但对《孙子兵法》研究有良好的推动作用，而且有助于人们更好地认识和评价《孙子兵法》。因为无论是怀疑孙子其人，还是以孙膑为孙子，都是认为《孙子兵法》是一部伪书。这种观点虽然有《孙子兵法》中的某些内容带有战国特点的客观事实为佐证，但却更与宋朝以来辨伪学的兴起等因素有关。但是，说到底，还是缘于中国古代以儒家为正统的政治文化对于兵家"诈""利"思想的排斥。若非如此，举凡先秦诸子的著作大多经过后学的整理和发展，并非成于一人一时，为什么唯独对孙子怀疑有加呢？而一旦给《孙子兵法》贴上伪书的标签，其价值也就要大打折扣了。银雀山汉墓《孙子兵法》的出土对这样一种历史造成的偏向起到了反正的作用，有利于我们今天客观地认识和评价《孙子兵法》，进而更好地继承和发扬这份宝贵的军事文化遗产。

其次，银雀山汉墓竹简本《孙子兵法》是现今最古的《孙子兵法》版本，为《孙子兵法》的文本研究提供了宝贵的校勘资料。

现在传世的《孙子兵法》有两个最为主要的版本系统：一个是《武经七书》系统，一个是《十一家注》系统。这两个系统的初始版本都是宋本。《武经七书》本是南宋孝宗年间的刊本，现有《续古逸丛书》影印本。《十一家注孙子》为南宋宁宗年间的刊本，1961年由中华书局据上海图书馆藏本影印出版。此外，还有一种影宋本《魏武帝注孙子》，收在《平津馆丛书》卷一《孙吴司马法》内。此本与《武经七书》本略同，当属同一系统。从校勘的角度讲，宋本已经是古籍中难得的善本，具有较高的价值。但以《孙子兵法》这三种宋版而论，仍不免鲁鱼亥豕之讹。《武经七书》本就有不少误刻。如《九地》篇"围地则谋"中的"谋"字误作"说"，"死地则战"中的"死"字误作"戎"，等等。至于《武经七书》本与《十一家注孙子》本之间更是存在许多异文。据统计，除异体字和通假字以外，尚有70余处异文。由于缺乏佐证材料，其中有不少难定孰是。造成这些问题的原因，一方面，从《孙子兵法》成书到宋版定型的千余年时间里，《孙子兵法》一书经历了无数次的传抄和整理，难免会发生文字的讹脱衍倒，章句的淆乱失次；另一方面，文字、音韵的复杂变化反映到传本中，也使有的文字与原本相去甚远，后人越来越难以通晓其本义，以至于注家曲为之说，以讹传讹。此外，社会文化的变迁也会或多或少地在书中留下一些痕迹，使传本失真。

简本《孙子兵法》对于解决上述校勘问题有着十分重要的价值。从字体推断，简本的抄写年代当在秦到文景之间，比传世的宋本要早千余年，比刘向等校理古书也要早百余年。由于它直接承续先秦古籍，更接近于原本，因此为我们越过千余年的历史迷障，更准确地认知《孙子兵法》提供了可能。尽管简本并非完帙，释读出的文字仅占宋本的三分之一强，但是以之与今本相校，仍然对校正和理解今本有很多的启发。

从简本与宋本的对勘中可以看出，简本的行文较传世本古朴简约，文义也多较传世本为长。如《十一家注》本《形》篇"胜者之战民也"，《武经七书》本作"胜者之战"，无"民也"二字。简本作"称胜者战民也"，前有"称"字，为《十一家注》本和《武经七书》本所无。称者，权衡、较量也。该篇上文言"称生胜"，继而又说"胜兵若以镒称铢，败兵若以铢称镒"，因此"称胜者"指的是通过衡量对比而在实力上居于"以镒称铢"优势地位的一方。结合上下文，当以"称胜"意义为长。"战民"指的是统率三军部众与敌作战，较《武经七书》本"胜者之战"含义更加明确，因此可决《十一家注》本在这一句上较《武经七书》本为善。再如宋本《虚实》篇"行千里而不劳者"，简本"劳"字作"畏"。联系下文"行无人之地"来看，"畏"字显然更为合理。

竹简本在校勘上最为重要的价值还在于可以借以订正传本的讹误。兹举数例说明。如《十一家注》本和《武经七书》本《虚实》篇都有"出其所不趋，趋其所不意"一句，其意颇为难解。因为从上义来看，"出其所不趋"应该是调动敌人，使敌"佚能劳之，饱能饥之，安能动之"的手段，但是如果"出其所不趋"，实际上又无法做到使敌"佚能劳之，饱能饥之，安能动之"，二者明显有矛盾。从下文来讲，既讲"出其所不趋"，接着又说"趋其所不意"，二者在文意上也不能相谐。简本此句作"出于其所必口"，下空一格，紧接"行千里而不畏者，行无人之地也"句，并无"趋其所不意"数字，文意顺畅连贯，恰可正宋本之误。再参以其他旁证，樱田本、《太平御览》均作"出其所必趋"，曹操注云"攻其所必爱，出其所必趋"，李筌注云"出其所必趋，击其所不意"，可见此句原文应是"出其所必趋"，以"必"为"不"，复增"趋其所不意"数字，是宋本在传抄过程中出现的讹误。又如，《十一家注》本《火攻》篇"行火必有因，烟火必素具"，简本作"(行)火有因，因必素具"。古隶"火""必"二字形近易混，怀疑是在传抄过程中，上句因下句衍一"必"字，下句因上句衍一"火"字。下句的"因"字又讹作"烟"，《武经七书》本正作"烟火必素具"，以后又讹作与"烟"字异体的"煌"。经过这么复杂的传抄变化，此句与原文的差距越来越大。若非竹简本出土，断难窥知其中原委。再如，宋本《行军》篇"卒已亲附而罚不行"，《群书治要》卷三三和《通典》卷一四九引文"亲附"均作"附亲"。《长短经·禁令》引作"专亲"。简本作"搏亲"，"专""搏"古通，《长短经》引文与简本相合。宋本"亲附"当是"专亲"的传抄之讹。以上只是列举了三个比较典型的例子，类似的情况还有很多，从中我们已经可以约略看出竹简本在校正今本方面的重要作用。

最后，银雀山汉墓竹简本《孙子兵法》的出土，还为人们深入研究《孙子兵法》提供了新的信息。

例如，从简本与今本篇名、篇次的不同可以探究到一些新的问题。简本《孙子兵法》的篇题残牍可辨的篇名有《势》《行军》《军争》《实虚》

《地形》《九地》《用间》《火攻》八篇。见于篇首简背的有《作战》《形》《势》《实虚》《火攻》五篇。两者相合，总共可见的篇名有10个。在这10个篇名中，有9个与《十一家注》本相同。唯有《虚实》一篇，简本作《实虚》。按照十三篇的排列顺序总是先讲物质基础，后讲主观指导，先讲常法，后讲变法的特点来分析，以"实虚"作为篇名似乎更加符合孙子的军事思想（詹立波：《略谈银雀山汉墓竹简〈孙子兵法〉》,《文物》1974年第12期）。再与《武经七书》本比较，简本、《十一家注》本的《形》《势》,《武经七书》本分别作《军形》和《兵势》。这可能是后人据曹操注释增益的结果。因为曹注题解《形》篇曰"军之形也"，题解《势》篇曰"用兵任势也"。就篇次而论，今本与简本颇为不同。简本《实虚》在《军争》之后，今本《虚实》却在《军争》之前。简本《行军》在《军争》之前，今本《行军》则在《军争》《九变》和《地形》《九地》之间。简本《火攻》在《用间》之后，是最后一篇，今本的顺序却恰好相反，以《用间》为末篇。此外，简本的篇题木牍在《军争》篇上有一圆点，标志着《孙子兵法》分为上下两部分，其中前6篇为上半部分，后7篇为下半部分。下半部分的末尾有"七势三千"几个字，"七势"可能是对后7篇的总称。"三千"则为字数。由此可见，简本的篇次似乎不是随意为之，而是别有深意，反映了对《孙子兵法》思想体系与今本不同的理解。

也许在一些人看来，在军事科技高速发展，新军事革命勃兴的今天，两千年前一些残篇断简的出土似乎与现时代的军事了不相干。实则不然。《孙子兵法》作为一部世界兵学圣典，其意义和价值是超越时空的，即便对于当今以信息技术为核心的新军事革命也同样具有战略指导意义。这已经成为人们的一个基本共识。然而，阐发《孙子兵法》的理论价值与对它进行深入研究是密不可分的两个方面。从某种意义上说，基础研究甚至具有更为重要的价值，离开了基础研究，理论研究就会成为无本之木、无源之水。银雀山汉墓竹简本《孙子兵法》的出土匡正了传世本的一些错误，一些重要的异文如《行军》篇"令之以文，齐之以武"（《十一家注》本）与"合之以文，济之以……"（简本），《形》篇"善守者藏于九地之下，善攻者动于九天之上"（"善攻者"三字宋本有而简本无）等甚至直接关涉孙子的重要军事思想，这是不能不引起重视的。

四、旧题新说

《计》篇新说

（一）题解

《孙子兵法》十三篇，每篇都有篇题，它的篇题不同于同时代的孔子的《论语》那样以每篇前两字为题，如《学而》《为政》之类，只是一个符号而已。《孙子兵法》的篇题则文题相应，是该篇内容的高度概括，因此，解题很重要。

古人讲："题有题眼，文有文眼。"（清刘熙载《艺概·经义概》）《计》篇篇题就是一个"计"字，也是它显示题旨的题眼。那么，"计"是什么意思呢？学术界主要有两种不同的解释。

一种释为名词，意为计策、计谋，相当于现代的战略决策、战略方针。

一种释为动词，意为计算、运筹。我认为这种解释更为准确。通过对全篇的分析不难看出，孙子是通过对战争双方力量的对比和计算，从而作出谁胜谁负的预测的。

这两种意见的区别在哪里呢？计谋，是战争决策问题；计算，是战争预测问题。我们知道，战争决策以战争预测为根据，战争预测为战争决策服务。进行战争的程序是，先有预测，再作决策，然后才有战争行动。三者的逻辑顺序是先知，后计，最后战，不能混淆。

在此举一战例作一点简要的分析。

公元前196年西汉淮南王英布起兵反汉，刘邦问计于薛公。薛公认为，英布从淮南起兵，有上、中、下三种战略选择。上策是向东攻取吴国，向西攻取楚国，并吞齐国，夺取鲁地，联络燕国和赵国，同汉抗衡，这将使汉王朝较为棘手，一时难以平息叛乱。中策是向东攻取吴国，向西攻取楚国，并吞韩国，夺取魏国，占有敖仓之粮，控扼成皋之险，寻求同汉军决战，谁胜谁负，难以断定。下策是向东攻取吴国，向西攻取下蔡，而自身归向长沙，这对汉将不构成任何威胁。薛公最后断定，英布将会采取下策而不可能对上、中两策作出选择。刘邦感到奇怪：为什么英布不选取上策或中策，而要选取下策呢？薛公说出一番很有见地的预测依据。他说，英布原是一个刑徒，他虽然身为淮南王，却只懂得为自己，不懂得为百姓、为后代着想。也就是说，薛公看到英布是一个目光短浅、不识时务、自不量力的人，不可能具有高瞻远瞩的战略眼光。后来战争的发展果如薛公所料，英布实行的是下策，很快兵败被杀。

不难看出，薛公的预测很高明，刘邦正是依据薛公的预测制定东征英布的战略决策的。

（二）篇解

为了对孙子军事预测思想有一个宏观的把握，在此先概略地介绍一下本篇的思想结构。

1. **预测的目的**

兵者，国之大事，不可不察。

2. **预测的内容**

五事。

3. **预测的方法**

经之，校之，索之。

4. 预测的重要辅助

诡道计利以听，乃为之势。势者，因利而制权也。

5. 预测的结果

未战而庙算胜者，得算多也；未战而庙算不胜者，得算少也。

下面就从以上五个方面分别进行阐述。

1. 预测的目的

孙子从重视战争、慎重对待战争的观点出发，要求对军事问题，特别是军事预测问题必须进行认真的分析与研究。"国之大事，在祀与戎"（《左传·成公十三年》），商周时代人们把战争与祭祀视为社会政治生活中的两件大事。由于祖先崇拜，因而期望能够通过祭神祀祖得到祖先神灵的庇佑和降福，同时也可以增强社会集团内部的血缘观念，巩固统治阶级的权威。

在阶级社会中，战争始终是人们社会政治生活中的一件大事，出入征伐都要借助祭祀，卜以决疑，预测吉凶胜败。对于战争之所以如此重视，就是因为它的胜负关乎军民的生死、国家的存亡。现实的情形是，"《春秋》之中，弑君三十六，亡国五十二，诸侯奔走不得保其社稷者，不可胜数"（《史记·太史公自序》）。春秋242年中，军事行动多达483次。战争如此频繁，如此重要，为了求得战争的胜利，战争预测就显得非常重要了。那么，对于战争的预测都包括哪些内容呢？

2. 预测的内容

关于战争预测，在孙子之前明显地存在着两种截然不同的认识路线。

一条是唯心主义的认识路线。甲骨占卜是当时进行预测的一种主要形式（此外还有观测天象之类），事无巨细，都要"不违卜筮"（《礼记·表记》），对战争则更加郑重其事。然而这种仅凭甲骨兆象变化，对客观事物（战争）不进行直接观察，完全凭占卜者主观臆想、随意猜测所得出的判断肯定是不科学的，甚至往往是错误的。

另一条是朴素的唯物主义认识路线。自商周以来，它已经逐渐摆脱了鬼神崇拜的束缚，在方法论上也具有原始辩证法的因素。

《尉缭子·天官》讲了这样一个战例："楚将公子心与齐人战，时有彗星出，柄在齐。柄所在胜，不可击。公子心曰：'彗星何知？以彗斗者，固倒而胜焉。'明日与齐战，大破之。"楚国的这位将领公子心坚持了唯物辩证的方法论，他不相信彗星（俗称扫帚星）的彗柄所在一方必然获胜的唯心主义论调，断然指出：彗星懂得什么？并且对彗柄所在必胜的说法重新进行了有利于己的诠释，认为即使是用扫帚打架，那也正好是用彗柄打击对方才能获胜。

孙子的预测论植根于朴素的辩证唯物主义的认识论，但又远远高出于前人，乃至同时代的人。

军事预测是有层次的，其层次可依次分为战争预测、战役预测和战斗预测。孙子在《计》篇中论述的是战争预测，是君臣在庙堂之上对即将发生的战争进行庙算所作出的战争预测。

以孙子自己经历的吴国破楚入郢战争为例。公元前512年，吴国君臣商讨吴楚战争时，吴王阖闾企图大举伐楚，孙子指出："民劳，未可，待之。"（《史记·吴太伯世家》）认为伐楚条件不成熟，难以取胜，从而劝阻了吴王。直到六年之后的公元前506年基本条件具备之后，孙子才作出了在外交上以争取唐、蔡两国为前提则可以获得战争胜利的预测。

战役、战斗预测。公元前555年的齐晋平阴（今山东平阴北）之战比较典型。齐军在同晋军对峙时，突然在一天晚上悄悄地撤军逃走了。此时，晋国的师旷判断说：乌鸦的叫声轻松愉快，齐军可能逃走了。邢伯判断说：有战马盘桓的声音，齐军可能逃走了。叔向判断说：城上有乌鸦，齐军恐怕逃走了。他们从不同的角度作出了一致的正确的判断。

孙子关于全面系统进行军事预测的思想是他军事预测理论的核心和精华。预测战争的胜负依靠风角杂占固然是不科学、不正确的，但是仅仅凭借一些表面现象或个别情况也很难作出正确的预测。在军事学术史上，孙子是中国也是世界第一个全面系统地提出战争预测理论的军事学家。所谓全面系统，主要表现为他关于"五事"的论述。

五事之一是"道"。"道"，一般译作"政治"。其实，它与"政治"这个概念并不等同，译作"政治"虽不"达"，但却"信"，这是古文今译很难处理的一个问题。

孙子对"道"的界定是："令民与上同意，可以与之死，可以与之生，而不畏危。"从文义看，上下同心、同意，也仅仅是指军队内部的团结和巩固。如果按照汉简，"而不畏危"作"民弗诡也"，士兵不敢违抗，那意思就相差很多了。尽管如此，孙子能够认识到"上下同意""主孰有道""上下同欲"（《谋攻》）是关系战争胜负的首要因素，也是值得充分肯定和高度赞扬的。

《孙子兵法》中没有直接谈到战争性质问题，更没有区分正义与非正义问题。《用间》有一个"义"字（"非仁义不能使间"），而简本恰恰没有这个"义"字。对战争性质明确区分为正义与非正义，乃是战国以后的事。

孙子虽然没有提到"义"这个概念，但并不妨碍他对"义战"的实质性认识，因为他论及的"修道保法"（《谋攻》）、"道者令民与上同意"的"道"都是关于"政治"的范畴。换言之，他已清楚地看到得"道"就是得正义、得人心，对战争的胜负有着重要的作用。

孙子预测战争胜负注意到政治因素，注意到人心因素，在今天仍有着重要的教育意义。随着时代的进步、科技的发展，武器特别是核生化电对战争胜负起着越来越大的作用。不能不看到，现在有一些人，甚至一些军事学者在人与武器谁是决定战争胜负的因素、原子弹是不是纸老虎、正义战争是否必胜等问题上发生了动摇，考察力量对比时，只看到谁拥有多少核弹头，谁拥有多少飞机舰艇。这是一种糊涂认识，其所以糊涂，就糊涂在忘记了唯物史观而被唯心史观所俘虏。

"五事"之二是"天"（天候）。关于"天"的内容，孙子界定为阴阳（昼夜、晴雨之类天时变化）、寒暑（寒冷、炎热之类天气变化）、时制（春夏秋冬四季时令的变化）。毫无疑问，这些天候问题对军事行动有着直接的影响。商周时代，"冬夏不兴师"（《司马法·仁本》），也是因为严寒酷暑不利于军队行动。因天候影响而招致战争失败，在中外战史上这类例子很多，如1274年、1281年忽必烈两次渡海攻打日本都是因为在海上遇到狂风大雨而遭到失败。在外国，1708年瑞典国王查尔斯入侵俄国，败于严寒冰雪。其后，法国拿破仑、德国希特勒没有从历史中吸取教训，犯了与查尔斯同样的错误，重蹈覆辙。

"五事"之三是"地"。"地"指什么？有的译为"军事地形"，有的译为"军事地理"，我认为都不准确。关于"地形"，孙子在《地形》篇中详细论述了六种地形，与此篇文义不符。至于"地理"那是关于山川、气候等自然环境与地产、交通等经济因素的总称，也与此篇文义不符。

显然，本篇中的"远近""险易""广狭""死生"都不是指山地、河流等具体地形。那么，它们的具体含义是什么呢？"地"怎样译才准确呢？

"远近"，指到达战场的路程的远近。《虚实》篇明确指出："故知战之地，知战之日，则可千里而会战。不知战地，不知战日，则左不能救右，右不能救左，前不能救后，后不能救前，而况远者数十里，近者数里乎！"由于"知战之地"问题如此重要，所以孙子在《地形》篇中提出了一个著名论断："料敌制胜，计险厄远近，上将之道也。知此而用战者必胜，不知此而用战者必败。"

"险易"，字面上看，"险易"指地形的险阻或平坦，从作战指导思想上看乃是指地形是否有利，与上文所引"计险厄远近"是同一意思。

"广狭"，地形宽广还是狭窄，这是字面意义，而其作战指导思想则是指交战战场的战役容量。也就是说，作战地域能不能有利于排兵布阵，能不能有利于部队的展开和运动，乃至进攻或退却，等等。

"死生"，死地、生地。关于死地、生地，孙子有明确的界定："疾战则存，不疾战则亡者，为死地"，"无所往者，死地也"（《九地》）；反之，攻守进退自如，有利于掌握作战主动权的作战地形就是生地。

通过以上分析，不难看出，这里的"地"，是指"地利"，而且是从战略的高度来论述的。应该说，《孟子·公孙丑下》讲的"天时不如地利，地利不如人和"与孙子讲的道、天、地在文义上是一脉相承的。正是在这个意义上，孙子把"地"作为战争预测的五大要素之一。

有利的战略之地通常是兵家必争之地，或名都大邑，或关隘重险，或桥梁要津。几千年来，在中国的土地上为争夺这些要地而发生的战争不胜枚举。在这里，我想举一个真正从大战略高度运用地利的典型战例，那就是伟大的军事家毛泽东经略东北的战例。

解放战争初期，毛泽东为了赢得战略上的主动地位，制定了"向北发展，向南防御"的战略方针。"向北发展"就是开辟东北根据地。他还一再强调指出，为了领导，必须预见，没有预见，就没有领导，没有胜利，没有一切。待到我军同国民党军战略决战即将进行之际，毛泽东决定把影响战争全局的第一个战役从东北战场开始，他指出："对我军战略利益来说，是以封闭蒋军在东北加以各个歼灭为有利。"结果证明，辽沈战役的胜利改变了敌我战略地理形势和整个力量对比，从此东北全境成了全国解放战争最可靠的后方。

战争发展到今天，外层空间将成为一个新的战场，空、地、海、天四维战场的竞争将异常激烈。一旦外层空间成为第四战场，新的军种大军也将应运而生，未来战争将从第四战场开始，谁能掌握制天权，谁就能掌握制空权和制海权，《孙子兵法》中一个夸张的比喻"动于九天之上"就将成为现实。

"五事"之四是"将"。孙子对将提出五条标准，俗称"五德"：智、信、仁、勇、严。孙子对这五德的排列顺序别有深义，值得注意。

我们先释"信"。"信"，诚信，言而有信，说到做到。《司马法·仁本》说："成列而鼓，是以明其信也。"信守诺言，信守周礼的规范，在当时无疑是一种公认的行为准则。值得深究的是，孙子为什么如此重视"信"的地位和作用，把"信"排在第二位，排在"仁"（仁德）之前呢？难道作为一个将领诚信比仁德还重要吗？

我们考察一下与孙子同时代的孔子的观点。《论语·颜渊》篇记述了孔子与子贡的一段对话。子贡要孔子在"足食"（充足粮食）、"足兵"（充足装备）和"民信"（百姓对政府有信心）三者之中按其重要性依次去掉一项。孔子认为可以先去掉"足食"，再去掉"足兵"，最后保留"民信"，他说："自古皆有死，民无信不立。"孔子所说的"信"，无疑含有信仰的意思。又如《论语·子张》篇中子夏说："君子信而后劳其民；未信，则以为厉己也。信而后谏；未信，则以为谤己也。"他认为君子必须有了信仰以后才可以去动员民众，得到信任后才可以去进谏国君。

孙子讲的"信"也有信仰的含义，不仅仅限于信守、信用范围。这是因为，春秋时代新兴地主阶级在反对奴隶制的斗争中，一方面，与广大军民有着相当广泛的一致性，能够一定程度地做到"上下同欲"；另一方面，新兴地主阶级为了培养自己的军官队伍，增强军队的战斗力，信赏明罚也成为打击奴隶主世卿世禄制度的有力武器。

无论诚信还是信仰，将领在军队中的威信是一个重要的标志。抗金名将岳飞精忠报国，善于用兵，军纪严明，爱兵爱民，廉洁奉公，在军队中有着崇高的威信。他的名言"文臣不爱钱，武臣不惜死""冻死不拆屋，饿死不掳掠"，都能言行信果，因而得到了广大民众的拥戴。《宋史》评价他："求其文武全器、仁智并施如宋岳飞者，一代岂多见哉！"

"仁"是仁德。《孙子兵法》中的"仁"，根植于当时进步的民本思想，对于将帅来说主要体现在三个方面。一是爱兵，对士卒要有仁爱之心、仁爱之行，做到爱兵如子。二是要保民，孙子明确指出：作为一个将帅，用兵作战，不是为了个人的名利，而是为了民众，为了国家，用他的话说就是"唯民是保，而利合于主"(《地形》)。三是"善俘"，就是优待俘虏的意思，孙子讲"卒善而养之"(《作战》)。《司马法·仁本》讲得更明白、更具体，它要求进入敌国地区不要破坏神像，不要打猎，不要破坏建筑，不要焚烧房屋，不要滥伐树木，不要擅取财物；遇见老人和小孩，要好好地护送回家，不得伤害；即使遇见强壮的人，只要他们不抵抗，就不要视为敌人；敌人的伤员，应当医好后送回去。惜民善俘是一种进步的主张，也是一种优良的文化传统。

"勇"一般释为勇敢，当然是正确的，但是，将帅的责任在于运筹决胜，不能错下决心，丧失战机，因此"勇"有勇敢的意思，有敢打敢拼的意思，更有果敢的意思，如《书·仲虺之诰》："天乃锡王勇智。"对于将帅来说，"勇"当指勇略、勇断。指挥员要多谋，要善断，更要果断，不能优柔寡断，迟疑坐困，丧失战机，这才是将帅应有的品质。

古人讲："处事有疑非智，临难不决非勇。"(《武库益智录·决断》)又说："夫果断之道，托基在明(寄托在弄清情况的基础上)。明则无不当，暗则无不误。"(《兵家要领·果断》)在中国古代，善于果断决策、机断专行的将帅，曹操是比较有代表性的。例如199年袁绍大兵压境，即将爆发官渡之战。此时，刘备突然叛变，夺占徐州，这一下置曹操于两难境地。如果不打刘备，刘备一旦趁袁曹交战之际奇袭许昌，那时曹操两面受敌，必败无疑。如果东击刘备，侧后暴露，袁绍一旦偷袭许都，曹操的后果不堪设想。两害相权，曹操判断袁绍此人优柔寡断，一定按兵不动，于是果断决策，突袭刘备，速战速决，然后安然返回许都。

官渡之战打到最后阶段，200年十一月，曹军粮尽，眼看已成败局之势时，袁绍的谋士许攸投降曹操，密报袁绍粮车万乘，囤积乌巢（今河南封丘西）。曹操得到这一消息，立即亲率步骑五千奇袭乌巢，一战定乾坤，打败了袁绍。古人称赞曹操"策得辄行，应变无穷"（《三国志·魏书·郭嘉传》注引《傅子》），是一位果敢勇略的统帅。

未来战争，战场情况瞬息万变，战机稍纵即逝，为了赢得时间、赢得主动，更加要求指挥员要善观风色，料敌在心，察机在目，抓住战机，果断决策，争取胜利。

"严"就是严格，严格训练，严格要求，严明赏罚。古人讲："顺命为上，有功次之。"（《荀子·议兵》）服从命令是第一位的，争取战功是次要的。军队是一种特殊的社会团体，执行的是特殊的任务，将帅带兵必须严字当头、以身作则，军队才有战斗力。

"严"和"仁"是一对矛盾。在《孙子兵法》中，"文武""令使"这些概念与"仁严"一样，都是军队管理和训练问题，也都是对立统一的。

"仁"是基础，"严"是要求。"仁""严"统一，就能出战斗力。是不是一个良将，是不是一个优秀的指挥员，会不会带兵，关键就在于对"仁"和"严"的辩证认识与分寸把握上。不"仁"不行，过分"仁"也不行；不"严"不行，过分"严"也不行。

孙子在《行军》篇中讲得好，"卒未亲附而罚之则不服"，没有与士兵建立起感情基础，靠强迫命令之类的手段是达不到目的的。他又说，"卒已亲附而罚不行，则不可用也"，光讲感情，不讲纪律，这样的兵也打不了仗。孙子告诫将帅：如果管理教育部队只是一味地讲什么以情带兵，后果

— 50 —

就是"厚而不能使，爱而不能令，乱而不能治，譬若骄子，不可用也"。慈不掌兵，严字当头，都是经验之论。

孙子在论述"兵有六败"时，特别提到将吏治军无方、统军无力的两种能力上的缺陷。一种是"卒强吏弱"，士兵强横而官吏软弱；另一种是"吏强卒弱"，官吏强横但士兵懦弱。孙子认为，这两种情况都是导致失败的因素。

我们再回过头来谈"智"。在《孙子兵法》以及很多古文中，"智"和"知"相通，"智"的问题是素质问题，而其核心是知识问题，是才能问题。从知识上说，孙子认为一个优秀的将领必须做到"知彼知己""知天知地""知胜有五""知五火之变""知九变之利"等，用今天的话说，就是要占领智力高地，居于智力边疆；从才能上说，要"致人而不致于人""奇正多变""因敌制胜"，要"爱卒""善俘"，要"静以幽，正以治"，总之，要敢于创新、善于创新，敢于智取、善于巧胜，追求智战之道，等等。孙子之所以如此重视知识和才能，完全是时代决定的。

春秋末期，奴隶制走向崩溃，封建制已经萌芽，社会生活各个方面正经历着巨大的变革。在军事上，战争目的、武器装备和士兵成分的改变，导致战争规模、战场地域、战争持续时间以及战略战术发生了若干新的变化。战争中血的经验教训表明，原先那种文武不分、出将入相的体制必须打破，原先那种世卿世禄的用人机制也必须打破。为了适应新时代、新情况的变化，专职的将帅便应运而生了。

专职的将帅从哪里产生？士人阶层是主要的遴选对象。他们大都受过较高的教育，精通六艺，思想敏锐，自春秋末期至战国一直成为诸侯各国争夺、培养、重用的人才。

"争天下者，必先争人。"（《管子·霸言》）春秋末年，是一个人才难得的时代，是一个求贤若渴的时代，是一个礼贤下士的时代。军事上则兴才就是将才，而当时将才最根本的条件是要有革新进步的军事思想，要有能够驾驭战争规律的指导能力。

大凡在新的作战样式、新的战争形态出现的时候，知识化、专业化的才能条件往往会被凸显出来，当然并不能因此否定品德优先的政治标准。西汉初期，为了赢得对匈奴作战的胜利，汉武帝面对骑兵集团在荒漠草原进行广泛机动作战的新的战争形态，大胆起用了卫青、霍去病这些擅长骑战的年轻将领担任战场指挥。这就是古人说的"量能授职，无清浊之殊，无内外之别，无文武之异"（《文献通考·自序》）。

孙子重视智谋才能的观点对于新形势下的我军军队建设无疑是有启示意义的。江泽民同志指出："信息战争将逐步取代工业时代的机械化战争，成为未来战争的基本形态。"新的战争形态要求有新的人才。从军事预测上看，在信息化战争条件下，对指挥员预见能力提出了更高的要求。这不仅因为战争复杂了，情报增多了，因而分析判断难度加大，更因为作战行动十分复杂，作战节奏大大加快，因而指挥周期大大缩短，一旦判断错误，预测失算，后果就异常严重，而且无法补救。

"五事"的最后一条是"法"。关于"法"，孙子概括为三个方面：一是曲制，即军队的编制体制；二是官道，即军队将吏的管理制度；三是主用，即军需物资的供应制度。这颇有一点司令部、政治部、后勤部的意味。

关于预测的内容，有一个所谓"五事""七计"的说法是值得加以讨论的。曹操在注解"故经之以五事（汉简无'事'字）"时说："谓下五事七计，求彼我之情也。"他把孙子在下文所说的"主孰有道，将孰有能，天地孰得，法令孰行，兵众孰强，士卒孰练，赏罚孰明"等七条说成是"七计"，这是不妥当的。不难看出，孙子在这里所列的"七条"，不过是对"五事"的重复和延伸，具体谈到了法令、赏罚、训练和武器装备。值得申说的是"兵众孰强？""兵"是兵器；"众"，是装备物资。在孙子那个时代，兵器的利钝对战争的胜负不是十分重要的因素，所以孙子把"兵众"问题排到靠后论述。当今世界则不然，武器装备的信息化程度、核生化电的杀伤能力都有了极大的提高，战争中往往可以直取敌人的战略重心，实现作战目的。孙子看不到武器会产生如此巨大的作用，那是时代的局限，无可厚非。

总之，孙子认为，通过对敌我"五事"的分析研究，得出双方的优劣对比，以此为基础，便可以预测胜负了。

3. 预测的方法

用什么方法分析"五事"从而得出谁胜谁负的预测结论呢？孙子的回答是"经""校""索"。"经之以五事"（汉简"五"下无"事"字），就是度量评估"五事"的优劣。"校之以计"，"校"即"较"，比较；"计"，计算，与篇名"计"同义，绝非曹操所说的"七计"。对这个"计"字训释的正误关乎对孙子思想的理解。"校之以计"就是比较谁的计算准确，比较谁的预测高明。"索其情"，索，探索，此言意谓探索战争胜负的情势。对此，宋本《十一家注孙子》杜牧的解释最为翔实，也最为正确。他说："经者，经度也；五者，即下所谓五事也；校者，校量也；计者，即篇首计算也；索者，搜索也；情者，彼我之情也。此言先须经度五事之优劣，次复校量计算之得失，然后始可搜索彼我胜负之情状。"由此可见，有了评估，有了比较，有了探索，定性分析的战略预测就可以进行和完成了。"经""校""索"的过程是一个完整的推理判断过程，它是对各种侦察所得出的情况经过去伪存真、去粗取精、由此及彼、由表及里的连贯的思考。我们不要轻看了孙子的这三个字。

第一，评估比较要全面深刻。"五事"是评估比较的内容。通观《孙子兵法》，可以看到，评估、比较的内容还包括辎重、粮食、委积、诸侯之谋、迂直之计、众寡虚实等。总起来说，就是"知彼知己""知天知地"，全面地了解情况，深刻地对比分析。刘伯承元帅说过一句脍炙人口的军事名言："五行不定，输得干干净净。"他所谓的"五行"就是任务、敌情、我情、地点和时间。敌情、我情就是"彼己"，地点、时间就是"地利天时"，这和孙子讲的"知彼知己""知天知地"有异曲同工之妙，都是预知胜负的基本条件。知彼知己是认识战争矛盾运动的关键。毛泽东曾高度评价这一观点并作了精辟的阐述和发挥。他说："中国古代大军事学家孙武子书上'知彼知己，百战不殆'这句话，是包括学习和使用两个阶段而说的，包括从认识客观实际中的发展规律，并按照这些规律去决定自己行动克服当前敌人而说的；我们不要看轻这句话。"

第二，评估比较要准确客观。过高地估计敌人的力量容易右倾保守，过高地估计自己的力量又容易"左"倾冒险，都是不可取的。这两种现象，战史上都曾多次出现过。畏敌如虎，妥协投降者有之；骄傲轻敌，盲动冒险者也有之。按理来说，知己容易知彼难，可是打败仗的偏是那么一些既不知彼又暗于知己的人们。例如前秦的苻坚就很典型，他就是著名的秦晋淝水之战的失败者。战前，他自恃兵力强大，发出"今以吾之众，投鞭于江，足断其流"的狂言，这就埋下了轻敌的隐患。轻敌思想一旦扎了根，主观片面就会跟踪而至，于是看不到自己的弱点，听不进正确的意见。待到淝水决战前夕，苻坚"又望八公山上草木，皆以为兵"，从先前"投鞭断流"的轻敌转向"草木皆兵"的畏敌，乱了方寸，因此他的失败是必然的。列宁指出，在战争中"最危险的是对敌人估计不足和安于我们比敌人强大。这是最危险的，它会招致战争的失败"（《列宁全集》第31卷，人民出版社1985年版，第151页）。古语说得好：哀兵必胜，骄兵必败。大凡哀兵因是弱者，衡量敌我，比较冷静，比较客观；而骄兵常常容易头脑发昏，即使是像拿破仑这样的名将也是因为自恃比敌人强大而惨败于俄国。

第三，评估比较要抓住关键。敌我力量的比较是诸因素的比较，敌有长处也有短处；反之亦然。通过纵横比较要看出总体上的优劣，绝不能把比较看作敌我条件的罗列，那只达到统计员的水平，是无补于事的。

下面分析两个古代的战例。

一是刘邦料敌。公元前205年楚汉战争中，刘邦命韩信与灌婴、曹参进攻魏国的魏豹。战前，刘邦与谋士郦食其对敌我双方将帅的指挥能力进行了具体的分析和综合的比较。刘邦先问魏军主将是谁，当他知道是柏直时就评价说，柏直乳臭未干，软弱无能，不能同韩信相比。又问骑将，当他知道是冯敬时，认为此人虽有德才但不是灌婴的对手。又问步将，当他知道是项它时，断然认为项它不可与曹参同日而语。最后，刘邦得出结论"吾无患也"（《资治通鉴》卷九，《汉纪》一），于是出兵。在这次破魏作战中，韩信在临晋搞了个假渡场，隐蔽主力从夏阳以木桶之类作为渡河就便器材突然袭击魏腹心安邑，取得成功。不难看出，韩信声东击西、避实击虚之计能够取得成功，正是建立在战前对敌我诸方面条件正确分析对比的基础上。这一仗，刘邦着重将领之间的比较，即主将之间与兵种将领之间的比较。比将也是比兵，通过将领推断其所率部队的军事素质和战斗力的优劣高下。抓住这一点就抓住了关键，就能预见到胜利的可能。至于韩信用木桶渡江之类的战术创造，那只是必然性通过偶然性表现出来罢了。

二是周瑜料敌。208年的赤壁之战周瑜对曹军的对比分析十分深刻，很有教益。为了更清楚地看出周瑜分析的正确，这里把主张投降的长史张昭对当时形势的分析也摘其大要如下。

张昭说："曹公，豺虎也。挟天子以征四方，动以朝廷为辞；今日拒之，事更不顺。且将军大势可以拒曹者，长江也；今操得荆州，奄有其地，刘表治水军，蒙冲、斗舰（按指运兵船和战船）乃以千数，操悉浮以沿江，兼有步兵，水陆俱下，此为长江之险已与我共之矣，而势力众寡又不可论。愚谓大计不如迎之。"（《资治通鉴》卷六十五，《汉纪》五十七）张昭只看到曹操兵力强大、水陆并进，又控制长江上游，使吴国唯一可以抗御曹操的长江天险失去了优势，因此他主张"迎之"，也就是投降。

周瑜的分析是这样的："操虽托名汉相，其实汉贼也。将军（指孙权）以神武雄才，兼仗父兄之烈，割据江东，地方数千里，兵精足用，英雄乐业，当横行天下，为汉家除残去秽；况操自送死，而可迎之邪！请为将军筹之：今北土未平，马超、韩遂尚在关西，为操后患，而操舍鞍马，仗舟楫，与吴、越争衡，今又盛寒，马无藁草，驱中国士众远涉江湖之间，不习水土，必生疾病。此数者用兵之患也，而操皆冒行之。将军禽操，宜在今日。瑜请得精兵数万人，进住夏口，保为将军破之！"（同上）

周瑜和张昭是辅佐孙权的两个主要人物。这就是京剧《借东风》中诸葛亮所唱的"东吴的臣，武将要战，文官要降"。张昭主降，因为他被曹操虚张声势的恐吓信中"治水军八十万众"（同上）之言所惑，畏敌为虎。周瑜则不然，他既准确地判断曹军兵力总计不到二十万，又看到曹军长中之短、强中之弱：一是关西马超、韩遂未平，后方不稳；二是时值隆冬，马无饲料；三是北方部队不习水土，易生疾病。曹军南下荆州是208年秋九月，十一月就鏖兵赤壁。由此可见，曹军官兵没有足够的时间进行适应性训练。放弃骑战，改取水战，在作战方式上舍长就短，这对曹军来说是致命的弱点和战略性的错误。一支军队选取适合自己的作战方式是克敌制胜的关键。毛泽东在领导和指挥人民军队进行的革命战争中，十分注意作战方式的选取。例如他在《中国革命战争的战略问题》中指出："运动战，还是阵地战？我们的答复是：运动战。"又如，他在《以自卫战争粉碎蒋介石的进攻》中写道："战胜蒋介石的作战方法，一般的是运动战。"引此足以说明作战方式是关系胜负的重要因素。赤壁之战中，曹军将战船"首尾相接"，以致被黄盖火烧战船，陷入被动。战争结局，果如周瑜所预言的，只需五万精兵即打败了曹操。

以上分析了《计》篇中的"经"字和"校"字，现在来分析"索"字。"索"在军事预测中学问就更大了。评估和比较不是目的，目的是"索其情"，求索胜负之情，求索有无胜负的可能性。对这种胜负之情的预测不可能十分精确，孙子说"胜负见矣"，"见"字即"现"字。"现"是显现的意思，例如成语"图穷匕见（现）"。有人也许会怀疑，匕首显现出来可以理解，仗还没打，胜负如何能显现出来呢？须知，仗虽没打，但战争中可能发生的主要情节已在预测者的头脑中显现出一种若明若暗的大体景象。毛泽东对此问题作出了深刻的分析："给战争趋势描画一个轮廓，却为战略指导所必需。所以，尽管描绘的东西不能尽合将来的事实，而将为事实所校正，但是为着坚定地有目的地进行持久战的战略指导起见，描画轮廓的事仍然是需要的。"（《论持久战》）

孙子提出了"索其情"，要求战争领导者必须"先胜而后求战"（先有胜利的把握，而后寻求同敌作战），甚至主张，只要"战道必胜，主曰无战，必战可也"。那么，究竟沿着何种途径，采用什么方法去探索、去发现、去把握"胜负之情"呢？孙子没有作出明确具体的回答，答案需要我们去探求。

战争决策的预见性，必须从全局出发，站在战略的高度，具有深刻的洞察力。这种谋略家，孙子称之为"上智"之人。从历史上看，第一个称得上能够预见胜负的上智之人要推伊挚。他是商汤的谋臣，曾在夏朝国都住了三年。他周密地观察夏桀和夏朝的情况，发现夏桀虽然暴虐无道，但是灭夏的时机还不成熟，劝商汤积极准备，发展实力，兼并小国，扩大地盘。后来，当商汤灭了昆吾，羽翼丰满，拒不入贡之后，夏桀下令"起九夷之师"讨伐商汤，但九夷之师没有响应。这是夏王朝内部分崩离析的一种迹象，被伊挚敏锐地发现了。于是他对商汤说："可矣。"（《说苑·权谋》）在这里伊挚所说的"可矣"，就是指大举伐夏已时机成熟。商汤采纳了伊挚的建议，大举伐夏。鸣条决战，夏军崩溃。商汤又连续取得追击作战的胜利，商朝建立。伊挚的战争预测由于史料缺乏而显得过于贫乏简略，但是当我们知道他是公元前16世纪的历史人物时，一定会表示敬畏、惊讶和感叹。这样古老而卓绝的谋略家，这样古老而典型的事例，不仅在中国，就是在世界军事预测史上也是无出其右的。

4. 预测的重要辅助

对于《计》篇，一般都把它分为内谋于庙堂与外谋于战场两大主体。内谋谋"计"（五事），外谋谋"势"（造势）。应该说，这种理解也是对的。然而问题在于，谋势、造势，特别是下面要提到的争取战争主动权问题、诡道"十二法"问题，既不属于预测范围而是开战之后的行动，也不属于运筹帷幄之中的范围而是决胜千里之外的行动。那么，怎么理解这个问题呢？我认为，孙子在这里论述了一个预测的辅助问题，意在告诫君将，内谋的"五事"只是静态分析，它只提供胜利的可能性，而要把可能性变为现实性还必须经过主观的努力，经过能动的创造。战争的能动性就表现为"造势"，表现为"诡道"。

《孙膑兵法·客主人分》有一段话可以作为孙子这一思想最好的注脚。孙膑说："众者胜乎？则投算而战耳；富者胜乎？则量粟而战耳；兵利甲坚者胜乎？则胜易知矣。故富未居安也，贫未居危也；众未居胜也，少（未居败也）。以决胜败安危者，道也。"意思是说：兵多就能取胜吗？那么只要计算一下兵力多少就可以作战了；富足就能取胜吗？那么只要量一量粮食多少就可以作战了；武器装备精良就能取胜吗？那胜利也就太容易未战先知了。所以，国家富足未必安全，国家贫困不一定危险；兵多未必胜利，兵少不一定失败。决定胜败安危的，在于能否掌握战争的规律。他这段话给我们的启示是如果预测胜负仅仅凭借谁的船坚炮利，谁的核弹头多来作出判断，而不注重考察战争性质、人心向背、军民在战争中的能动性等，那是绝对不可靠的，是形而上学的、错误的。

孙子是中国军事学术史上也是世界军事学术史上第一个天才地提出"兵者，诡道也"（《计》）、"兵以诈立"（《军争》）的著名论断的军事学家。三百年后，韩非子把它发展为"战阵之间，不厌诈伪"（《韩非子·难一》），于是，"兵不厌诈"便成为战争中的一条重要原则。

诡道，即以诡诈为原则，以各种军事欺骗为内容，是战争中必须遵循的一种特殊规律。孙子把它归纳为"十二法"，而其核心是"示形"二字。示形既包含示形也包含隐形，既包含佯动也包含调动。他虽然只说了"能而示之不能"，但是也隐含了"不能而示之能"；他虽然只说了"用而示之不用"，但也隐含了"不用而示之用"，这样的理解才全面。现分别举例如下。

能而示之不能

本来能战，却故意装作不能战。周显王二十八年（前341），魏国和赵国联合进攻韩国。韩国向齐国告急求救。齐国派将军田忌领兵往救。魏国将军庞涓率军迎击。齐国军师孙膑献出退兵减灶之计：第一天宿营时设10万人吃饭用的军灶，第二天减为5万，第三天减为3万。田忌采纳了这个建议。庞涓看到齐军减灶，大为高兴，说："我早就知道齐军胆怯，果然，才进入我国三天，就逃亡大半了。"（《史记·孙子吴起列传》）于是丢下步兵，率领少数精兵轻装追赶。经过一系列疲敌、误敌的行动之后，孙膑算定庞涓将到达马陵（今山东郯城马陵山）。马陵道路狭窄，两旁山高林密，可设伏兵。于是在一棵大树上，刮去树皮，用白粉写上"庞涓死于此树之下"几个字，派很多弓箭手埋伏在道路两旁，约好夜里看见火光就一齐发射。庞涓果然当晚到了马陵，看见树上有白字，点着火来看，没等看完，齐军万箭齐发，魏军大败。此战，孙膑针对以往三晋之兵素悍勇而轻齐的情况，减灶示弱，诱使庞涓轻兵追赶，最后，庞涓自刎而死。

用而示之不用

本来要打，故意装作不打。例如，219年，吴将吕蒙想乘蜀将关羽北攻樊城之机，夺取荆州。由于关羽对吕蒙有所戒备，仍留有重兵把守江陵、公安等地。吕蒙为了麻痹关羽，假称病重。孙权公开把他召回建业（今南京），并以"未有远名，非羽所忌"的陆逊来接任，以掩饰其夺取荆州的意图。关羽果然放松了对荆州的防守，从江陵、公安调兵进攻樊城。吕蒙便乘机沿江而上，指挥吴军夺取了公安、江陵等地，很快攻取了荆州。

近而示之远

本来要从近处进攻，却故意装作要从远处进攻。例如，公元前478年，越王勾践率军大举攻吴，吴王夫差率军迎击，双方于笠泽（今江苏苏州东南吴淞江）夹水对阵。越军决定从当面渡江攻击，但为了隐蔽企图，故意派出小股部队从距敌较远的左右两侧利用夜暗鸣鼓佯渡。夫差受骗，分兵迎战。越军主力便乘机渡江，出其不意地实施正面突击，大败吴军。

远而示之近

本来要从远处进攻，却故意装作要从近处进攻。公元前205年，韩信在灭魏战争中，鉴于魏王豹在蒲坂（今山西永济）集结重兵，塞断临晋（今陕西大荔东）交通，阻止汉军渡河，于是集结船只，对临晋当面之敌实施佯渡，而暗中却将主力绕至夏阳（今陕西韩城南）用就便器材渡河，奔袭魏军后方安邑（今山西夏县南），一战而胜。

利而诱之

敌人贪利，就利诱他。27年，东汉将领邓禹、邓弘攻打赤眉起义军于华阴（今陕西华阴东）。赤眉军佯装战败，丢下大批车辆、辎重。车内装满沙土，上面覆盖豆子。邓弘军正缺粮食，士兵一见粮车，便无心攻战，拼命抢夺粮车。赤眉军突然反击，邓弘军溃乱。接着，赤眉军又打败来救的邓禹军，获得了胜利。

乱而取之

敌人混乱，就攻取他。383年，东晋与前秦在淝水展开大战。晋军前锋都督谢玄针对秦军大多是沿途新招募的杂牌军，内部不稳，纪律松懈，主将骄而无谋等弱点，用激将法让秦军后撤，待晋军渡过淝水一决胜负。秦军主帅苻坚企图趁晋军半渡淝水之际发起进攻，同意后撤。没想到前面的军队一撤，便阵势大乱，加上降将朱序趁机大呼："秦军败了！"后边的士卒便闻声而逃。晋军乘敌混乱发起攻击，大败秦军。

实而备之

敌人力量充实，就防备他。公元前207年，匈奴部落单于太子冒顿杀父自立。兵力强盛的东胡部落首领派使者到匈奴来无理索取千里马。冒顿以睦邻邦交为由说服群臣，恭恭敬敬地把一匹珍贵的千里马送给了东胡。东胡首领以为冒顿不敢惹他，便得寸进尺，又向冒顿索取美女。冒顿仍不顾群臣的反对，把心爱的美女送给了东胡。东胡首领越发骄横，接着又提出领土要求。已经强大起来的冒顿觉得该是制止东胡欲望的时候了，于是跃马挥刀，领兵袭击东胡。东胡平时轻视冒顿，毫无戒备，冒顿突然袭击成功，东胡遂亡。此战，冒顿之所以能战胜东胡，是冒顿实而备之，逐渐由劣势变为优势，东胡虽强却忘备，由优势变为劣势的结果。

强而避之

对于强大的敌人，要暂时避开他。例如，公元前154年，汉景帝为平定七王之乱，派周亚夫率军东攻吴、楚。周亚夫见吴楚联军兵势强盛，难与争锋，就采取了"以梁委之，绝其食道"（让敌军去进攻梁都睢阳，迟滞疲惫敌军。详见《资治通鉴》卷十六）的谋略。于是进据昌邑（今山东金乡西北），避而不战，听任吴楚联军进攻梁军，以便利用梁地（今河南东部）拖住敌方。后进至下邑（今安徽砀山东），仍深沟高垒，坚壁固守。等到吴楚联军饥病不堪而不得不撤退时，周亚夫乘军乘势追击，大破吴楚联军。

怒而挠之

敌人易怒，就骚扰他。公元前203年，汉军乘项羽东攻彭越之机，围攻成皋（今河南荥阳西北）。楚将曹咎起先按照项羽"谨守成皋！即汉王欲挑战，慎勿与战"（《资治通鉴》卷十）的告诫，坚守不出。后来由于汉军连续挑战与辱骂，曹咎一怒之下，便率部出击。汉军趁楚军半渡汜水时发起进攻，取得了胜利。

卑而骄之

对于鄙视我方的敌人，要设法使其更加骄傲，然后寻机击破他。219年吴蜀江陵之战中，陆逊接替吕蒙镇守陆口，他为了麻痹关羽，助长其骄气，致信关羽说："我是一介书生，没有能力担此重任，有幸能与将军这样德高望重的人相与为邻。"关羽被信中恭维之词所蒙蔽，便"意大安，无复所嫌"（《三国志·吴书·陆逊传》）。最后，吕蒙乘荆州戒备松弛突袭成功，打败了关羽。

佚而劳之

对于休整得好的敌人，就设法疲劳他。公元前512年，吴王阖闾准备大举攻楚，孙武认为时机尚未成熟，加以劝阻。吴王于是根据伍员"疲楚""误楚"的建议，把吴军分为三军，轮番袭扰楚军，连续六年忽南忽北地骚扰楚国边境，使楚军疲于奔命，为公元前506年的破楚入郢（今湖北江陵北）创造了条件。

亲而离之

敌人亲和，就离间他。公元前259年，秦与赵相拒长平（今山西高平西北），赵王派廉颇为将迎击秦军。秦数败赵军，赵军固壁不战。秦派奸细散布说："秦国最害怕、最担心的是让赵奢之子赵括为将。"赵王误信秦国奸细的话，用赵括为将，取代廉颇。蔺相如对赵王说，赵括只懂得读他父亲的兵书，并不懂得因敌变化的用兵之道。但赵王不听。赵括代替廉颇之后，把廉颇对军队的规定约束全部废除，又任命新的官吏。白起针对赵括鲁莽轻敌、不懂指挥的弱点，采取诱敌入伏、分割包围然后予以聚歼的方针，大败赵军，坑杀赵军降卒四十万人。

以上"诡道十二法"的要义就在于"攻其无备，出其不意"。戒备松弛、麻痹大意的敌人，是最好打击的敌人，而这样的敌人是可以能动地制造出来的，方法就是"诡道十二法"。孙子对此十分重视，特别指出这是克敌制胜的妙诀（"此兵家之胜"），在实施过程中是不能预先泄露而应严格保密的。

5. 预测的结果

庙堂之上，预测胜负，表现为得到"算筹"的多少。得分率愈高，胜利的把握愈大；计算得愈详细、愈客观，预测就愈准确，是胜还是败就看得愈清楚，胜负的端倪就显现出来了。

韩信的"汉中对"（详见《史记·淮阴侯列传》）称得上是预测佳作。公元前205年正月，项羽自立为西楚霸王，建都彭城（今江苏省徐州市）。封刘邦为汉王，建都南郑（今陕西省汉中市），又将关中一分为三，分封给秦朝的三个降将，以防刘邦东进。汉王问计于韩信，韩信就问汉王，现今争权天下的是不是项羽。汉王回答说："是。"韩信又问："大王自料勇悍仁强孰与项王？"汉王沉默许久说："不如也。"韩信向汉王拜贺说："惟信亦为大王不如也。"然后对项羽做了详细分析。项羽只有"匹夫之勇""妇人之仁"；项羽"所过无不残灭""天下多怨""百姓不亲附""失天下心"。又说汉王"诚能反其道：任天下武勇，何所不诛！以天下城邑封功臣，何所不服！以义兵从思东归之士，何所不散"；汉王自入武关后，"秋毫无所害，除秦苛法，与秦民约法三章耳，秦民无不欲得大王王秦者"；"今大王举而东，三秦可传檄而定也"。"于是，汉王大喜，自以为得信（韩信）晚，遂听信计"。

（三）引论

中国有句古话：“凡事预则立，不预则废。”“预”就是预见，预有准备。毛泽东说得更深刻：“什么叫作领导？领导和预见有什么关系？预见就是预先看到前途趋向。如果没有预见，叫不叫领导？我说不叫领导。斯大林说：没有预见就不叫领导，为着领导必须预见。”（《毛泽东文集》第3卷，人民出版社1996年版，第394页）预见是战略家最独特的能力，正是因为这种能力超出常人，高人一筹，他才能抓住事物最本质的东西透视未来，才能看清事物的发展趋势，正如古人所说：“视远者不顾近，虑大者不详细。”（《资治通鉴》卷240）

战国中期秦国张仪同司马错关于攻打韩国还是攻取巴蜀的争论就反映了二人战略远见的高下之别。

张仪主张出兵韩国，威逼东周，挟天子以令诸侯，一举建立王业。张仪是著名的纵横家，但是他的这一献策却缺乏远略，而且时机和条件对当时的秦国来说也远未成熟。而另一位策士司马错却比张仪高明得多，他认为，秦国“地小民贫”，过早把矛头指向东方必然会激起诸侯合纵抗秦，非但不能达到战略目的，反而会落得一个失信于天下的恶名。他主张南进，夺占巴蜀。其利有三：一可以达到“富民”“广地”“博德”的目的；二可以“名实两符”，既有“禁暴止乱”的美名，又有“得地”“得财”的实惠；三可以为实现“连横以斗诸侯”“东向以争天下”创造极为有利的战略环境。秦若取得巴蜀，就可以不走过去南下攻楚只能出武关、走丹水这一十分不利的狭窄通道，而改取沿长江而下，直逼楚都郢城的路线。这也就是后来张仪用以威胁楚国时所描绘的进军路线：“秦西有巴蜀，大船积粟，起于汶山，浮江以下，至楚三千余里。舫船载卒，一舫载五十人与三月之食，下水而浮，一日行三百余里，里数虽多，然而不费牛马之力，不至十日而

距扞关。"(《史记·张仪列传》)

司马错还进一步看到，"得蜀则得楚，楚亡则天下并矣"(《华阳国志·蜀志》)。巴蜀、楚国、天下三者的关系构成秦国未来发展的三个战略步骤。秦惠文王采纳司马错的意见，夺取了巴蜀。从此以后，秦国东进既有传统的东出崤函、进攻三晋的战略方向，又有南下伐楚、迂回中原的战略方向，两个方向互相配合，取得了战略主动权。

早在司马错提出这一战略之前，胸怀大略的楚威王就忧虑长江、汉水方向的安危，他曾说过，"寡人之国，西与秦接境，秦有举巴、蜀并汉中之心"，"寡人卧不安席，食不甘味，心摇摇然如悬旌而无所终薄（安宁）"(《史记·苏秦列传》)。楚威王是有战略远见的。但是，其子楚怀王却是一个鼠目寸光的昏庸之辈。由于他的一错再错，终于从他手中失掉了楚国侧翼的安全，让秦国夺占了有利地位。

时代发展了，今天的国际形势远远不同于春秋时代，不同于战国时代，也不同于以往任何时代。21世纪，是一个信息化的时代。信息量大大增加了，信息的不确实性也大大增加了。面对新世纪、新形势，从国家发展战略出发，我们必须坚持科学发展观，增强预见的科学性。科学的预见不仅要依靠先进的科技手段，更要依靠决策者的学识、经验、睿智和意志。

随着时代的发展，威胁国家安全的不仅仅是战争，科技、信息、金融、能源、生态与环境、粮食乃至文化等都已经成为威胁国家安全的非传统安全因素。

周边安全也需要高度警惕，"台独"的危险性不可掉以轻心。总之，诸如此类的军国大事都属于庙堂之谋，都需要稳操胜券，才能使我国的发展始终立于不败之地。

《作战》篇新说

(一)题解

本篇《作战》,不同于现代军语的"作战"。它论述的是包括战争经济动员在内的军事后勤问题。

在《孙子兵法》中,军事后勤被提到战略地位的高度,而本篇是论述这一问题的专篇。在此,我将把孙子在其他篇章中的有关论述联系起来集中介绍。

(二)篇解

孙子论后勤,选取了一个特别的论证方式,那就是分析"利害"。他说:"不尽知用兵之害者,则不能尽知用兵之利也。"孙子这句话,是本篇的文眼所在,他关于后勤问题的所有论述都是从这一特殊视角出发,然后逐层展开的。

他指出了一系列的"用兵之害",也就是后勤方面的不利因素。

首先是兴师动众,消耗巨额军费。孙子估算,出兵十万,千里征战,就要"日费千金";其次是由于远程投送,物价飞涨,必然造成民贫国虚,"百姓财竭","国用不足";再次是顿兵坚城,战争久拖不决,军队"钝兵挫锐",士气低落;又次是陷入两面作战,"诸侯乘其弊而起",而且"虽有智者,不能善其后",战争归于失败;最后是人心浮动,民怨四起,"内外骚动,怠于道路,不得操事者,七十万家"(《用间》)。总之,后果不堪设想。

孙子对巨额军费的计算,从《管子·参患》中也可得到印证,它说:"故一期之师,十年之蓄积殚;一战之费,累代之功尽。"意思是说,一年

— 66 —

的军费，要消耗十年的积蓄；一战的费用，要耗去几代人的储备。

面对这些"用兵之害"如何化解呢？

孙子提出了一系列高明的主张。

第一，为了避免远程运输所带来的劳民伤财等一系列问题，他提出了"因粮于敌"，以战养战的主张。

孙子算了一笔账，"食敌一钟，当吾二十钟；苣秆一石，当吾二十石"，无疑这是一个最划算的办法。因此，他要求"智将务食于敌"。

对于运粮问题，一千多年之后，沈括不无感叹地说："运粮不但多费，而势难行远。"（《梦溪笔谈·官政一》）他对此也有过概算：兴兵10万，辎重兵占去3万，征调保障供给的民夫30万，尚且难以深入敌国腹地。历史地看，千年之后，后勤问题仍未得到大的改观。因此，沈括也赞同孙子的观点，说："凡师行，因粮于敌，最为急务。"（《梦溪笔谈·官政一》）

"因粮于敌"的办法，一是征集；二是抢掠，所谓"掠于饶野，三军足食"（《九地》）、"重地则掠"（《九地》）、"掠乡分众"（《军争》），毋庸讳言指的都是抢掠；三是缴获。

左宗棠收复新疆的战争是一个颇具代表性的战例。

左宗棠鉴于新疆粮食缺乏，又远离内地，交通不便，因此提出"粮运两事为西北用兵要着，事之利钝迟速，机括全系乎此"（《左文襄公全集·奏稿》卷43）。在作战时机的选择上也要等到"新谷遍野，有粮可因"（同上，卷48），从而把后勤问题列为重要的战略问题。在战争过程中，粮运问题一直成为胜负的制约因素，其中，"因粮于敌"同样是清军的解困之计。例如，1877年10月，刘锦棠在库尔勒作战时，由于敌军劫掠秋粮后西逃，致使清军粮食匮乏。当时除了急令后方迅速转运粮秣接济外，就是发现了敌人粮窖，缴获粮食十余万斤，从而保障了战斗的顺利进行。总之，这次战争，清军在后勤上既高度重视粮食的筹备和运输，又重视有粮可因的时机和条件，从而使之成为中国军事后勤史上一大著名的战争战例。

第二，毁敌辎重粮草。

"因粮于敌"是变敌之利为我之利，变我之利为敌之害。孙子清楚地看到，削弱敌人就是增强自己。他在《火攻》中提出"火积""火辎""火库""火队"，焚毁敌人的粮草、辎重、仓库、粮道及其运输设施，就是这一思想的体现。

公元前204年，楚汉战争进入白热化。为了削弱楚军项羽的力量，汉王刘邦派刘贾、卢绾率领2万人马从侧后深入楚地，"烧楚积聚，以破其业，无以给项王军食而已"（《资治通鉴》卷十），赢得了主动。

200年发生的官渡之战更是一个显例。当时袁绍同曹操在官渡相持已三个多月，曹军兵力处于劣势，军中缺粮，危在旦夕。在此紧急关头，粮食问题就成了战略问题。此时，曹操得悉袁军粮草囤于乌巢，于是亲率轻骑五千，奇袭乌巢，烧毁袁绍粮秣，从而在战争最后一刻扭转了战局，打败了袁绍。

为了破坏敌人的后勤，孙子还提出一种"火队"的方法。"队"通"隧"，运输通道，"火队"就是焚烧敌人的粮食运输线。粮饷之道，成败攸关，烧敌粮道，即是加强了我的粮道，造成敌饥我饱的有利态势。公元前154年，吴楚七国之乱时，汉景帝命太尉周亚夫率军平叛。周亚夫为了避敌锋芒，按兵不动，只派轻骑迂回到吴楚联军侧后，断敌粮道，致使吴楚联军缺粮，难以久持，终于兵败。"对垒久持，绝粮道为第一要义"（《历朝兵机汇纂·祖逖》清人徐芳声评语），周亚夫此战是一个成功的战例。

第三，避免攻城，寻求野战。

孙子不主张硬碰硬的攻城作战，认为"攻城之法，为不得已"（《谋攻》）。为什么非不得已才采取攻城呢？他的理由主要是两个：一个是"攻城则力屈，久暴师则国用不足"，这是从军事后勤角度考虑的；另一个是

《谋攻》篇所论述的攻城作战伤亡高、耗费大，很不划算，"此攻之灾也"。

关于攻城作战问题，我们将在《谋攻》篇讨论，这里只是提示一下。下面，谈谈攻城对后勤的影响问题。

冷兵器时代，特别是春秋战国以后，城市的战略地位提高了，而攻城的军事技术却没有根本性的改变，于是，顿兵坚城，师老兵疲，因粮尽而退兵乃至失败的战例史不绝书。《十一家注孙子》的注家们都举出了不少显例，如张预说："若汉武帝穷征深讨，久而不解，及其国用空虚，乃下哀痛之诏是也。"李筌说："隋大业初，炀帝重兵好征，力屈雁门之下，兵挫辽水之上。疏河（黄河）引淮（淮河），转输弥广，出师万里，国用不足。"

为了避免因攻城而导致力屈财竭的危害，孙子主张实行野战。"野战"一词，古已有之，《墨子·兼爱》："诸侯不相爱，则必野战。"野战即是相对城战而言，指在平原旷野实行广泛的机动作战。诸如包围、迂回、奇袭、伏击等都是野战之法。

1214—1215年的蒙金中都（今北京）之战就是一个显例。成吉思汗分兵一部包围中都，而在涿州（今河北涿州）、霸州（今河北霸州）等广大区域机动歼敌，于是，中都粮绝，金军南逃，蒙军终于入据中都。

第四，速战速决，反对久战。

如果说对于攻城作战孙子只是认为万不得已才实行的话，那么对于久拖不决的作战孙子则是采取反对的态度。他反对持久战，固然与国家经济的消耗有很大关系，但更重要的是服从于当时吴国争霸战争的政治需要。争霸战争的战略是进攻战略，而进攻作战必须速战速决。

速决则粮耗少，久战则粮易尽，这是显而易见的道理。古人讲，进攻作战一旦不能速战速决，便会造成孤军深入重地，"欲进不能，欲退不敢，攻城不得，掳掠无获，粮道既绝，救援不通，虽韩（韩信）、白（白起）不能善其后"（《草庐经略·迅速》）。

孙子讲速决，甚至认为即使是"拙速"也比"巧久"要好，所谓"兵闻拙速，未睹巧之久也"。就是说，即便是匆匆忙忙的、并不完美的快速反应也比慢条斯理的、面面俱到的久拖不决要好。战争中要求快速确实如孙子所强调的那样，战机就在那短暂的瞬间，因而胜负也就在那一瞬间见分晓。不用说时间在现代战争中是何等重要，即使是步骑时代的古代战争，"拙速"胜过"巧久"也是真理。谁能懂得它而又能实行它，谁就能得到胜利。

西汉有一位十八岁就因战功卓著而被封为冠军侯的青年将领霍去病，他在公元前121年指挥的河西之战就是一次成功的速决战，也是一次成功的"拙速"胜于"巧久"的速决战。

当时，汉武帝为了开辟通往西域的通道以巩固西北边防，就必须打通河西走廊，歼灭今酒泉、武威一线之浑邪王、休屠王等匈奴势力。汉军决定采取分进合击的作战方针，其部署是：以合骑侯公孙敖率军一部从陇西出发，奇袭祁连山之敌；以骠骑将军霍去病亲率主力数万从北地（今甘肃环县）出发，越过贺兰山，实施大迂回，会师祁连山。

但是，公孙敖部迷失方向，未能与主力会合，霍去病仍按原定方略，在绕过居延泽（今内蒙古额济纳旗东）之后，折向西南，进至祁连山，卷击浑邪王、休屠王，连战皆捷，大获全胜。

河西之战，霍去病在两千多里的荒漠草原进行无后方作战，以快速的行动、突然的打击，一举打通河西走廊。他之所以获得成功，除了他的骑兵精悍、战斗力强，他本人又深富荒漠作战的经验等因素外，从作战指挥上看，霍去病坚定果断，不受公孙敖失去协同的干扰，毅然决然对敌实施快速突然的打击，无疑是一个很重要的原因。霍去病其人虽然不愿学习兵法，但是他的这次作战却是对孙子"兵闻拙速"的很好说明。

第五，并敌一向，脱出两面受敌的被动地位。

孙子主张速决，反对持久，最大的担心是陷入两面作战。他说如果由于久战造成"钝兵挫锐，屈力殚货"，那么，虎视眈眈的诸侯列国就可能"乘其弊（疲敝）而起"，乘机攻我，一旦出现这种情况，"虽有智者，不能善其后矣"。

吴国在夫差当政时严重地陷于两面乃至多面受敌的境地。

公元前495年夫差即位之后，四面树敌，到处出击，完全违背了孙子的战略主张。当时的吴国，主要的敌人是楚国和越国，但是夫差自以为力量强大，企图北攻齐国，争霸中原。伍子胥反对攻打齐国，主张专攻越国，认为越国才是腹心之患。因为即使战胜齐国，吴人同中原语言、风俗不同，最终也"不能居其地，不能乘其车"（《国语·越语上》），而战胜越国，则可以"居其地，吾能乘其舟"，并指出："今不灭越，后必悔之。"（《史记·赵王勾践世家》）太子友也不赞成对齐用兵，著名的成语"螳螂捕蝉，黄雀在后"（《吴越春秋·夫差内传》）就是他用来讽谏夫差放弃北上攻齐的。但是，夫差一意孤行，被越国一系列假投降、真备战的战略策略所欺骗，最后败军亡国，自杀身死。

我们也要看到，孙子虽然讲"智将务食于敌"，但不能理解为"只"食于敌，只求"因粮于敌"。因为"因粮于敌"也是有条件的，一旦敌人坚壁清野，无论你征集也好，掳掠也好，都将无计可施，更何况久战暴师，完全没有自己的后勤供应是绝对难以取得胜利的。因此，他强调，即使是深入敌人腹心，也要求"重地吾将继其食（深入重地后，要保障有充足的粮食供应）"（《九地》），要求"利粮道"（《地形》），都是指要有自己的后勤供应和通畅的运输线。

（三）引论

现代战争是高消耗的战争，更加需要有强大的后勤，因此后勤的战略

— 71 —

地位空前提高了。

饶有兴味的是，在两千多年前丘牛大车的后勤运输时代，汉高论功，萧何第一的故事就颇有深意。公元前202年，楚汉战争结束之后，汉高祖刘邦论功行赏，奖励群臣。群臣争功，经过长达一年多的争论也定不下来。最后，还是刘邦一锤定音，认为丞相萧何功劳最大，因而给予厚赏。功臣们对于刘邦的决定议论纷纷：我们披坚执锐，攻城略地，出生入死，身经百战，战功赫赫，而萧何没有我们这样的汗马功劳，不过是"徒持文墨议论"（《史记·萧相国世家》），封赏倒反而在我们之上，这是为什么？

刘邦反问他们："大家知道打猎吗？"群臣回答："知道。"又问："知道猎狗吗？"回答："知道。"刘邦说："打猎，追逐野兽的是猎狗，而掌控狗绳，指示猎物的是猎人。大家的功劳就像猎狗，萧何的功劳就像猎人。"刘邦这段话是说萧何有战略指挥之功，功臣们自然无话可说。

封赏之后，还要分出名次。这时群臣们都推举曹参，认为他"身被七十创，攻城略地，功最多，宜第一"（同上）。但是，刘邦还是想把萧何列在首位。此时，关内侯鄂千秋进言说：群臣们的议论都不对，曹参虽有野战夺地之功，那只是一时间的事。而在长达五年的战争中，萧何不断从关中征调兵员补充缺额，通过水陆运送粮食，军食供应从不缺乏，这是万世不赏之功，应该名列第一。刘邦当即同意，确定萧何为首功，曹参居次。刘邦的这一决定，完全是从战略高度来评价后勤供应和萧何功勋的。

刘邦距孙子不过300多年，还是冷兵器时代。即使是机械化战争时代，后勤的结构形态也与现在面临的信息化战争有很大的不同。信息化后勤要求后勤与作战不再分离而应连成一体，要求军队保障与地方保障不再割裂而应相互兼容。未来的信息化战争，前方与后方的概念也有很大的区别，后勤储备、后勤运输都是战争的目标，因为战争的胜负在很大程度上取决于谁的后勤实力雄厚。那将不是"日费千金"，而是"时费千金"甚至"分费千金"的战争。总之，由于军事后勤战略地位的提高，后勤指挥、后勤管理、联勤体制、物资投送等各个方面都要有新的观念、新的措施、新的改革。

《谋攻》篇新说

（一）题解

《谋攻》在《孙子兵法》中占有十分重要的地位，它突出地体现了孙子"不战而屈人之兵"的战略思想。在孙子的战略思想中，把不战而胜称为"全"，把交战而胜称为"破"。

那么，篇题"谋攻"指的是"全"还是"破"呢？孙子对此有明确的界定："故善用兵者，屈人之兵而非战也，拔人之城而非攻也，毁人之国而非久也，必以全争于天下，故兵不顿而利可全，此谋攻之法也。"也就是说，孙子所谓的"谋攻"必须是用"全"（不战而胜）去争胜于天下，而不是用"破"（交战而胜）去夺取胜利。由此可见，《谋攻》论述的是以谋攻敌，而不是谋划进攻。

（二）篇解

孙子把"谋攻之法"界定为以谋攻敌，不战而胜。但是通观《谋攻》却并不是只限于论述以谋攻敌，不战而胜，它同时也论述了以力攻敌，交战而胜。为了对孙子的战略思想有一个全面的了解，我们可以把《谋攻》的内容概括为四个部分进行分析：一是谋攻之法；二是用兵之法；三是统御之法；四是知胜之法。

1. 谋攻之法

在孙子的战略思想中，"全"为上，"破"次之。对孙子的这一"全破观"必须先梳理一下，有一个总的印象，然后再逐一分析。我认为，他的"全破观"大体可分为二等六级。

上等：全胜。全胜又分两级：一级是伐谋，二级是伐交。

下等：破胜。破胜又分四级：一级是轻取而胜，二级是力战而胜，三级是强攻而胜，四级是久围而胜。主要表现在"伐兵"与"攻城"两个方面。

在这二等六级之中，唯有"轻取而胜"的论述不在本篇，而是见于《虚实》篇："攻而必取者，攻其所不守也"，"能因敌变化而取胜者，谓之神"。轻取之胜，属于"其次伐兵"的野战歼敌。《孙子兵法》中"取"字出现11次，多有轻取之意。《左传·昭公四年》指出："凡克邑不用师徒曰取。"现代汉语中，"轻取"一词还保留着轻易取胜的古义。

其余几级，孙子说的"屈人之兵而非战"，这里的"战"是指野战中的激战、力战；"拔人之城而非攻"，这里的"攻"就是对城邑的"猛打强攻"；"毁人之国而非久"，这里的"久"就是对城邑的长围久困。"攻"和"久"都是"破胜"的下下之策。至于如何做到轻取而胜，我们将在《形》篇、《虚实》篇再具体阐述。下面，先介绍"全胜"之法。

孙子说："上兵伐谋。"上等的策略是打破敌人的预谋（战略企图），曹操注云："敌始有谋，伐之易也。"这种挫败敌人战略企图于萌芽之中的策略思想是一种传统思想。《老子》第64章就说过："其安易持，其未兆易谋。其脆易泮，其微易散。为之于未有，治之于未乱。"意思是说：静态的事物容易把握，尚未显现结果的事物容易图谋。脆的东西容易化解，细的东西容易扩散。行动要赶在事态发生之前，治理要赶在事物还没有被弄乱之前。又如《六韬·军势》："善除患者，理于未生。善胜敌者，胜于无形。上战无与战。"这段话非常精彩，译为：善于消除祸患的，预防祸患于产生之前。善于战胜敌人的，能取胜于无形之中。最好的战略是不战而胜。总之，"治之于未乱""胜于无形""上战无与战"就如同中医强调的"上工（最高明的医术）治未病"一样，都是强调防患于未然。

孙子很重视"伐谋"，但是典型的"伐谋"史例并不多见。唐朝杜牧注《孙子兵法》举了一个春秋时代的例证。

晋平公欲攻齐，使范昭往观之，景公觞之（宴请范昭）。酒酣，范昭请君之樽酌（要用国君的酒具饮酒）。公曰："寡人之樽进客。"范昭已饮，晏子彻（撤换）樽更为酌。范昭佯醉，不悦而起舞，谓太师（乐师）曰："能为我奏成周之乐乎？吾为舞之。"太师曰："瞑臣不习（没有学过）。"范昭趋出。景公曰："晋，大国也，来观吾政，今子怒大国之使者，将奈何？"晏子曰："观范昭非陋于礼者，且欲渐于国（企图羞辱我国），臣故不从也。"太师曰："夫成周之乐，天子之乐也，惟人主舞之；今范昭人臣，而欲舞天子乐，臣故不为也。"

范昭归报晋平公曰："齐未可伐。臣欲辱其君，晏子知之；臣欲犯其礼，太师识之。"仲尼曰："不越樽俎之间，而折冲千里之外，晏子之谓也。"

杜牧的这个例证更像是"伐交"——挫败敌人外交——范围的内容。春秋时代还有一个墨子救宋的史例是比较典型的。

楚国的公输般发明并制作了攻城用的云梯，准备用来作为楚军进攻宋国的利器。楚国强大，宋国弱小。墨子是"非攻"的倡导者，一贯反对非正义战争。听说楚国要攻宋，就急忙来到楚国，劝阻楚王和公输般攻宋，但楚王和公输般仗恃拥有新式攻城器具云梯，不为墨子的游说所动。墨子于是同公输般在楚王面前以衣带作城池，以木片作攻守城邑的武器，表演了一场楚攻宋守的"作战模拟"。结果"公输般之攻械尽，子墨子之守御有余"（《墨子·公输》），迫使楚王放弃了侵宋的计划。墨子匆匆赶回宋国，宋国军民为防止楚军的侵犯正在加紧备战，戒备森严。当时天正下雨，墨子想在房檐下避雨，居民怕墨子是楚国派来的间谍，硬把他轰走了。《墨子·公输》写到这里不无感慨地说："治于神者，众人不知其功；争于明者，众人知之。"墨子不费一兵一卒救了宋国，当然称得上是"治于神者"，但是他的"智名"不为众人所知；而那些通过惨烈血战而获胜的将军们，因为是争在明处（"争于明者"），所以扬名天下。

墨子救宋，不战而胜，是运用"伐谋"而使敌人屈从于自己意志的典型案例。"伐谋"就是打破敌人的战略企图。墨子同公输般的较量，其直接成果就是迫使楚王放弃攻宋的战略计划。但是，深入地探讨这个史例就会清楚地看到真正起作用的还是实力。宋国早有戒备，全民动员，此其一；墨子及其弟子是打防御战的专家，他们不仅深晓城市防御的各种战法，而且懂得各种防御器械的制作和使用，此其二；公输般发明的云梯虽然是攻城的新式装具，但墨子已看到"云梯者，重器也，其动移甚难"，长中有短，优中有劣，实中有虚，只要防御一方技术战术运用得好，"则云梯之攻败矣"（《墨子·备梯》），此其三。仔细分析还不止这三条，但仅此足以看出，在战争问题上实力是基础，是根本。有了这个基础和根本，战争指导者才可能依据客观情况创造出各种各样的战争奇迹来。

关于"伐交"，在外交斗争中战胜敌人，为什么排列在"伐谋"之下，郑有贤的解释是正确的："破谋者，不费而胜；破交者，未胜而费。"（《十家注孙子遗说并序》）因为"伐谋"既不耗民力也不耗财力，而外交斗争要花钱，"或遣使介，约车乘聘弊之奉；或使间谍，出土地金玉之资。张仪散六国之纵，阴厚者数年；尉缭子破诸侯之援，出金三十万"（同上）。

关于"伐交"还有一个问题也值得加以讨论，就是这个"交"字怎么解释？

曹操、张预认为是两军对阵，"伐交"就是"两军将合，则先薄之"，先发制人，先声夺人。不能不说这种解释也有一定道理。从伐敌始谋，到伐敌始交，到伐敌于野战，到伐敌于攻城，似乎隐隐然有一个逻辑链条。

对于曹操、张预的解释，其余的注家多不赞同，认为"交"是指外交，所谓"交合强国，敌不敢谋"（孟氏注）。

考辨这个问题，最好的办法是从《孙子兵法》本身寻求内证。

孙子书中，"交"字共出现14次，明确讲"交和而舍"的，只有《军争》，而且使用的是"交和"这个词，不是单独把"交"作为一个名词使用。也就是说，"交"只是一个语素，与"和"这个语素构成"交和"这个词。

从全书中可以看到，凡是把"交"作为一个名词与动词组成像"伐交"这类动宾结构的词组的都是指"外交"。如"不能豫交"（《军争》），"衢地则合交""不能豫交""不争天下之交"（《九地》）等，都是明证。所以，把"伐交"释为打破敌国外交是正确的。

关于"伐谋""伐交"尤其值得讨论的是如何评价通过伐谋、伐交而实现"不战而屈人之兵"这个问题，也就是孙子的全胜观。

1983年笔者在拙著《孙子兵法浅说》中明确指出："《孙子兵法》中的'全'，如同孔子哲学的核心'仁'，老子哲学的核心'道'，是我们研究孙武军事思想的一条基本线索。""不经过直接交战而使敌人屈服的'全胜'战略思想，是孙武对战争所希图达到的最高理想境界。"

1988年，笔者在《孙子兵法新论》一书中又进一步阐述了这一观点，主要论述了两个方面的问题。其中一个方面："'不战而屈人之兵'不仅在当时是有意义的，而且在今天也有其指导意义。……从《谋攻》全篇的立论就可以看出，孙子的本意并不是在讲战争与政治的关系——尽管战争是政治的继续这一思想在春秋战国时代已经涉及，但孙子并没有论及这个问题。因此，用战争是阶级斗争的最高形式的观点去批判他，无异于把这句话解释为'在人类历史上废除战争以求迫使敌人放下武器，完全屈服'，这显然是曲解了孙子的原意。'不战'是不用直接交战的方式，并不是不要一切战争。如果是不要一切战争，他何须写这一部流芳百世的兵法？他又何须开篇明义就大声疾呼'兵者，国之大事'呢？"

还要看到，孙子的全胜观，只有春秋时代才能提得出来，才能成为现实。战国以后，即使也有不少兵家重复这一观点，但是很难实现。

为什么呢？因为春秋时代的争霸战争不同于战国时代的争霸战争，更不同于以后的封建兼并战争。春秋时代的争霸战争是在共同尊奉周天子为天下共主的前提下进行的战争，打着"尊王攘夷"的旗帜，战争的目的是维系列国之间的平衡。更何况，列国之间战争的目的比较单纯，常常为了一块美玉、一个美女而挑起战端。战国则不同，周天子天下共主的政治地位已完全丧失，争霸战争的目的是打破诸侯列国之间的平衡，争夺土地和人口，因此十分残酷，杀人盈野，杀人盈城。因此，像春秋时代墨子救宋那样的全胜故事已失去重演的客观基础了。纵观中国古代战史，全胜的史例几乎绝迹，道理就在这里。然而，历史进入到第二次世界大战之后，由于核武器的出现，综合国力强大的超级大国出现了，于是一种崭新的"威慑战略"提出来了。

另一方面，人类在经历了无数次战争灾难之后，对战争的认识趋于理性，对和平的追求十分强烈。正是在这样一种新的历史条件下，孙子"不战而屈人之兵"的全胜战略再度焕发出新的光芒，被世人广泛传播和颂扬。

核武器在它诞生之初即使用于广岛、长崎，其巨大的杀伤力、破坏力震惊全世界。自此之后，随着核垄断局面的被打破、核武器质量的提高和数量的增加，半个多世纪没有爆发世界战争。

最早注意到核武器仅仅具有威慑作用的是法国军事学家米克谢，他在20世纪50年代出版的《原子战略的破产》中写道："原子武器被一个国家垄断时，是一种任何时候都极为危险的进攻工具，但在三个国家拥有原子武器的今天，原子武器使用的可能性就消失了；它的存在除了起一种警告敌人不要使用这种武器的作用而外，别无其他作用。"（《原子战略的破产》，军事科学院1961年译，第90—91页）他的这个道理很简明：如果毁灭是相互的，那么，谁也得不到任何利益，得到的只是死亡。在这种情况下，核战略只是力求避免出现核战争，避免造成核冬天而毁灭人类自身。

最早注意到"不战而屈人之兵"并与核武器相联系、提出新的战略理论的是英国的军事学家利德尔·哈特。他在1963年为塞缪尔·格里菲思的《孙子兵法》英译本所作序言中指出："由于足以导致人类自我毁灭，带有灭绝性质的核武器研制成功，更加完整地重新翻译《孙子兵法》一书的必要性更为增大了。"

他还在《战略论》一书中写道："最完美的战略，也就是那种不必经过严重战斗而能达到目的的战略——所谓不战而屈人之兵，善之善者也。"基于此，他提出了著名的"间接路线战略"。

孙子的全胜战略随着核武器的出现而备受青睐。这里，还可以举出另一位西方学者。意大利学者克里斯朵夫·高利柯夫斯基两次来华出席孙子兵法国际研讨会，他说："《孙子兵法》可能是人类历史上最伟大的非宗教性论著。写于2500年前的这部书，不仅是对战争进行理论分析的最有价值的著作之一，而且可以说是普遍意义上的关于冲突问题的教科书。随着核武器、间谍卫星和计算机的出现，它更显得身价百倍。"（《孙子新论集粹》）

爱好和平，希求用非战争手段解决国际政治问题，这是全世界人民的共同心声，并不是中国的一厢情愿。拜占庭的贝利萨留讲过一段话，可以说与孙子的"不战而屈人之兵"有异曲同工之妙。他说，"力求以和平结束战争的统帅，才是最伟大的统帅"，"最全面最成功的胜者，就是我方不受损失而迫使敌人放弃他们的目标"（转引自英国利德尔·哈特《战略论》）。

1962年的古巴导弹危机是核对抗的最好例证。这次事件，是冷战时期美苏两霸的一次核赌博。一场一触即发的核战争终于因为谁也不敢越过核门槛，只好转而寻求妥协，寻求对话。有不少论者认为，二战以来，虽然局部战争连绵不断，但是第三次世界大战没有爆发，原因就在于美苏等几个大国都有了核武器。

然而核竞赛并没有停止。随着冷战的加剧，1977年美国华盛顿斯坦福国际咨询研究所战略研究中心主任理查德·福斯特与日本三好修教授提出了抗衡苏联的"孙子的核战略"。

与此同时，"威慑战略"这一新概念、新战略也就应运而生了。《西方战略》一书指出，"威慑"的定义就是"用灾难超过可能达到的好处的恐吓，使潜在的进攻者慑服"。

福斯特的战略建议受到了里根政府的赏识。可以看出，里根政府后来提出的"星球大战计划"，与福斯特、三好修等人的威慑理论是有着密切联系的。

1986年，美国前总统卡特的国家安全事务助理布热津斯基在其《运筹帷幄》一书中的一段话是耐人寻味的，他说："孙子说：'上兵伐谋。'进行持久的历史冲突，情况亦然。模仿孙子的话来说，美国欲在美苏争斗中不战而胜，上策是挫败苏联政策和利用苏联的弱点。"（《运筹帷幄》，布热津斯基著，刘瑞祥、潘嘉玢译，译林出版社1989年版，第272页）

苏联解体后，美国成为唯一的超级大国。美国为了实现其霸权主义的野心，继续推行其"不战而胜"战略，把矛头指向了世界各国，而且在很大程度上是指向中国和俄罗斯的。

在这种情况下，美国的"不战而胜"战略，完全阉割了孙子"不战而屈人之兵"的精神实质，把本来立足于崇尚和平、主张慎战、倡导天下大同的和合文化的战略观念歪曲为霸权主义的理论武器，这是我们必须高度警惕的。

美国的"不战而胜"，其目的是称霸世界，主宰世界，而其采用的手段主要是两个方面：一方面是"西化""分化"的策略，这是从杜勒斯的"和平演变"策略到肯尼迪的"和平战略"到尼克松的"不战而胜"等美国历届政府所一贯推行的，针对社会主义国家和第三世界国家的策略；另一方面是武力威慑的策略。

美国这一软一硬的两手，构成了美国的"不战而屈人之兵"战略，构成了美国的"不战而胜"战略，应当引起我们的高度重视。

美国的"西化"策略，是企图使我们失去自己的文化传统，接受西方人的价值观。我们的文化一旦被改宗，就将失去前进的方向，失去赖以凝聚的民族之魂。

美国对我的"分化"策略，无非是国际和国内两方面。国际上，诸如制造什么"中国威胁论"之类谎言，破坏我国的形象和声誉；对我国内，则企图借助民族矛盾，利用地区差别制造冲突，影响和阻止我社会主义现代化的建设。

从硬的一手看，美国政府不顾各国人民的反对，一意孤行，决心部署国家导弹防御系统（NMD），其阴险目的就是重新挑起军备竞赛。它已从昔日的军备竞赛中尝到了甜头，拖垮了苏联。现在它又故技重演，企图诱使我们重蹈苏联的覆辙，这是中国人民必须擦亮眼睛、高度警惕的。总之，美国部署NMD，目的是企图在未来战争中实现美国的"零伤亡"，进而实现完全控制世界的野心。

这是一个十分危险的信号。一旦美国真正完成其部署，世界就将被黑暗与邪恶所笼罩。大家知道，美国所谓国家导弹防御计划，实质上是能攻能防的计划。它在防御性能上，可以阻止任何导弹对美国的袭击；它在攻击性能上，可以对别国任何目标实施导弹攻击。这也就是说，NMD对于美国能保证其"零伤亡"，对于别国则是灾难、破坏和大量的死亡。

美国的"零伤亡"战略，对于美国可谓是"全胜"，可谓是"兵不顿而利可全"，然而对别国却是毁灭。它同孙子所主张的"全胜"，所主张的"全国为上，破国次之"毫无共同之处。孙子所说的"全"，既包括自己，也包括敌国、敌军，是完全出于人道主义，出于避免双方人民亡国破家的目的而提出的战略构想。

美国的"不战而胜"是为其霸权主义服务的。NMD一旦建成，或者说美国的高边疆战略一旦实现，世界格局便将严重失衡，美国的新干涉主义便将给全世界人民带来深重的灾难。

但是，唯物辩证法告诉我们，人类几千年的战争历史告诉我们，矛与盾始终是在相互对立又相互统一的过程中发展变化的，既没有不可防御的进攻武器，也没有不可突破的防御武器。

俄罗斯的战略核力量极大地牵制着美国的导弹防御计划。正如俄联邦武装力量第一副总参谋长马尼诺夫上将所说："俄罗斯的战略核力量有能力突破任何一种导弹防御系统——无论是现有的，还是潜在的。"

拦截和突防的较量不仅仅是技术上的较量，也是辩证法同形而上学的较量，是哲学思想上的较量。

印度的《古拉尔箴言》的政事篇有一句警策式的谚语是颇有深意的："身在树梢而欲登天，必然丧命。"美国仗恃其一超独强，企图君临天下、统治世界，大概与站在树梢上企图登天的猴子一样，必将以失败而告终。

作为《孙子兵法》故乡的中国，不会对他国搞什么中国的"孙子核战略"，因为它为我国社会主义性质所不容许。无论今天还是明天，无论弱小还是强大，作为社会主义国家的中国，在战略指导思想上永远应该是以积极防御为最佳策略。

我们学习《孙子兵法》以及古人的战略思想，正确的态度是吸取其民主性精华，剔除其封建性糟粕。其基点所在，就是学习古人高举正义战争旗帜的优良传统，学习古人修明政治、发展经济、增强国力、富国强兵的基本主张，学习古人纵横捭阖、广交与国、深谋远虑、伐谋伐交的策略思想，学习古人立足战备、加强军队建设、提高战斗力的治军方针。这些都是古代兵学家们军事谋略思想的题中之义，也是其民主性精华之所在。

未来的世界是充满希望的世界，随着信息化趋势的突飞猛进，东西方文化互相补充、互相融合的进程也日益加快。可以预见，西方世界必将吸收包括孙子"不战而屈人之兵"在内的东方文化。正如著名的英国学者李约瑟所预示的："当这个时刻来临时，欧洲（或全世界）便能取材于一个极古老而又极明智但全然非欧洲性格的思维模式。"（《中国科学之发明》第2册，台湾商务印书馆1973年版，第507页）它就是中国和合文化的思维模式，就是"不战而屈人之兵"的思维模式。它将为持久和平、共同繁荣的和谐世界提供智慧。

"全"为上，"破"次之；全胜为上，破胜次之。下面我们就来分析"破胜"之中的"伐兵"与"攻城"。

"伐兵"是相对"攻城"而言，实际是指"野战"。"野战"一词，最早见于《墨子·兼爱中》："攻城野战。"用现代军语而言，即指机动作战，相当于运动战。刘伯承元帅指出："所谓运动战，就它在军事上的精义说来，应该叫'机动战'。一般是使用相当大的数量的正规军队来进行的。"

关于野战，关于运动战，尽管古今中外都普遍存在，也不乏成功的战例，但是，相比而言，没有哪一位先哲时贤能超过毛泽东的。他在1936年提出了"打得赢就打，打不赢就走"（《中国革命战争的战略问题》）的著名论断；1947年他又提出了"先打弱的，后打强的，你打你的，我打我的（各打各的）政策，亦即高度主动作战政策"（《毛泽东军事文选》内部本第

— 83 —

299页）。当我们分析毛泽东这两句名言之后，就可以清楚地看到它浸润着包括《孙子兵法》在内的古典军事学的文化特征，并在理论和实践上作出了创造性的发展。

一个"打"字，一个"走"字，既是对战略战术的高度概括，又具有丰富深刻的内涵，二者既有区别又相互联系。"打"字囊括了一切作战行动，如攻、防、遭、围等；"走"字囊括了一切军队运动，诸如进退、迂回、转移等。"打"是目的，"走"是手段。毛泽东指出："一切的'走'都是为着'打'。我们的一切战略战役方针都是建立在'打'的一个基本点上。"（《中国革命战争的战略问题》）打不赢不走，无异于挨打，是拼命主义；打得赢还走，无异于不打，是逃跑主义。

打得赢还要会打。要讲战术，先打弱的，后打强的，一口一口地吃掉敌人；要抓战机，未打之前，打的决心要慎重考虑，一旦定下决心，要不失时机，早打快打；要观照全局，服从全局，对于局部来说，可能打得赢不要急于打，或围而不打，或打而不歼。

打不赢要会走。不该走时不能走，走与不走，必须以是否打得赢为转移。毛泽东指出有几种情形不好打而必须走："第一是当面的敌人多了不好打；第二是当面敌人虽不多，但它和邻近敌人十分密接，也有时不好打；第三，一般地说来，凡不孤立而占有十分巩固阵地之敌都不好打；第四是打而不能解决战斗时，不好再继续打。以上这些时候，我们都是准备走的。这样的走是许可的，是必须的。因为我们承认必须的走，是在首先承认必须的打的条件之下。"（同上）在人民战争条件下，这种流动性很强的"走"突出地表现为人民军队的大踏步的前进和后退，因而处于不利地位时能够摆脱敌人，争取主动。毛泽东提出的这一整套战略战术之所以能够战无不胜，"这是因为我们的战略战术是建立在人民战争这个基础上的，任何反人民的军队都不能利用我们的战略战术"（《毛泽东选集》第4卷，人民出版社1991年版，第1248页）。

中国人民解放军的战史，从某种意义上说就是一部这种能打善走的历史，因此，战例是不胜枚举的。这里，分析一下莱芜战役就足以生动地体现毛泽东的运动战思想了。

1947年1月，国民党获悉我华东野战军主力集结于山东临沂地区后，制定了"鲁南会战"计划，命欧震率领20个旅为主要突击集团北犯临沂，命李仙洲率9个师为辅助突击集团南袭我莱芜、新泰等后方，实行南北夹攻。面对这一敌情，毛泽东指示华东野战军要"诱敌深入"，"敌不动我不打，敌不进到有利于我、不利于敌之地点，我亦不打，完全立于主动地位"，"先打弱者，后打强者"。华野首长遵照毛泽东的指示和当面敌情，鉴于欧震集团密集推进，不易割歼，提出放弃临沂，主力隐蔽北上，求歼南进莱芜的李仙洲集团。为了实现这一战役目的，一方面以两个纵队伪装野战军主力，在临沂以南实施宽正面防御，制造各种假象，迷惑敌人；另一方面，华东野战军主力五个纵队于2月10日兼程隐蔽北上，大踏步后退300余里，出其不意地歼灭李仙洲集团。

"叫花子打狗，边打边走"，华野司令员陈毅形象地指出这次战役的特点。正确处理好"走"与"打"的关系在此战中确实表现得十分明显。由于华野主力向北这神秘的一"走"，于是置南线欧震集团于无用之地；正是由于华野这一"走"，才实现了"先打弱者，后打强者"的方针，进而达到了在莱芜"打"敌的目的。

关于"其下攻城"。攻城作战在春秋战国时代不仅劳民伤财，而且损兵折将，孙子说这是一种灾难，"攻之灾"。

城邑早在公元前21世纪的夏朝就出现了，《礼记·礼运》篇说："谋用是作而兵（战争）由此起……城郭沟池以为固。"它随着氏族社会的崩溃、私有制度的确立，逐渐成为文明时代的产物。到了春秋战国时代，诸侯、卿大夫们为了保护自己的利益，大量地修建城池。对于这种"固若金汤"的城池，当时缺乏进行攻坚的兵器。"攻城之法"正如孙子所说只有三种方式。

一是毁门。士兵们用"修橹（大盾牌）、辒辒（四轮攻城车）"冒着敌人的矢石接近城门，以巨型悬木猛烈冲击城门，打开缺口，攻进城去。

毁门作战，往往伤亡惨重，《左传·僖公二十八年》载："晋侯围曹，门焉，多死，曹人尸诸城上，晋侯患之。"意思是说，公元前632年，晋文公指挥晋军攻打曹国都城（今山东定陶县），"门焉"即猛攻城门，战死的人很多。曹军把晋军尸体陈列在城楼上，晋侯看了很担心。

二是距闉。攻城部队在城墙外堆起一座与主城墙同高并与墙平行的土山，凭借土山攻城。《墨子·城守》说："足以劳师，不足以害城。"对攻城部队而言，这是一种劳民伤财的笨办法。

三是攀垣。士兵们利用云梯像蚂蚁一样攀附城墙。这种战法将遭到守城之军使用强弓劲弩、檑木滚石等各种武器从正面、侧面多方向的猛烈打击，结果"杀士三分之一而城不拔"。

攻守城作战随着城市战略地位的不断提高和军事技术的发展，几千年来一直是战争中的作战方式之一。从海湾战争中我们看到，由于有了高技术的各种硬打击手段，它可以对敌人城市中的指挥系统实施直接的破坏和摧毁，这是孙子所处的时代所无法比拟的。因此，攻城为下的观点显然不能运用于信息化战争之中，这是我们必须注意的。

2. 用兵之法

孙子在这里谈"用兵之法"，一共提出了六种情况。

"十则围之"：我有十倍于敌的兵力既可围而降之，也可围而歼之。

"五则攻之"：兵力五倍于敌便可以打歼灭战。

"倍则分之"与"敌则能战之"：据吴九龙先生主编的《孙子校释》考

辨，此两句应作"倍则战之，敌则能分之"，所说甚是。有两倍于敌的兵力就可以力战胜敌，而与敌兵力相等就要设法分散敌人再各个击破。

"少则能逃之"与"不若则能避之"中之"逃"与"避"文义相近，都是指摆脱敌人，避免交战。在孙子看来，兵力"少"和实力"不若"（弱小）都要退出战场，另寻战机，不可硬拼。

"小敌之坚，大敌之擒"：此句，前一个"之"训"若"，后一个"之"训"则"。意谓弱小的军队一味硬拼，就会被强敌所擒杀。

"用兵之法"一词，在《孙子兵法》中出现过七次，它在不同的语境有不同的所指。这里所言"十围五攻"之类"用兵之法"是"常法"，是战争中"优胜劣败"的一般规律，是孙子在战争认识上唯物论的表现。

就战争力量的客观性而言，多胜少、强胜弱、优势装备胜过劣势装备是战争运动的普遍性规律。所以，在《孙子兵法》中不仅讲"小敌之坚，大敌之擒"，而且明确指出"守则不足，攻则有余"（《形》），根据力量的强弱大小来决定攻守进退。

孙子的高明伟大之处在于，他的论述没有在此止步，没有陷入机械唯物论和形而上学的窠臼。他一方面坚持唯物论，另一方面又坚持辩证法。他清楚地看到了人在战争中的能动作用，这能动作用就表现为战争指导上的计划性、主动性和灵活性。也就是说，他看到战争不是静止的而是变化的，敌我双方的强弱优劣如同"五行无常胜，四时无常位"（《虚实》）一样彼此是相生相克的。

正是基于这一认识，在战略上他敢于藐视敌人，断然指出："越（越国）人之兵虽多，亦奚益于胜败哉？"（《九地》）在战争中，他敢于表示："故能为敌之司命。"（《虚实》）驾驭战争形势，控制敌人命运。

通观《孙子兵法》，尽管力求"全胜"是孙子最理想的战略追求，但是他用力最勤、费笔墨最多的却是战场之上的各种"用兵之法"，却是关于战场之上如何充分发挥主动性、灵活性问题的详尽而深刻的论述。孙子之所以被古今中外誉为"兵圣"，《孙子兵法》之所以历久弥新、魅力永存，在很大程度上就是因为孙子把唯物辩证法贯穿于军事学术之中，尽管是朴素的、原始的，然而却是可贵的。2500多年前的孙武子较之于现在的有些唯武器论者实在是高明得多了。

3. 统御之法

关于统御之法，孙子在这里着重讲的是军队指挥问题。孙子尖锐地提出国君患军的三个问题。一是随意越级指挥的"縻军"："不知军之不可以进而谓之进，不知军之不可以退而谓之退"。二是错误决策的"惑军"："不知三军之事而同三军之政"。三是盲目指挥的"疑军"："不知三军之权而同三军之任"。这三种情况产生的后果是严重的，它将导致"乱军引胜"，自乱其军，最终失去胜利的机会。

淝水之战中秦军在未获得统一号令时，前军稍向后退，轻率移动，引起阵形混乱，导致失败，就是不懂得军队的进退而随意指挥的"縻军"。

关于惑军。曹操注云："军容不入国，国容不入军，礼不可以治兵也。"意思是说，治国讲礼义，治军讲权变，治国的方法不可以简单地、机械地搬来治军。例如宋襄公对敌人还讲仁义道德，就是不懂得"兵者，诡道也"，结果败于泓水。

关于疑军。公元前260年秦赵长平之战，赵军惨败是一个典型的战例。当时，赵国的上卿蔺相如就指出："王以名使括，如胶柱而鼓瑟耳。括徒能读其父书传，不知合变也。"（《史记·蔺相如列传》）但是，赵王不从，终究导致长平之败。

孙子如此疾言厉色地批评国君对军队的瞎指挥不是偶然的，这与当时战争的发展和政治的变化紧密相关。从军事上说，战争发展了，机断指挥提上了日程；从政治上说，专职将帅的出现，国君对军权的高度集中和统一领导的要求愈益强烈。为将者，主张"将在外君命有所不受"；为君者，唯恐将帅拥兵自重，危及其统治。

孙子主张"将在外君命有所不受"，主张"将能而君不御"，反对国君瞎指挥，造成"三军既惑且疑"，完全是从战争运动本身的规律而提出的主张。他明确表示，作为一名良将必须具有"进不求名，退不避罪"的品质，目的是"唯民是保，而利合于主"。

那么，当时的战争对军队指挥有哪些新的要求呢？

让我们先分析一个人们熟知的战例——公元前684年的齐鲁长勺之战。

公与之乘。战于长勺。公将鼓之，刿曰："未可。"齐人三鼓。刿曰："可矣。"齐师败绩。公将驰之。刿曰："未可。"下，视其辙，登轼而望之，曰："可矣。"遂逐齐师。（《左传·庄公十年》）

从中可以看出，作为指挥主体的鲁庄公已不能胜任指挥的职责，从发起反击到实施追击的过程中，判断敌情、掌握战机、定下决心都要听"高参"曹刿的建议。鲁庄公不懂指挥，不过他能虚心听取曹刿的意见，不是那种"乱军引胜"的昏庸之辈。

长勺之战是一次"不大的战役"，而且国君亲征，实行的是当面指挥、同步指挥、适时指挥。至于那种奉命出征，君将远离的战争，"君命有所不受"的机断指挥就异常重要了。孙子甚至主张，作为一个优秀的将帅，应该做到"战道必胜，主曰无战，必战可也；战道不胜，主曰必战，无战可也"（《地形》），即完全按照战争规律指导战争，而不是唯命是从。孙子的理论勇气，真是值得赞赏！

在我们肯定孙子尊重战争规律，坚持机断指挥思想的同时，必须清楚地认识到，"君命有所不受"不能滥用。孙子是把它作为变法而不是常法提出来的。"变法"就是变通之法，是特殊情况使用之法。

对于"君命"，作为一个将帅，"受"是绝对的，"不受"是相对的。二者有一个全局与局部的关系问题，有一个战略与战役的关系问题。如果不是昏庸之君，不是瞎指挥，国君所考虑、所决策的问题都是关乎战争全局的战略问题。因为全局规定了局部的地位、作用、任务和行动。从这个意义上说，服从君命就是绝对的。

4. 知胜之法

孙子提出了五条"知胜之法"："知可以战与不可以战者胜，识众寡之用者胜，上下同欲者胜，以虞待不虞者胜，将能而君不御者胜。"这五条"知胜之法"是制胜的要诀，是孙子战争预测理论的深化和补充。它较于"五事"更具体，更接近于对实战的指导。

"知可以战与不可以战者胜"是战争指导上的首要问题，是战争决策问题，是关系战争全局的重大问题。无论是进攻作战还是防御作战，我方的军事能力究竟是否强于敌方，一旦开战是否有必胜的把握，这是战争指导者必须充分思考、认真筹划的。

618年十一月，李世民率军进抵高摭城（今陕西长武县北），西秦薛仁杲派他的大将宗罗睺抵御。宗罗睺多次向唐军挑战，唐军将吏都请求应战，李世民始终坚壁不出，并告诫诸将说："我军新败，士气沮丧，贼恃胜而骄，有轻我心，宜闭垒以待之。彼骄我奋，可一战而克也。"乃令军中曰："敢言战者斩。"（《资治通鉴》卷186，唐纪二）两军相持60余天，薛仁杲军粮尽兵疲，将士离心。这时，李世民看到有可胜之机，告诉大家："可以战矣！"（同上）浅水原（今陕西长武县东北）一战而胜，敌军溃逃。李世民正欲率军追击，其舅窦轨苦谏，要李世民按兵不动。李世民认为"破竹之势，不可失也"（同上），坚持进兵，果然大获全胜。这次战役胜利表明，李世民不愧是一位智勇双全的战略家。

"识众寡之用者胜"作为一条战略原则也是至关重要的。当开战决策制定之后就要筹划战争动员问题，计算动用多大的兵力进行战争。

历史上有一个典型战例可以说明。秦始皇统一六国的战争进入最后阶段南下灭楚时，公元前266年秦王嬴政（即秦始皇）问将军李信："吾欲攻取荆（楚），于将军度用几何人而足？"（《史记·王翦列传》）李信回答说："不过二十万人。"又问王翦，王翦回答说："非六十万人不可。"（同上）秦王嬴政采纳了李信的意见，派他率20万人伐楚，结果大败而回，于是改派王翦攻楚，答应他"非六十万人不可"的要求，终于取得了灭楚战争的胜利。

王翦可谓是真正做到了"识众寡之用"，他的回答"非六十万人不可"，是在深刻透彻地分析战争形势之后提出的要求。"非六十万人不可"，表达了一种果断的语气，即是说，五十万不行，五十九万也不行，不像李信的回答"不过二十万人"，是一种轻率的表态。

六十万人对于秦国来说是"空国中之甲士"（《资治通鉴》卷七），发的是倾国之兵。王翦知道，重兵在握，秦王会担心他造反，因此他在临行前向秦王要了许多田地住宅留给子孙，表示自己没有异志，防止秦王产生怀疑。

"上下同欲"与"以虞待不虞"较好理解，是指全军乃至全国要上上下下同心同德，加强战备。

但是，还要看到，从战略指挥而言，"上下同欲"还包括君将之间要统一战略意图，从思想上保证实现高度集中统一的指挥。

马谡失街亭的故事就是例证。史载："谡违亮节度，举措烦扰，舍水上山，不下据城。"（《资治通鉴》卷七十一）马谡究竟怎样地"违亮节度"，不复详考，但是，夸夸其谈的马谡自以为是，自以为高，自搞一套，那是完全可能的。

林彪在辽沈战役上的错误，撇开别的原因不说，他看到的只是东北，而毛泽东考虑的却是全国的战局，旨在不让关外敌军入关，以免为以后战事造成困难。在战略方向的选择上林彪开始同毛泽东不一致，也就是战略意图"上下不同欲"，那是十分有害的。

孙子在谈了"上下同欲""以虞待不虞"之后，又提出"将能而君不御（牵制）"的原则，这是紧接上文论述"国君患军"之后再一次强调将帅要有机断指挥的职权。在这个问题上，秦韩宜阳之战是既有典型性又有戏剧性的著名战例。

公元前308年秦武王企图进攻韩国的宜阳（今河南宜阳韩城镇），派左丞相甘茂率兵进击。甘茂看到宜阳地势险要，易守难攻，未来的战事将是一场旷日持久的战争。他预感到，一旦战局久拖不决，定会遭到一些人的谗毁而前功尽弃，于是他向秦武王讲了一个所谓"曾参杀人"的故事。意思是谎话说了三遍，连深信自己儿子曾参不会杀人的母亲也信以为真，害怕起来，扔下正在织布的梭子越墙逃走了。

甘茂讲完这个故事之后说："我的德行不如孔子的学生曾参，而大王对我的信任也不如曾母对曾子，然而谗毁我的人也不止两三个，恐怕有一天大王也会'投杼下机'的。"

武王笑了笑说："我不会相信那些流言蜚语的。"

甘茂接着又说："当年魏文侯命乐羊攻打中山国，三年才打下来。待到乐羊回来时，魏文侯交给乐羊一只箱子，里面竟是三年来群臣诽谤他的奏章。乐羊深有感慨地说：'原来胜利的取得全靠君王的信任和支持啊！'"

秦武王为了使甘茂放心，在息壤设台，对天盟誓，表示绝不会听信谗言。

甘茂出征之后，半年之久攻不下宜阳。群臣的闲话、流言和诽谤日渐多了起来，秦武王最终产生了怀疑，下令班师。甘茂接到诏书后派人给秦武王送去一封信，提到息壤之盟。秦武王顿时醒悟，非但收回成命，不再班师，而且还大增兵力，支援前线，于是甘茂终于攻占了宜阳，取得了胜利。

"知胜之道"这五条全都是从"知己"角度而言的，至于"知彼"方面的具体内容、具体方法，孙子在下面的篇章中将作详细论述。

孙子著名的命题在这里提出来了："知彼知己者，百战不殆；不知彼而知己，一胜一负；不知彼不知己，每战必殆。"这是一个经过抽象提炼的哲学命题，是一个涵盖主观与客观、学习和使用、精神与物质诸多哲学范畴辩证关系的具有普遍意义的重要命题。

（三）引论

2003年12月，温家宝总理在美国哈佛大学讲演时为中国坚持和平发展的道路向全世界作出庄严承诺。2005年，胡锦涛主席在联合国成立60周年首脑会议上再次强调中国的和平发展道路并倡导构建和谐世界的理想。2013年3月，习近平主席首次提出构建人类命运共同体重大理念。中国领导人和中国政府的表态既是中国维护世界和平的新安全观，也充分体现了中国传统历史和文化的价值取向。

作为中国兵学圣典，《孙子兵法》最理想的战略追求不是百战百胜，而是"不战而屈人之兵"，是"安国全军"，是"主不可以怒而兴师，将不可以愠而致战"，它和孔子、老子、墨子等先哲的和平理念是完全一致的。

一位资深外交人士曾郑重地指出："中华民族在对外交往中，崇尚亲仁善邻，主张和而不同，追求普遍和谐。具有五千年悠久历史的中华文化是中国外交取之不尽的智慧源泉。孔子在两千多年前提出的'己所不欲，勿施于人'，被誉为处理国家间关系的'黄金法则'，镌刻于纽约联合国总部大厅。"

和平发展、和谐共存，既是中国外交的创新思维，也是中国人民的必然的历史选择，有着深厚的中国文化内涵。

包括《孙子兵法》在内的传统军事文化，从本质上说就认为兵凶战危，在战略上以强调防御、主张守柔、长于慎谋为特征。隐忍静柔的柔武战略乃是中国古典战略的主旋律。这同那种恃强凌弱、以大欺小、穷兵黩武的文化是截然不同的。《淮南子·兵略训》写道："地广人众，不足以为强；坚甲利兵，不足以为胜；高城深池，不足以为固；严令繁刑，不足以为威。为存政者，虽小必存；为亡政者，虽大必亡。"这就是中国文化的传统，有这样传统的中华民族是爱好和平的民族。过去是，现在是，将来也是。正如邓小平所指出的那样："中国的发展，是制约战争力量的发展，是和平力量的发展。"中国的和平发展，必将是全世界的福音。

《形》篇新说

(一)题解

《形》，武经本作《军形》。下一篇《势》，武经本作《兵势》。以竹简本、樱田本较之，还是《十一家注》本为善。

《形》《势》两篇是姊妹篇，相辅相成，密不可分。因此，有必要并而解之。

"形"是物质力量，"势"是精神力量；"形"是运动的物质，"势"是物质的运动；"形"是战争中的军事实力，"势"是战争中的主观能动性；"形"是静态的军事力量的积聚，"势"是动态的军事力量的发挥。

《形》篇通篇论述军事上的物质因素，充分体现出孙子在战争认识论上朴素的唯物主义认识路线。他在本篇反复强调军事实力是制胜的基础，若不具备相当的实力，则"胜可知而不可为"，表现出他的唯物主义精神。同时，他又看到，通过主观能动性的发挥，弱可胜强，少可胜多，于是他在

《虚实》篇指出："以吾度之，越人之兵虽多，亦奚益于胜败哉？故曰：'胜可为也'。"孙子唯物辩证的思想何等鲜明，何等伟大！

（二）篇解

《形》篇分为四个逻辑层次，层层相连，环环相扣，一气呵成，天衣无缝。为了清楚地认识其文脉，笔者想用吴蜀夷陵之战这个完整的战例来进行详细的说明和印证。所谓说明，就是说明孙子关于攻防关系的学术思想；所谓印证，就是印证他崇善、尚善的指挥理念。现对这四个层次分述如下。

1. 首先要善于立于不败之地

孙子说："昔之善战者，先为不可胜（先做到不可被敌战胜），以待敌之可胜（等待出现胜敌战机）。不可胜在己（不可被敌战胜，在于我方没有破绽），可胜在敌（能否胜敌在于敌人是否出现破绽）。故善战者能为不可胜（善战者能够做到不被敌人战胜），不能使敌之可胜（不能使敌人一定被我战胜）。故曰：胜可知而不可为。"孙子十分强调"善"。《孙子兵法》共用33个"善"字，其中《形》篇占13个，《势》篇占5个，可见孙子对将帅实施正确指挥何等关切！

战争是物质"暴力"，物质因素是取得胜利的客观基础。毛泽东曾经明确地告诉我们："军事家不能在超过物质条件许可的范围外企图战争的胜利，然而军事家可以而且必须在物质条件许可的范围内争取战争的胜利。"（《中国革命战争的战略问题》）孙子对这一问题的认识虽然是朴素的，但是他毕竟清楚地看到战争的胜利不是一厢情愿的，不是主观随意的。未战之前，首要的问题是自己要站稳脚跟，做到不可被敌战胜。能不能战胜敌人，那要看敌人会不会犯错误，给不给我以可乘之机。

让我们通过吴蜀夷陵之战来作些说明。

221年，刘备借口关羽被杀、荆州被占，发动了对吴战争。当时，吴、蜀的边界已向西移到巫山附近，长江三峡是吴、蜀之间的主要通道。刘备为了夺取峡口，保障军队顺流东下，派将军吴班、冯习率兵四万，击破李异、刘阿等部吴军，占领了秭归，获得了有利的进攻出发地。刘备自率主力拟沿江而下，留赵云于江州（今重庆）为后军督，策应主力的行动。

蜀军占领秭归、巫县（在今重庆市巫山县北）后，吴蜀关系公开破裂，战争序幕已经拉开。孙权立即命镇西将军陆逊为大都督，统率五万人马抵御蜀军。孙权恐魏国趁机出兵，便于八月向曹丕卑辞称臣。魏侍中刘晔主张兴师渡江，一举灭吴。曹丕未采纳，接受了吴国的求和，封孙权为吴王。孙权避免了两面作战，遂集中力量防御刘备的进攻。

蜀军顺江而下，锐不可当。吴军先让一步，主动撤退至夷道（今湖北宜都，在长江南岸）、猇亭（今湖北宜都北古老背，在长江北岸）一线。《湖北通志》卷十九《古迹五》载："猇亭在县（宜都）北三十里，大江北岸，一名兴善坊，今名虎脑背市。"虎脑背即古老背。吴军转入防御，阻止蜀军前进。陆逊为什么选择夷陵作为站稳脚跟、"先为不可胜"的退却终点呢？

因为它位于西陵峡东，南津关外，控制了长江由川入鄂的水路咽喉，陆逊称之为"国之关限"（《三国志·吴书·陆逊传》），具有十分重要的战略地位。这样，吴军把兵力难以展开的数百里的崇山峻岭地段让给了蜀军。

陆逊选择夷陵一线为战略退却的终点是相当高明的，是符合孙子积极防御思想的。攻是守之机，守是攻之策，都是必要的作战形式。面对强敌的进攻，孙子要求"藏于九地之下"，以守疲敌，以守误敌，保存军力，待机破敌。总之，陆逊站稳了脚跟，做到了"先为不可胜"。

2. 要善于正确地选取作战方式

孙子说："守则不足，攻则有余。"传世各本皆同，唯有汉简作"守则有余，攻则不足"，古书中也确有"攻者不足，守者有余"的引文。这个问题怎么解释呢？我认为，对汉简之文应这样解释：敌人兵力有余，我则守

— 96 —

之；敌人兵力不足，我则攻之。如此，文义就一致了。

毛泽东明确指出："基本的战斗形式只有攻防两种。"(《中国革命战争的战略问题》)采取攻还是防，是受兵力兵器、军心士气、敌我态势、军需给养等客观物质因素所制约的，不是指挥员主观随意选择的。

孙子明确指出，根据敌我力量的比较，力量强就采取进攻作战的方式，力量弱就采取防御作战的方式，所谓"守则不足，攻则有余"。

那么，怎样的攻守才称得上是"善"呢？孙子说："善守者藏于九地之下，善攻者动于九天之上。""九天""九地"不过是对善攻、善守的比喻而已。

现在还是接着分析夷陵之战。陆逊守夷陵称得上是善守。其所以"善"，一是他在力量弱小、态势不利时坚决地实行防守的方针；二是他很好地处理了"不可胜"与"待敌之可胜"的关系，也就是站稳脚跟与待机破敌的关系。

当时，东吴诸将主张立即迎击蜀军。陆逊对此有一番十分精辟的分析，说："备(刘备)举军东下，锐气始盛，且乘高守险，难可卒(猝)攻，攻之纵下，犹难尽克，若有不利，损我大势，非小故也。今但且奖励将士，广施方略，以观其变。若此间是平原旷野，当恐有颠沛交驰之忧，今缘山行军，势不得展，自当罢(疲)于木石(山林)之间，徐制其弊耳。"(《三国志·吴书·陆逊传》)陆逊的防御方针是扼守要隘，避锐乘疲，伺机决战。

"徐制其弊"就是隐忍待机，不要急于求成，《孙子兵法》中"以待敌之可胜"这个"待"字包含了丰富的内涵，陆逊可谓是真正会通了。

"待"，首先是对敌情的观察，"以观其变"。观察敌人力量上的变化、态势上的变化、策略上的变化、战术上的变化等，总之，观察一切敌情上的变化。

其次，"待"要耐心等待。夷陵之战中，东吴的一些将领不懂得隐忍待机的意义，不明白陆逊的意图，以为陆逊怯懦，十分不满。

当时面对吴军坚壁不战，急于速战速决的刘备十分焦急，企图引诱吴军脱离阵地，以便在平地旷野歼灭吴军，于是命令水军将领吴班弃船上岸，堂而皇之地在平地扎下营寨，向吴军挑战。

吴军将士面对蜀军的辱骂和挑战，群情激昂，纷纷要求主动出击，痛击蜀军。

陆逊是一个年轻将领，重任在肩，不敢鲁莽行事。他的部将又多是公室贵戚、孙策旧将。由于这些人摆老资格，不断给陆逊出难题，陆逊感到事情十分棘手。

陆逊先是向大家耐心解释他的战略意图，做思想工作，他说，吴班平地立营，分明是诱敌之计，我们切莫上当。不久，吴班果然撤出伏兵。

再次，"待"要坚定果断。作为一个指挥员，决心一旦形成，就要坚定不移，绝不能三心二意，优柔寡断。当时，陆逊面对诸将的愤懑和不理解，为了保障坚壁不战方针能得以顺利实施，断然以孙权的任命书和军令强行压制众将，说："各任其事，岂复得辞！军令有常，不可犯矣。"（同上）

最后，也是最重要的一点，"待"要主动积极，不能消极被动。防御在形式上是被动的，等待敌人的进攻。但是，在被动中要做最终赢得主动的准备。陆逊一方面告诫诸将暂且隐忍待机，另一方面则"奖励将士，广施方略"。历史证明，陆逊所实施的方略是十分有效、十分精彩的。

3. 要善于选择好打之敌

在孙子的制胜理念上，"不战而胜"优于"百战百胜"；在"百战百胜"中，"胜于易胜"又优于"力战""久战"而胜。

"易胜"是交战而胜中的"善之善"，这种胜利一要有超出常人的预见，所谓"见胜不过众人之所知，非善之善者也"；二要善于察机在目，选择好打、易打之敌。何谓好打、易打之敌？就是那些诸如弱敌、乱敌、怯敌、饿敌、劳敌、兵力寡少之敌、戒备松弛之敌等。

在这里，孙子还提出了自己的"功名观"。一般来说，胜于难胜，很容易引起众人瞩目，也很容易得到君主或上司给予的功名和奖赏。孙子却认为"无智名，无勇功"的"胜于易胜"才是"善战者"。因为这样的"善战者"，事先已经有周密的考虑、正确的判断、妥善的部署、正确的措施，处处高敌人一筹，所以这种表面上看起来没有见智见勇的"易胜"，实际上正是"善战者"实施大智大勇的结果。孙子义说要战胜那"已败者"——已处于失败地位之敌。什么叫"已败者"，就是败象环生，处境被动，无可挽救之敌。所以"胜已败者"比较好理解，就是战胜那些已经处于失败地位的敌人，或者说战胜那些已经暴露败形的敌人。比如说以至强打至弱，用累胜打累败，那当然是摧枯拉朽，胜负立刻见分晓。

让我们继续分析陆逊是如何打败刘备赢得最后胜利，又是如何生动地实现了孙子的作战原则的。

陆逊转入防御后，刘备命侍中马良自倡山（今湖北长阳西）至武陵，联络沙摩柯等当地部族首领起兵攻吴。蜀军在夷陵以西一带被遏阻于沿江狭谷地带，不得东进。陆逊扼守要地，坚不出战。

蜀军屡攻不下，刘备便在巫峡、建平（今四川巫山北）至夷陵一线数百里，立了几十个营寨。两军从正月到六月相持不决。陆逊坚守不战，破坏了刘备仗恃优势兵力企求速战速决的计划。

陆逊深知刘备用兵多年，作战经验丰富，因此开战之初，避其锋芒，控扼要隘，使之无计可施，然后伺机而击。蜀军屡攻不下，诱击不成，被迫舍船上岸，屯扎于沿江一线的山谷，处处结营，兵力分散。蜀军的败象开始显露，这就为吴军的反攻提供了可乘之隙。

当时，吴主孙权的侄儿安东中郎将孙桓被围于夷道，请求增援。陆逊为了不分散和过早地消耗兵力，没有答应。部将们都认为孙桓被围久困，应当分兵往救。陆逊告诉他们说：孙桓在军中有声望，加之城垣坚固，粮食充足，可以坚守，待粉碎蜀军主力之后其围自解。当时一些宿将贵戚矜持自傲，心口不服，陆逊断然以军令不可违犯予以警告，从而保证了指挥的集中统一。孙桓果然守住了夷道。

孙子讲："故善战者，立于不败之地而不失敌之败也。"不轻易失去击败敌人的机会，关键是情况判断要准确，决胜料势，决战料情。为了寻找战机，创造战机，陆逊在反攻前先进行试攻，没有成功，诸将都认为是白费兵力，而陆逊却说已知破敌之法。

时当盛夏，蜀军营寨均以木栅构成，地处峡谷，草树丛生，利于火攻。陆逊命士卒各持一束茅草，顺风点火，乘势发起反攻，蜀军大乱。虎威将军朱然率军五千突破蜀军前锋，接着插于蜀军之后，与偏将军韩当所部进围蜀军于涿乡（今湖北宜昌西），切断了蜀军退路。振威将军潘璋所部直攻蜀军冯习军。绥南将军诸葛瑾、建忠郎将骆统、兴业都尉周胤亦率部配合陆逊的主力在猇亭向蜀军发起反攻。吴军迅速地攻破蜀营四十余座，并用水军截断了蜀军长江两岸的联系。蜀将张南、冯习战死，杜路、刘宁等投降。侍中马良及武陵部族首领沙摩柯所部亦被吴平戎将军步骘歼灭于零陵、桂阳地区。刘备被迫退守马鞍山。陆逊督诸军四面围攻，前后共歼蜀军数万人。蜀军所有的舟船、器械、物资，全部损失，蜀国元气大伤。刘备乘夜逃走，行至石门山（今湖北巴东东北），被吴将孙桓追逼，几乎被擒，后靠驿站人员焚烧溃兵所弃的装具堵塞山道，才摆脱追击，退回永安（今四川奉节东）。镇东将军赵云率军由江州到达永安，阻止吴军西进。

4. 要具有强大的军事实力

孙子在分析了"善之善"的两种情况，也就是"胜于易胜"和"胜已败者"之后，又提出了一个重要的观点："善用兵者，修道而保法，故能为胜败之政。"此句"胜败之政",汉简作"胜败正","正"通"政","正"即主宰之意。孙子把修明政治、确保法制作为稳操胜券的决定因素实在是非常重要的观点,因为它是保障胜利的根本前提。

紧接着孙子提出了他的第四个逻辑层次,那就是关于军事实力和综合国力的逻辑链。他引古兵法:"一曰度,二曰量,三曰数,四曰称,五曰胜。地生度,度生量,量生数,数生称,称生胜。"这个链条由五个概念构成:"度"(土地幅员)、"量"(物产资源)、"数"(军队数量)、"称"(综合国力)、"胜"(胜负情状)。孙子指出它们相互的关系是:"地生度,度生量,量生数,数生称,称生胜。"

值得注意的是"称"字。在关于"形"的定义中,《十一家注》本作"胜者之战民也,若决积水于千仞之溪者,形也",其余诸本也大同小异,如武经本作"胜者之战",而甲乙两种竹简本"胜"上有"称"字,这与"数生称,称生胜"文义相符。

"称胜者之战民也,若决积水于千仞之溪者,形也"一句,译成白话就是综合国力强大而取胜的军队,其指挥军队作战就像在八百丈高处决开溪中积水那样,这是军事实力的"形"。这是什么意思呢?在孙子看来,胜利的军队较之于失败的军队,要具有"以镒称铢"那样的绝对优势。一镒是24两,一两是24铢,镒比铢重五百多倍,孙子以此来比喻两军力量强弱悬殊。

还要看到,"称"和"称胜"以及"形"等概念的提出,使我们深感"富国强兵"这一战国时期才产生的重要观点已经到了呼之欲出的地步。

(三)引论

"形"和"称"的提出,从更高的层面上反映了孙子朴素的唯物主义的战争观,它较之于"道天地将法"更抽象、更概括,更具有哲学的意味从战争实际来看，孙子那个时代对战争的物质要求同现代战争不可同日而语，特别是武器的发展变化尤其显著。孙子论述过武器问题，他把"兵众孰强"列为制胜因素之一。但是，即使是号称"陆斩犀兕，水截蛟龙"的吴国宝剑，也不过是一种锋利的青铜剑而已，充其量对战术变化有一定的作用。

自从第二次世界大战以后，核武器的出现，不仅对战役、战术产生重大影响，而且已经向战略敲门了。随着信息技术、纳米技术等各种高新技术的发展，未来的信息化战争将形成陆、海、空、天、电五维一体的崭新战场，那是以往任何时代的传统战争所无法比拟的。

我们看到，孙子之所以提出"守则不足，攻则有余"的原则，是基于冷兵器时代攻方比守方所用兵力要多的缘故。孙膑提出"兵有客之分，有主人之分。客之分众，主人之分少。客倍主人半，然可敌也。"（《孙膑兵法·客主人分》）意思是说，用兵作战有客军和主军之分。进攻的客军兵力要多，防御的主军兵力可少。客军兵力是主军兵力的两倍，主军兵力是客军兵力的一半，这样的力量对比也就可以对阵交锋了。攻防兵力比例是2：1。

传统的攻防比例被信息化战争推翻了。由于信息化武器装备具有"点穴式"攻击能力，能够精确打击敌要害，摧毁其指挥控制系统，那么攻防兵力对比就不是2：1，而是1：2，甚至1：3……攻难守易也许将改变为攻易守难。总之，武器在战争中的作用空前地提高了，客观物质力量在战争中的作用空前地提高了。但是，我们仍然要看到，决定战争胜负的因素是人不是物，应当否定唯武器论。

军事斗争的胜利归根结底是物质力量起决定作用，但是，没有正确的战略和策略也不能获得军事斗争的胜利。马克思有句名言："批判的武器当然不能代替武器的批判，物质力量只能用物质力量来摧毁；但是理论一经掌握群众，也会变成物质力量。"现在，我们探讨军事谋略在战争中的价值，正是因为当它作用于战争实际时会影响战争的进程和胜败。作为精神力量的战争指导，能够在一定条件下变成物质力量，作用于战争。这就是战争问题上的唯物史观。

对于古代的谋略家当然不能用唯物史观去苛求，但是也只有当其战略策略思想具有朴素的唯物辩证的品质之后才对我们有借鉴意义，起到"古为今用"的作用。令人欣慰的是，我国古代谋略理论和实践最可宝贵之点恰恰是具有朴素的唯物论和辩证法品格。中国古代的兵书数以千计，大凡属于谋略性的论兵之作几乎没有只就军事论军事的，而是把军事问题所涉及的物质因素，诸如军事与经济、军事与政治、军事与人民、军事与环境等进行全面的、综合的考察。从军事学术史上看，这就是中国的特色，也是中华民族的传统。从先秦以来，两三千年间一以贯之，没有中断。早在春秋战国时代，诸子百家论兵之作竞相争辉。以军事与政治的关系这一问题为例，《司马法》指出："古者，以仁为本，以义治之之谓正，正不获意则权。权出于战，不出于中人。"它看到当仁义之类正常措施不能实现政治目的时，就要采取变通的、特殊的手段——战争。《尉缭子》说得更透彻："兵者，以武为植，以文为种。武为表，文为里。"这就明确了政治（文）与军事（武）的关系是主（种）从（植）的关系；是本质（里）和表象（表）的关系。而西方，直到19世纪德国克劳塞维茨才揭示出"战争是政治通过另一种手段（即暴力）的继续"这一原理。先秦兵家对军事与经济、环境、民众等的关系也如同军事与政治的关系一样，都有丰富多彩的论述，不再赘述。总之，中国古代谋略家研究战争、指导战争十分注意对主客观条件的宏观思考和整体把握。

尽管理论上懂得指导战争必须对敌我综合衡量，特别是近代中国，并不乏睁眼看世界的杰出人物，但是国穷民贫，军备废弛，他们终究难有回天之力。"能胜强敌者，先自胜"（《商君书·画策》），只有具备了胜利的条件才有战胜敌人的可能性。韩非子有句名言："治强易为谋，弱乱难为计。"（《韩非子·五蠹》）为什么国家安定而又强盛就易于出谋定计呢？他说，这与袖子长才好跳舞，本钱多才好经商（"长袖善舞，多钱善贾"）是一个道理。在这个问题上，韩非对于纵横家忽视内政建设，忽视增强实力，把国家的强盛寄希望于单纯通过外交取胜的主张进行了尖锐的批判。他说："士民纵恣于内，言谈者为势于外，内外称恶，以待强敌，不亦殆乎！"（《韩非子·五蠹》）意思是说，儒者游侠之类士民对于国内建设姑息放纵，而纵横家又只注重求得外交上的优势，内政外交相互交恶，用这样的状况去对付强大的敌人，不是很危险吗？于是他严肃指出"听言谈者之浮说"是"破国亡主"的原因。在商鞅、韩非等法家学派的倡导下，一个至今仍然具有生命力的"富国强兵"的国家战略思想终于提出来了。《管子·治国》指出："民事农则田垦，田垦则粟多，粟多则国富，国富者则兵强，兵强者则战胜，战胜者地广。"这是古人关于富国强兵的最早论述，并且明确地揭示了"富国"与"强兵"的主从关系和本质联系，说明了二者是不可分割的整体。国富决定兵强，兵强保障国富。兵强既以国富为前提，又应与国富协调发展，相互作用。兵强又毕竟不同于国富，国以愈富愈好，而兵强则应当强之有度、强之有序、强之有术。

历史的经验是值得借鉴的。在中国历史上，明确提出实行富国强兵政策而发展起来的是战国时期的秦国。秦国僻处西方，战国初期还是一个封建因素增长缓慢，落后于中原各国的弱国，经常受到强大的魏国的侵略，丧失了具有战略意义的河西之地，国家安全受到严重威胁。但是从地缘政治角度看，它也有得天独厚的优势，西、南、北境均为弱小落后的小国，无侧背威胁，发展空间广阔。公元前4世纪中叶，秦孝公利用魏、赵、韩、齐连年战争、争夺中原的有利时机，重用法家商鞅，变法图强，实行奖励耕战、选贤任能等富国强兵的政策，国力很快强盛起来。从秦孝公到秦始皇，经过六代国君的努力，前后达一百四十年之久，最终实现了统一全国的愿望。秦国的胜利，是改革的胜利，是抓住机遇、实行耕战的胜利。

具有两千多年优秀军事文化传统的中国，积累了丰富的富国强兵的经验，并且长期居于世界先进国家之列，成为别国学习的榜样。但是，历史进入近代以后，晚清王朝腐朽没落，故步自封，未能顺应历史发展的趋势，一再丧失机遇，中国成了落伍者。

发人深省的是，当西方资本主义列强向东方伸出魔爪的时候，与中国一样，同为闭关锁国的封建国家的日本非但没有沦为殖民地，反而一跃成为同西方列强平起平坐的军事强国。

原先，日本的德川幕府为了防止日本商人与外国商人的联系，实行海禁，把日本社会禁锢在封建统治的枷锁之下。在1840年英国发动侵略中国的鸦片战争之后不久，1853年美国用武力打开了日本的门户。中日两国都是殖民主义的受害者。但是，1868年日本明治政府采取了一系列资产阶级改革措施，促进了日本资本主义的发展。不到30年时间，日本迅速崛起，跻身为世界强国。固然，日本的发展带有浓厚的军事封建性，其垄断资本家大都靠军事工业和对外侵略扩张而大发横财。然而，日本毕竟从落后走向了先进，从弱国变成了强国。自唐宋以来日本原是以中国为师，学习中国的文化。明治维新之后，这个成为资本主义强国的日本其掠夺和侵略的矛头，正是指向它昔日的先生——中国。一场惨绝人寰的甲午战争，使中国人民蒙受了巨大的灾难。

历史地考察，近代的中国并不是没有发展的机遇，并不是不可能富国强兵。与日本明治维新大体同时，中国正在兴起洋务运动。这是一次千载难逢的振兴机遇，结果丧失了。甲午战争的失败宣告了洋务运动的破产。

洋务运动未能抓住一次发展的机遇，有其深刻的历史原因，诸如体与用的问题、革新与保守的问题、理论与实践的问题等，归根结底，晚清王朝已经是大厦将倾，日暮途穷，尽管当时有一些志士仁人呼吁富国强兵，致力富国强兵，但中国社会内部并未形成对富国强兵的内在要求，无论是物质的还是理论的准备都远未就绪。因此，改革是不彻底的，步伐是极其缓慢的，洋务运动进行不下去，戊戌变法也只能是昙花一现。

如果说甲午战争是中日两国第一次较量的话，那么20世纪30—40年代的中日战争则是第二次大较量。在国际力量援助下，中国经过十四年抗战，战胜了日本。战后，日本的国力和国际地位一落千丈。中国经过抗日战争，也是千疮百孔，亟待生息发展。于是，中国和日本又处于同一起跑线上。

令人遗憾的是，具有优越的社会主义制度的新中国没有在富国强兵方面紧紧把握机遇，充分发挥优势。总结教训，完全是政策方面的问题。本来，1956年党的八大就提出要集中力量发展生产力。但是，八大以后，特别是"文化大革命"，由于"左"的错误，以阶级斗争为纲，把国民经济搞到了崩溃的边缘。

今天，面对剧变的国际风云，受挫的国际共运，挑战是十分严峻的，机遇是十分有限的，中国能不能富强，能不能实现四个现代化，能不能跻身于世界强国之林，也就看今后几十年到一百年。今天的中国与当今世界强国之争是机遇之争，是世纪之争，是"球籍"之争。

中国要富强，只有坚持党的基本路线，真正做到一百年不动摇。笔者非常赞赏邓小平同志关于以经济建设为中心的一番话："除了爆发大规模战争外，就要始终如一地、贯彻始终地搞这件事，一切围绕着这件事，不受任何干扰。""我们全党全民要把这个雄心壮志牢固地树立起来，扭住不放，'顽固'一点，毫不动摇。"这是对历史经验的科学总结。近代的历史证明了这一点，新中国成立后的历史也证明了这一点，全党全国都应贯彻执行，心无旁骛，毫不动摇。中国要富强，机遇不多了，再也经不起折腾；时间不多了，再也不能出现反复。要富强，坐等不行，慢了也不行，必须加快步伐，奋起直追。

必须提到的是，实力问题除了军事力量和经济力量这种"硬实力"之外，还有一种文化的、精神的"软实力"。前者是有形的，后者是无形的。二者相辅相成，共同发挥影响和制约敌人的作用。美国前国务卿赖斯在巴黎公开表明："我广泛使用'实力'这个词，因为比军事实力甚至经济实力更重要的是思想实力、同情实力和希望实力。"

我们应该看到，中国的软实力是十分强大的，优越的社会主义制度、和合的传统文化、和平发展的崭新理论，特别是不畏强敌的英雄气概是一种巨大的文化能量，我们应当大力发扬而绝不能小视它。

《势》篇新说

（一）题解

《势》篇题解，前已略述，不赘。

关于"势"的含义，因其包容较广，指涉对象模糊，历来众说纷纭，这是需要详加讨论的。那么，从军事学术上看，《势》篇究竟论述的是什么呢？笔者认为，它论述的是指挥要诀。具体地说，孙子在《势》篇论述了四大指挥要诀，即：（1）完善体制（指挥体制），密切协同；（2）战术多变，出奇制胜；（3）势险节短，快速反应；（4）示形动敌，设伏聚歼。

（二）篇解

前已指出，"势"是军事力量的发挥，是指挥员主观能动作用在军事力量上的体现。在战争中，作战指挥的正确与错误，指挥水平的高与低，对作战胜败有着决定性的影响。

作战指挥是将帅智慧和意志的产物，需要有极大的创造性和艺术性。对其奥妙所在，孙子从四个方面进行了论述。

1. 完善体制，密切协同

孙子认为，要想取得战斗的胜利，首先必须解决好相互关联、相互作用的四个方面的问题：一是指挥体制（"分数"）要完善；二是指挥手段（"形名"）要健全；三是战术变化（"奇正"）要灵活；四是作战方向（"虚实"）要正确。

春秋战国时代的指挥方式是很简单的，《尉缭子·勒卒令》写道："金、鼓、铃、旗，四者各有法。鼓之则进，重（再）鼓则击。金之则止，重金则退。铃，传令也。旗，麾之左则左，麾之右则右。奇兵则反是。"这就清楚地告诉我们，当时的作战指挥是当面指挥，是直线式的"一竿子插到底"的指挥体制。

孙子看到，随着战争的发展，这种指挥体制必须进行改革。只有建立适应新形势的新军制，才能真正做到"治（管理）众如治寡"，才能产生战斗力。公元前541年，著名的"毁车为行"的史例就反映了军队体制变化的客观事实。

晋国要同狄人作战。魏舒献策说："彼徒我车，所遇又厄，以什共车，必克。困诸厄，又克。请皆卒，自我始。"（《左传·昭公元年》）意思是说，狄人他们是徒兵，我们是车兵，两军交战的地形又形势险要，用十个徒兵攻打一辆战车，必然得胜。把他们陷于险地，我军又能打胜。请将全军都改为徒兵，从我开始改。晋军从此放弃战车改编为步兵，以这种新的体制打败了狄人。

近代战史，殷鉴不远。当时，清朝面对西方列强的船坚炮利，一些有识之士提出"师夷长技以制夷"。但是，他们没有看到的是，技术决定战术，好的战术又是同与之相适应的编制体制密切相关的。《水浒传》中，林冲棒打洪教头，他技术战术都好，但是戴着镣铐，放不开，一旦取掉镣铐，其技战术便得到了充分的发挥，打败了洪教头。由此可见，清王朝在近代战争中一败再败，其中一个原因便是孙子所说的"分数"问题，也就是指挥体制问题。为什么甲午战争会败给日本？日本从编制到战术，完全模仿德国军队，而清朝还是湘军营制，队形密集，整个军事系统都落后于日本，这才是军事上的败因。

在旌旗金鼓的指挥条件下，分散指挥或委托式指挥更能发挥各级指挥员的主动性和创造性。但是，我们今天读《孙子兵法》也要看到，随着科技的发展，特别是指挥自动化的出现，军队结构将出现极大的变化，有可能突破陆、海、空三军建制，建立诸如"传感军团""火力打击军突破""指挥控制军团""作战保障军团"之类。总之，集中统一的指挥更能观照全局，更能协调陆、海、空、天。这种否定之否定，是历史的进步。

关于作战方向的"虚实"问题，孙子紧接着有专篇论述，这里不展开介绍了，下面着重谈谈奇正问题。

2. 战术多变，出奇制胜

"奇正"问题比较复杂，让我们先从"奇"这个读音谈起。"奇"究竟读若"其"还是读若"机"呢？

我认为，《孙子兵法》中的"奇"字无论处于何种语词结构，都应读若"其"，不应读若"机"。

"奇"读若"机"有三种情况：一是单数；二是命运不佳；三是姓。这三种情况与奇正之术无关。那么，在什么战术情况下，"奇"要读若"机"呢？那就是当专指"余奇"之兵时，必须读若"机"。相传为黄帝大臣风后撰著的《握奇经》有这样一句经文："八阵，四为正，四为奇，余奇为握奇。"《握奇经》又名《握机经》《幄机经》。"余奇""握奇"即"余机""握机"。"余奇"之兵乃是主帅控制的机动部队。

那么，何谓"奇正"呢？这是需要展开讨论的。"奇正"这个概念，在中国古代军事学术史上是一个具有极大吸引力、诱惑力的问题。它像一个万花筒，千变万化，引人入胜。古人说："奇正者，用兵之钤键，制胜之枢机也。临敌应变，循环不穷，穷则败也。"（《十一家注孙子兵法·势篇》王皙注）谁要想打开胜利之门，钥匙（钤键）就在这里。为了寻找这把钥匙，千百年来，兵学家们孜孜以求地在探讨它，争论它。

"奇正"这个词，首先见于《老子》（第57章）："以正治国，以奇用兵。"治国用"正道"——清静无为之道，打仗用"奇道"——诡异变诈之道。

但是，把"奇正"引入军事学术领域并加以系统阐发的却是孙子。他才是奇正理论的创始人和奠基人。

孙子的奇正理论，主要包含三个方面的内容。

（1）奇正是普遍存在的作战方式。他说："战势不过奇正。"又说："凡战者，以正合，以奇胜。""奇"与"正"相互对立，相互依存，相生相克，互补互生。它如同太极，一生二，二生三，三生万物。战势（作战方式）产生二（奇与正），二生三（"奇"、"正"与"不奇正"——《握奇经》所说的"余奇"），三生千变万化的战法。

（2）奇正是发展变化的。他说："奇正相生如循环之无端，孰能穷之？"（《势》）孙子认为奇正变化如同日月四季终而复始一样是无限的，永远不会终止。值得注意的是，不能因为他用圆环做比喻，用四季更迭、日月循环做比喻，就认为他有形而上学思想，这是不妥当的。对于奇正在时间和空间上的无限性的观点，孙子一再强调过。他说："声不过五，五声之变不可胜听也；色不过五，五色之变不可胜观也；味不过五，五味之变不可胜尝也；战势不过奇正，奇正之变，不可胜穷也。"

阵形千变万化，但是基本样式如同五声、五色、五味一样，只有方、圆、曲、直、锐五种。

奇正之变，在一次战争中有变化，在一切战争中有变化，在整个人类战争史上也在不断地发展变化。

（3）奇正是相互转化的。《孙膑兵法·奇正》说得好："静为动奇，佚为劳奇，饱为饥奇，治为乱奇，众为寡奇。"它这里讲的就是奇正转化问题。我们知道，通常情况下，"静""佚""饱""治""众"都是正，"动""劳""饥""乱""寡"都是奇，但在一定条件下，动极则静，劳极则逸，饥极则饱，乱极则治，矛盾的双方发生了转化。

战场之上，奇正的运用是灵活应变的。在古人之中，唐太宗李世民道出了玄机。他说："吾之正，使敌视以为奇；吾之奇，使敌视以为正。"又说："以奇为正者，敌意其奇，则吾正击之；以正为奇者，敌意其正，则吾奇击之。"（《唐太宗李卫公问对》）也就是说，我军的主力和偏师究竟如何使用，始终不让敌人察觉，只让敌人上当。奇兵可以取胜，正兵也可以取胜。偏师和主力谁去取胜，只有主帅心中有数。这就好像一个高明的魔术师，两手之中有一只手握有铜钱。你猜在右手，其实在左手；你猜在左手，其实在右手。总之，不让你猜得到。当然，战争没这么简单。奇正也不只是两个单位。即使在古代，一场较大规模的战争攻防双方也各自有几个方面。比如楚汉战争，从战略层面上说，汉王刘邦在成皋方向是"正兵"的话，那么北方战场的韩信、南方战场的英布、敌后战场的彭越就都是"奇兵"了。现在，让我们结合史例具体地分析一下奇正的通变转化之法。

先看军队运动的通变之例。行军宿营要注意常变结合，孙子早已说过："易其居，迂其途，使人不得虑。"在古代，利用险近的间道行军，常常可以出奇制胜。例如三国魏灭蜀战争中，魏将邓艾选取阴平险道，艰难跋涉，突袭江由（今四川平武东南），一举奠定了灭蜀战争的胜利。再如蒙金战争中，金军控扼居庸关，保卫中都（今北京），蒙军无法前进。这时，蒙军沿帅成吉思汗获悉有一条间道可通居庸关南口，于是毅然变更部署，正兵与奇兵互换。他留下一部分兵力同金军在居庸关对峙，然后隐蔽地自率主力向西强行军，从紫荆关迂回中都，另遣哲别率领精兵从间道奔袭居庸关南口。哲别军突然出现在南口，金军来不及抵抗便丢掉了居庸关。成吉思汗主力也出其不意地进逼中都。中都失去屏障，被蒙军团团围困，完全陷入被动挨打的境地。

再看兵力区分的通变之例。作战中打主攻的改打助攻，打助攻的改打主攻；主力伪装偏师，偏师伪装主力。诸如此类虚虚实实、真真假假的兵力使用问题都是奇正问题。在这个问题上，最典型的史例，当数隋朝末年的霍邑之战。

霍邑在今山西霍县。617年李渊父子在太原起兵反隋，八月被驻守霍邑的隋炀帝将领宋老生所阻，不能前进。李渊用激将法诱宋老生出城作战，并亲自与长子李建成率领主力部署于霍邑城东，为正兵；次子李世民率领偏师部署于霍邑城南，为奇兵。宋老生果然被激怒，指挥守军从东、南两门分道出击，并亲率主力向李渊父子发起猛攻。李军不支，向后退却，李建成也不慎落马。宋老生以为有机可乘，挥军进逼，侧后暴露。这时，位于城南的李世民发现宋军侧后暴露，及时率领骑兵连续突击宋军阵后。李渊、李建成乘势回军反击，一战而胜，擒杀宋老生。

亲自指挥过这次战斗的唐太宗李世民以此战为麻雀，与卫国公李靖用奇正理论进行了详细的解剖，《唐太宗李卫公问对》记述了二人的谈话内容。他们看到，这次战斗有一系列奇正变化。李渊父子所部的右军是主力，是正兵；李世民所部的左军是偏师，是奇兵。但"右军少（稍）却，建成坠马"，使宋老生误以为敌军败退，有机可乘。这样，李渊所部无形中由正兵成了奇兵。也就是说，右军稍却的无意行动变成了有意诱敌的佯动，由正变而为奇。高明的是，李世民将错就错，及时发现宋军破绽，又不失时机地"横突之"，于是偏师变为主力，奇兵变为正兵。李靖感慨地说："若非正兵变为奇，奇兵变为正，则安能胜哉？故善用兵者，奇正在人而已。变而神之，所以推乎天也。"

最后看看战法上的通变之例。这是奇正理论中最核心的问题，通常所说的出奇制胜的"奇"大都是指这种战法上的"奇"。这个"奇"是一种泛概念的奇。正如《孙膑兵法》所说："形以应形，正也；无形而制形，奇也。"这就是一种泛概念的奇正之说。意思是，用常规战法对付常规战法为常法（正）；用变通战法对付常规战法为变法（奇）。它又说"以异为奇"，即不同于常法的变法就是奇。

按照这一观点，出奇制胜的战例是不胜枚举的。这里只举韩信破赵的背水列阵就可以看出常变的巧妙运用了。韩信破赵之战的经过大家都比较熟悉，不再赘述。现在着重从战法变化上略加分析。按照《孙子兵法》所指出的一般原则，靠近江河作战应当"无附于水而迎客"，即不要靠近水边列阵。一旦列阵，也应当"前、左水泽"，对敌正面和策应部队靠着江湖。然而韩信一反常规，背靠绵蔓水列阵，就是"以异为奇"，做到了孙子所要求的"易其事，革其谋，使人无识"。整个指挥过程颇具匠心，十分巧妙。韩信此举在当时的特定条件下有三方面的作用：一是利用敌将陈余的轻敌心理，故意示敌以破绽，使敌误以为他不懂兵法；二是引诱赵军脱离有利地形，同汉军决战，汉军的伏军可以趁机夺占赵营；三是把未经训练、新募的士兵置于死地，迫使他们奋勇作战。从全局来看，韩信破赵之战必须力求速战速决，不出奇计难以达此目的。韩信所部是楚汉战争中汉军的一个战役方向，他必须尽快地在北方战场打开局面，完成对项羽的战略包围。如果韩信进展迟缓，主战场成皋的刘邦一旦支撑不住，被项羽攻破，那么楚汉战争鹿死谁手就成了问题。韩信仅有数万兵力，又远离后方，面对号称二十万的赵军，韩信只能速决，不能持久。由此可见，韩信设背水阵，既是战术上的一种创造，又是不得不实施的作战方案，尽管带有一定的冒险性，但却是十分必要的。

以上关于奇正的介绍固然十分简略，但是也可以看出这一理论确有不可低估的价值和学术上的生命力。奇正理论自孙子提出后，到唐太宗和李靖在《唐太宗李卫公问对》中做了历史性的总结，此后的兵书在阐释上便没有取得更大的进展。比如说，明人何良臣的《阵纪》中有专篇论述奇正。但不知何故，他在书中多次强词夺理地批驳李靖关于奇正的论述，真可谓以其昏昏，使人昏昏。或许是奇正理论失之宽泛，不易把握，又或许是奇正理论未能得到深化，使人失望，总之，到了近代便日渐冷落，竟成了昨夜星辰，消失殆尽。

3. 势险节短，快速反应

"势"这个概念，内涵丰富，意义重大，具有久远的生命力，尤其是在中国传统柔武军事思想中真正体现了阳刚之气的精华所在。为了进一步探讨这个重要的军事理论问题，我想有必要廓清以下四点：（1）"势"是什么；（2）"势"的分类；（3）"度势"与"势"的控制；（4）"势"在战争中的作用。

（1）"势"是什么。

对于"势"，孙子曾有三种表述：①"故善战人之势，如转圆石于千仞之山者，势也。"（《势》）②"勇怯，势也。"（《势》）③"势者，因利而制权也。"前者是说，军队运动所产生的冲击力、爆发力，是一种物质力量；中者是说，军队的士气，是一种精神的力量；后者是说，"势"是指挥员依据敌我情势所创造的战场主动权。换言之，前者指的是威势，中者指的是气势，后者指的是态势。由此可知，物质力量与精神力量的结合就是"势"。

要了解孙子关于"势"的论述，还要注意三个关系：一是"形"与"势"

的关系；二是"势"与"战势"的关系；三是"势"与"任势"的关系。

"势"不同于"形"。笔者曾在《孙子兵法新论》一书中指出："'形'指的是力量的强弱、人数的众寡、素质的优劣、武器的锐钝等军事经济政治的综合国力。'势'则不同于'形'。'形'是静态的，而'势'乃是'形'的运用，是动态的。"

笔者还写道：孙子"用高山滚石来比喻军队的锐势，今天我们可以用拦河坝的水力发电来作形象的说明。在物理学上，物体的重力势能是与物体的质量、高度和重力加速度成正比的。拦河坝的水位愈高，水流下落所形成的功能也就愈大"。

"势"不同于"战势"，尽管二者有着密切的联系。"战势"指的是奇正战术，孙子讲得很清楚："战势不过奇正。"（《势》）。

"势"也不同于"任势"。孙子说："故善战者，求之于势，不责于人，故能择人而任势。任势者，其战人也，如转木石，木石之性，安则静，危则动，方则止，圆则行。""择人"就是选择优秀的指挥员。因为军队运动就如同木石之性，安则势无，危则势动，方则势止，圆则势行。圆石、圆木位势虽高千丈，但如不下落，仍不能产生巨大的力量，所以要"任势"。要使部队打击敌人如同高山上转动圆石、圆木一样处于有利态势，就必须"择人"，这样才能做到四两拨千斤，"如峻坂走丸，用力至微，而战功甚博"（张预注引李靖语）。

（2）"势"的分类。

"势"是一个泛概念，它可以在三个层面上使用：一是战略态势；二是战役布势；三是战术位势。

关于战略态势。楚汉战争中，汉王刘邦的胜利在很大程度上取决于占据了有利的战略态势。西楚霸王项羽兵多将广，在战役、战斗上连战连捷，但是在战略上未能谋势、造势，结果失败了。汉王刘邦虽然屡遭失败但战略上占有主动态势，以正面坚持、敌后骚扰、南北牵制的战略态势陷项羽于被动地位。在正面战场，刘邦亲率主力坚守成皋、荥阳地区，挡住项羽西进的攻势；在敌后战场，彭越在敌后骚扰楚军，使其腹背受敌，疲于奔命，以保证正面战场和南北两翼汉军的顺利发展；在北方战场，韩信率军逐次歼灭黄河以北的魏、代、赵、燕、齐等割据势力，威胁楚军侧背；在南方战场，九江王英布率军打击楚军侧背，从南面牵制项羽。在作战过程中，刘邦的正面战场能坚守战略要地成皋、荥阳，分散、调动、疲惫、消耗了楚军的主力，使项羽疲于奔命，得不到休整，粮运不继，士气低落，陷入被动，因而汉军的被动局面出现了转机，最终获胜。

关于战役布势。"战役"这个词，在古代兵法中原是指在战争中，为了保障供应而服劳役；今天，"战役"乃是指战争与战斗之间的一个中间环节。二者全然不同。但是，从战争实践上考察，古代战争中实际上已出现了"战役"这个中间环节。比如吴楚柏举之战就是由一系列战斗组合的一个大的战役。

前面说过，"势"是一个泛概念，因此，用今天"战役"概念去阐释它并不是强加于古人的。在这个问题上，刘伯承元帅的阐释一语破的："《孙子兵法》中的《兵势》篇，主要讲的是战役布势。"他说："《兵势》一篇，就是说明兵力的分布，正兵与奇兵的战斗行动（正兵就是指主要集团，奇兵就是指辅助集团）；布势必须险恶，战斗经过短促干脆。"因为在战役战斗中，军事力量本身并非一定是有利态势的现实事物，它必须经过指挥员正确的主观指导，也就是通过"布势"这一中介环节，才能使军事力量与有关作战因素相结合，迸发出一种实际的作战锐势。

关于战术位势。战术位势比较简单，就是抢占有利地形地物，夺取主动。例如秦赵阏与之战，赵奢抢占北山，就是抢占制高点，居高夺险，一举击溃秦军。

（3）"度势"与"势"的控制。

"度势"就是识势、任势，是检验指挥员水平高低的重要环节。

唐朝著名的军事学家李靖对"度势"做了很好的阐述。他说："兵有三势：将轻敌，士乐战，志励青云，气等飘风，谓之气势；关山狭路，羊肠狗门，一夫守之，千人不过，谓之地势；因敌怠慢，劳役饥渴，前营为舍，后军半济，谓之因势。"（张预注引李靖语）

笔者觉得把"任势"理论与战略地理结合起来分析是对《孙子兵法》的新发展。《兵经百篇》在《智篇·势》中这样写道："猛虎不据卑址，劲鹰岂立柔枝？故善兵者，务度势。处乎一隅，而天下摇摇莫有定居者，制其上也；以少邀众，而坚锐沮避，莫敢与争者，扼其重也；破一营而众营皆解，克一处而诸处悉靡者，摧其恃也……能相地势，能立军势，善之以技，战无不利。"控制一隅之地就能左右天下形势，这种地区自然是战略要地，或是雄关重险，或是江河上游。

从战史上看，对兵要地理战略地位的认识和运用，战国时代的战略家们就注意到了。《吴子·图国》中魏文侯与吴起关于"在德不在险"的讨论，说明当时战争发展了，许多山川险隘已成为国防上的襟带咽喉、战争中的必争之地，战略地位提高了。苏秦在游说六国合纵抗秦时就常常是从兵要地理的角度去阐明合纵抗秦的战略态势的。秦国的战略家司马错向秦惠文王所论的伐蜀的战略主张，是付诸实施并收到奇效的决策，而其基本点就是从战略地理的角度上造成威胁楚国侧背的态势，进而统一六国。

"势"的控制问题，关键是节奏。古代兵家固然强调兵贵神速，但是并不是无条件的迅速，该慢时还得慢。《孙子兵法·军争》中有一段话值得我们重视："故其疾如风，其徐如林，侵掠如火，不动如山，难知如阴，动如雷震。"

这段话阐述的是关于军队运动——攻、防、遭、追、退——的节奏控制问题。孙子阐述这个问题是以比喻的形式出现的，认为军队行动快速时如同疾风骤起，舒缓时如同森林严整，攻击时像烈火喷发，防御时像山岳巍然，隐蔽时像阴天视而难见，行动时像雷霆猝不及防。

从战史上看，那些浪战的将领无一不是急于求胜，不察虚实，一味"冒进"，丧失了锐气，即使是某些名将，也难免在这个问题上栽跟头。

例如，赤壁之战曹操之所以失败，其中一个很重要的原因就是没有掌握好势的节奏，进军过急，发展过快，部队没有得到很好的休整。诸葛亮敏锐地看到，曹军长途跋涉，昼夜兼程，连续作战，已是"强弩之末，势不能穿（射穿）鲁缟（薄绢）"（《三国志·蜀书·诸葛亮传》）。

大军事家曹操兵败赤壁，最重要的原因是骄躁轻敌，小看了孙刘联军，小看了长江天堑，致使优势强大之军败于弱军之手，从而形成战后的三足鼎立，失去了一次大好的统一全国的机会，延缓了历史的进程。

（4）"势"在战争中的作用。

关于"势"的作用，真正一语道破的是"兵形势家"的孙膑。他在《孙膑兵法·势备》中指出："凡兵之道：曰阵，曰势，曰变，曰权。察此四者，所以破强敌，取猛将也。"原来，"势"在战争中的作用是以弱胜强（"破强敌，取猛将"），是把胜利的可能性变为胜利的现实性的关键环节。

唐朝《卫公兵法·将务兵谋》说："以弱胜强，必因势也。"宋朝《虎钤经·任势》说："兵之胜敌，非人之勇怯也，勇者不可必胜，怯者不可必败，率由势焉耳。"古人这些言论，都认为因形造势是为了以弱胜强。

所谓以弱胜强，是敌我力量对比的一种总体上的说法。具体而言，它包括人数的多寡问题，武器装备的优劣问题，军心士气的高低问题，作战指挥的好坏问题，等等。当然，古代兵家虽然提出了"以弱胜强"的观点，但他们还不可能用哲学的语言正确地表述为在一定条件下，通过主观的努力，达到强弱易势，最终赢得胜利。

为了转变敌强我弱的形势，克敌制胜，孙子在运筹决胜、战争准备、作战指挥、战术变化等各个方面都提出了一系列的指导原则。从很大程度上说，《孙子兵法》就是一部关于如何以弱胜强的兵法著作。这里，笔者不想过多地展开了，只举两个例证，一是孙子关于"以众击寡"的论述，一是孙子关于勇怯与"势"的论述。通过这两个例证，可以看到"势"与"任势"在转化敌强我弱过程中的作用。

　　关于"众寡"，孙子指出："故形人而我无形，则我专而敌分。我专为一，敌分为十，是以十攻其一也，则我众而敌寡。能以众击寡者，则吾之所与战者，约矣。"(《虚实》)通过伪装、佯动，分散敌人兵力，集中我方兵力，造成对当面之敌的局部优势，积小胜为大胜，从局部到全局转变敌我形势，孙子的论述何等精彩！

　　为什么得"势"则怯者勇，失"势"则勇者怯？究竟怎样"造势"？我想分析一下《九地》篇中的一段话就可以明白了。

　　凡为客之道，深入则专（专一），主人不克；掠于饶野，三军足食；谨养而勿劳，并气积力；运兵计谋，为不可测。投之无所往，死且不北。死焉不得，士人尽力。兵士甚陷则不惧，无所往则固（军心稳固），入深则拘（士气坚定），不得已则斗。是故不修（治理）而戒（慎戒），不求而得（不需强求而能尽心竭力），不约而亲（不需约束而能亲和），不令而信（不需申令而能信从）。禁祥去疑，至死无所之。

　　这就是孙子笔下的"造势"，字词之间似乎有些阴森，然而这就是战争，这就是封建地主阶级军事家的造势理论。

　　孙子认为，为了"造势"，一支进攻之军必须遵循五条原则：一要把部队投放到敌人腹心重地；二要因粮于敌；三要养精蓄锐，四要隐藏企图；

五要把部队置之"死地"。他特别强调,部队一旦处于危难境地,就可以实现"不修而戒,不求而得,不约而亲,不令而信",人人都会成为专诸、曹刿那样的勇士。

总之,有了"势",就可以转化强弱;有了"势",就可以获得战争的主动权;有了"势",就可以把可能的胜利转变为现实的胜利。

4. 示形动敌,设伏聚歼

孙子在《势》篇对运动歼敌有一段非常精辟、非常完整的表述:"故善动敌(调动敌人)者,形之(示假隐真),敌必从(跟从)之;予(以饵兵诱敌)之,敌必取(贪取)之。以利动之,以卒待之。"

此句中"以卒待之"的"卒"字,注家有不同意见,有必要略加讨论。

竹简本、曹注本、武经本均作"以本待之"。"本"指"正兵节制之师"(张预注),指"严兵以待之"(杜牧注、王晳注),都有主力或重兵集团之意。"本"与"卒"形近易误,似当作"本"。

对"卒"字的另一种解释是从训诂上考察的,认为"卒"应训为"诈",依据是《公羊传·僖公三十三年》:"诈战不日。"何休注:"诈,卒也,齐人语也。"认为"诈"与"卒"在齐语里常常混用,而孙子是齐国人,因此"以卒待之"当为"以诈待之"。

这一意见,可备一说。不过,也有值得探讨之处。《孙子兵法》中有"诈"字,《军争》云:"故兵以诈立。"即用诡诈之术取得成功。《孙子兵法》中既有"诈"字,那么以"卒"通"诈",难以成立。更何况"卒"释为主力,"以卒待之"正可译为以伏兵突然击敌。下面让我们来分析这段话的运动战思想。

关于运动战,按毛泽东的解释是:"运动战,就是正规兵团在长的战线和大的战区上面,从事于战役和战斗上的外线的速决的进攻战形式。同时,也把为了便利于执行这种进攻战而在某些必要时机执行着的所谓'运动性的防御'包括在内，并且也把起辅助作用的阵地攻击和阵地防御包括在内。"(《论持久战》)运动战的特点是优势兵力、进攻性和流动性。形成战役战斗的兵力优势是实行运动歼敌的物质基础。进攻是由劣势转为优势，由防御转为进攻，由被动转为主动的必要手段。没有固定作战线，打得赢就打，打不赢就走，是寻找战机、创造战场的重要手段。

运动战又称机动战，古已有之，只是没有后世的特别是毛泽东所论述的运动战那么完整，那么成熟。

为了更深一步地理解孙子的运动战思想，笔者想用一个具体战例加以分析。在笔者看来，最能贴近孙子这段名言的战例莫过于孙膑退兵减灶的齐魏马陵之战。通过这个战例，可以看到孙膑是如何"形之"使敌"从之"，如何"予之"使敌"取之"，如何"以利动之，以卒待之"的。

马陵之战发生在公元前341年，战役在大梁（今河南开封）与马陵（今山东郯城）之间的漫长战线上展开，是一种典型的由运动防御转入进攻（伏击聚歼）的运动战。战役发生的原因和过程是这样的：魏攻韩，韩国向齐国求救，齐国以田忌为将，孙膑为军师，起兵救韩。

齐国此次救韩伐魏有两个意图：一是解韩国之围，使魏国控制韩国的计划破产；二是乘魏军疲敝之际，寻求决战，重创魏军主力，进而取代魏国的霸主地位。孙膑根据"彼三晋之兵，素悍勇而轻齐，齐号为怯"的特点，提出"善战者因势而利导之""百里而趣（趋）利者蹶上将，五十里而趣（趋）利者军半至"的作战指导原则，与田忌等人制定了因势利导、示弱骄敌、诱敌入伏的作战方针。

齐军先是兵锋直指大梁，似乎是重演桂陵之战的故技，迫使魏军迅速回撤，解除了对韩都郑的包围。齐军第一个目的达到后，紧接着实施诱敌措施。一是以退军方向诱敌。齐军在进入魏境后不久，便掉头向东，沿丹水一线（约当今陇海铁路一线），向齐国南境撤退，这一撤军路线，绕过了齐国的西部防线，而齐国南境又是其防御的薄弱环节，这让伺机报复的庞涓感到有机可乘，有利可图，于是作出追击齐军的错误决策。二是著名的"退兵减灶"。

庞涓得到齐军减灶的情报，从而得出"我固知齐军怯，入吾地三日，士卒亡者过半矣"的错误判断，于是，留下步兵，只率少数轻车锐卒，日夜兼程，追击齐军。孙膑预先在魏军必经之地马陵山，利用山道狭窄、旁多阻隘的有利地形，设置埋伏。庞涓追至马陵，一头钻进了齐军的预伏阵地。齐军万弩齐发，魏军大败溃乱。庞涓智穷力竭，自知败局已定，便羞愧自刎。齐军乘胜追击，全歼魏军主力，俘虏了魏太子申。

（三）引论

20世纪50年代以来，由于高新技术在作战指挥上的应用，C^3I乃至C^4ISR的指挥控制系统可以把情报、侦察、指挥、控制紧密地联系起来，构成人机结合的自动化指挥。为了适应这一指挥自动化发展的趋势，就必须建立高效、灵敏的指挥体制，才能在未来信息化战争中真正做到"治众如治寡""斗众如斗寡"，从而取得胜利。

孙子关于指挥要诀的精神实质依然没有过时。孙子的指挥理论需要深化，需要发展，需要改造，这是历史发展的必然趋势。我们知道，战术是由技术决定的，当新的技术兵器还同旧的兵器同时并存时，战术与作战方式只能随之发生量的变化。

信息战争时代到来的今天，一种崭新的"空地海天一体作战"理论提出来了。"空地海天一体作战"是"空地一体作战"的延伸和发展。美军的空地一体作战，其作战方式被称为非线式作战。这是一种新的战役作战样式，其特征是攻防一体，广泛实施机动，对敌进行全纵深打击。这一作战样式当然不同于方阵，也不同于现在的呈线式梯次结构、由几个梯队从敌正面逐次突击的线式作战。从地图上看，它是标有红蓝两色的圆圈，而不是通常代表敌我双方兵力的红蓝色线条。这是因为它空地一体，机动迅速，没有固定的战线，敌我犬牙交错，态势复杂，实行"岛"式部署和委托式指挥。此种作战样式，异常灵活，分割、包围、遭遇、摆脱将频繁出现。

笔者曾与精通西方军事学的徐晓军大校联合撰写过《〈孙子兵法〉与西方当代作战理论》一文，发表于《孙子探胜》。这篇论文追溯了"空地一体作战"理论产生的渊源，并系统阐述了它与奇正理论的关系。文中指出：

美军的"空地一体作战"是当时针对苏军提出的一种作战理论，当时苏军的基本情况是，其合成部队是以坦克部队为主，其作战理论强调使用合成的装甲、炮兵和防空部队，并接连地投入后续梯队，极力利用坦克部队的突击力来实施高速度大纵深进攻。但是，以坦克为主的合成部队有严重依赖后勤保障、行动受地形限制、容易被发现和摧毁的弱点。

美国则不同，比较强调均衡地发展作战能力和发挥综合优势。美军的合成部队由机动部队、炮兵和战术空军部队组成。机动部队包括装甲兵、机械化步兵和轻型步兵，这样一支轻重搭配的力量非常适于在欧洲以及世界其他地区的各种地形上使用。美军作战理论十分注重发挥高新技术武器装备和空中力量优势，其联合作战的原则强调陆、空、海军协同作战，并规定要设置一位联合作战指挥官来计划和实施部队的统一行动。

通过对彼己的综合分析，他们发现在欧洲地区，前华约有战役纵深，北约却没有。因此，北约采取了"尽量靠前部署"的防御思想。但美军通过对西德战场上沿战斗地域前沿进行火力战的"积极防御"战术的检验，发现这种战法忽视了一个重要因素——敌军强大的后续梯队。不解决割裂敌战役布势、在与敌第一梯队交战的同时也攻击敌后续梯队的问题，西德作为北约中欧战场的第一道屏障是无法抵挡敌军的攻势的。为此，美军在

"战场发展计划"中提出了指挥官有攻击敌纵深内第二梯队的新职责,并在后来"扩大的战场"和"一体化战场"两个新概念的基础上形成了"空地一体作战"理论。该理论强调"主动、纵深、灵敏、协调"的原则,要求各级部队在攻防作战中发扬优势火力打击敌全纵深内的重要目标,以破坏敌战役布势和进攻锐势。由此可见,它确实是美军在知彼知己、知天知地的基础上为扬长避短、克敌制胜而取得的重大理论成果。

当然"空地一体作战"理论只是我们借以探求《孙子兵法》与当代作战理论之间的关系时具有代表性的一个实例,而西方军事界对《孙子兵法》在理论上的吸收却是多方面的。英国空军元帅约翰·斯莱瑟在《中国的军事箴言》一文中这样写道:"孙子的引人入胜的地方是他的思想多么惊人的'时新'——把一些词句稍加变换,他的箴言就像是昨天刚写出来的。其思想可以概括为:士气在战争中的极端重要性;在战役中精神和物质因素的相互关系;必须避免不必要的伤亡——但是要记住,在今天承受一些伤亡也许可以免去明天更大的伤亡;着重策略的灵活性及创造性地利用地势。"芬兰科协主席、国防部战略问题研究所前所长尤玛·米尔蒂宁在谈到西方"新技术决定一切"的观点时则指出:"早在两千多年前,伟大的战略家孙子就列举了决定战争胜负的一些因素,如士气、气候、地形、领导、学术等。今天的某些战略家往往只重视四个方面,一是机动性,二是火力,三是条例,四是领导。很明显,他们忽视了士气这个最重要的因素,也就是说忽视了部队的素质和他们的斗志。"(《变化中的世界》,帕翠夏、法拉主编,黄秀铭等译,华夏出版社2011年版,第353页)看来,西方高技术武器装备虽然发展较快,但一些审慎的军事理论家仍在注意吸收中国古代军事理论中的合理成分来充实和完善自己。

必须看到,"空地一体作战"也好,"空地海天一体作战"也好,都是时代的产物，是高新技术在军事上的必然反映，我们不仅不能拒绝它，相反还必须学习它、使用它。列宁曾经指出："一个军队，倘若不学会使用敌人有的或者能够有的一切武器，一切斗争手段和方法，那么谁也会承认这个军队的态度愚蠢，或甚至是一种罪行。"（《列宁文选》第2卷，人民出版社1950年版，第759页）

以敌为师，是中国的优秀传统，从"胡服骑射"到"师夷长技以制夷"，几千年来的传统从不拒绝向能人学习，哪怕他是敌人。

肯定了以敌为师的态度之后，接下来的问题是怎么学。

笔者看鲁迅有段话是有普遍指导意义的："采用外国的良规，加以发挥，使我们的作品更加丰满是一条路；择取中国的遗产，融合新机，使将来的作品别开生面也是一条路。"（《且介亭杂文·〈木刻纪程〉小引》）这就是"古为今用""洋为中用"的思想。本着这一指导思想，古代兵法中的奇正理论未尝不可以"融合新机"，创造出一条"别开生面"的路来。

笔者想，至少有两个问题是值得我们思考的。

第一，奇正理论要在继承中发展，在发展中继承。

最古老的奇正理论与最先进的作战样式，二者之间不是没有联结点的。奇正的核心是"变"。所谓"变"，有两层意思：一是时代条件变化，奇正之理要变，也就是说，要在继承中发展，在发展中继承；二是战场情况变化，奇正之术要变，也就是说，要在适应中改造，在改造中适应。

首先，时代条件变化，奇正之理也要随之变化。现代战争、未来战争由于大量使用高新技术兵器，表现为三维空间乃至五维空间（空地海天电）的立体战争。从战术上说，这种战争同过去那种井然区分前沿和纵深、前方与后方的线式平面作战迥然不同，同古代的方阵作战更是大异其趣。面对这些新变化，作为一个指挥员，特别是战役级的指挥员必须更新观念，换脑筋。长期以来，在一些人的脑子里总是把机动作战看作"奇"，把正规作战看作"正"。这种传统的看法如不改变,将是相当有害的。所谓改变就是要在我们的战术思想上确立以机动作战、大量歼敌为正,而以上甘岭式的防御战为奇的观点;树立以要点式的区域防御为正,而以前重后轻的道带式防御为奇的观点。扩而言之,要以翼侧后方作战为正,正面抗击为奇;全方位防御为正,重点防御为奇;以纵深进攻(防御)为正,前沿进攻(防御)为奇。总之,要遵常、通变,创造人民战争的新战法。

其次,战场情况变化,奇正之术也要随之变化。军事上的应变同治病一样,病万变药亦万变,一切都要根据当时的实际情况实施灵活的指挥。奇与正不是一成不变的,而是可以相互转化的,我们必须反对的是一切僵化的战术模式。在未来反侵略战争中,应根据我们当时的装备情况和军队的素质状况,确立我军的作战形式及其所应当采取的战略战术。应当承认,很可能在比较长的时间内,我军还必须坚持线式作战和非线式作战同时并存,而不可能完全采取非线式作战。毛泽东曾批评过的那种乞丐与龙王比宝的打法,应引以为鉴。一定要扬长避短,以长击短。事实上,美军虽然提出了非线式作战的理论,他们目前也并未完全做到。海湾战争和伊拉克战争证明,美军作战也不是完整意义上的非线式作战。

第二,奇正理论的借鉴意义。现在的问题是:如何借鉴奇正理论去打赢一场可能发生的高技术条件下的局部战争?我觉得要回答这个问题,不能就事论事,不能只谈战术不谈战略,不能只谈军事不谈政治。古人已经懂得奇正理论涵盖了最高层次的战略问题。《唐太宗李卫公问对》指出:"自黄帝以来,先正而后奇,先仁义而后权谲。"这就是说,正义战争是"正","师以义举者,正也",战场上运用奇谋诡诈是"奇"。我国未来的反侵略战争,正义在我,军民一致,因此人民战争的威力是不可低估、不可忽视的。我军几十年来的对内对外战争,之所以能以劣胜优、以弱胜强,人民的支持是最根本的原因。因此,我们研究未来的反侵略战争,也只应在人民战争的前提下去讨论以劣胜优、以弱胜强的作战问题。

在此前提下讨论"奇正"，我觉得有三点启示。①提高军事素质，是未来战争中运用奇正理论、灵活应变的物质基础。②提高指挥员的思辨水平，是未来遭遇战中运用奇正理论赢得作战主动权的重要条件。③打敌协调，打敌弱点，是赢得未来非线式作战中出奇制胜的重要思路。现分述如下。

首先谈军事素质问题。战争是敌对双方互争主动权的殊死斗争。而要取得主动权，部队必须政治合格、军事过硬、作风优良、纪律严明、保障有力。这样的部队就能随机应变，战术灵活、奇正多变的要求才能落到实处。让我们分析几个近期局部战争中战术呆板的例子，从反面来证明这个问题。

两伊战争中，伊朗和伊拉克都拥有现代化的武器，但是由于平时训练差，那些飞机、导弹、坦克、装甲车都未能发挥应有的作用，被西方讥为"外行人之间"的战争。外行对外行，或许能打个平手，不分胜负。如果是外行对内行，那就要吃大亏了。在我国近代史上，清朝军队也装备了不少从西洋买来的新式武器，但是清军官兵大都是"科盲"，军事素质低劣，因此，导致了战争的失败。

素质差，战术必然呆板，只会死搬教条。比如第四次中东战争中，以色列军依托戈兰高地大量击毁叙利亚军的坦克。而叙军居然依旧让数十辆、数百辆的坦克装甲车拥向戈兰高地，硬往死里送，被西方讥为"压路机战术"。究其原因，就是受苏军战术模式的影响，缺乏主动性，灵活应变能力差。以上几场局部战争中的教训，殷鉴不远，应引以为戒。

其次，谈谈遭遇战问题。

我们知道，奇正理论的要义是一个"活"字，指挥艺术的要义也是一个"活"字。毛泽东指出：灵活地使用兵力是战争指挥的中心任务，"古人所谓'运用之妙，存乎一心'，这个妙，我们叫作灵活性，这是聪明的指挥员的出产品"（《论持久战》）。

战场上，灵活用兵莫过于指挥好仓促应敌的遭遇战。而非线式作战由于高度机动、灵敏，在犬牙交错的岛式部署中独立作战，遭遇战将是家常便饭。两军遭遇，情况不清，信息不明，在极其有限的时间内必须迅速决策，这对指挥员的经验、智力将是一个严峻的考验。

遭遇战与奇正理论还有关系吗？不仅有，而且关系极大。《孙子兵法》中有这样一句话："三军之众，可使必受敌而无败者，奇正是也。"这里的"必受敌"，即一旦受到敌军攻击。意思是，部队在一旦遭到敌人攻击时不会失败，这是由于正确掌握了奇正变化之术。显然，孙子这里说的是遭遇战。扩而言之，一支军队，无论进攻、防御、遭遇或退却，只要队形不乱，指挥若定，一旦遭敌突袭，纵然不能取胜，也绝不会失败。这就是奇正的意义。

何以见得？有史为证。诸葛亮是精通奇正之术的，杜甫歌颂他："功盖三分国，名成八阵图。"诸葛亮创制八阵图是著于史册的。迄今仍有所谓水八阵、旱八阵的遗迹，是否可靠，又当别论。蜀军作战就是按八阵图布阵的。《水经注·江水》指出："八阵既成，自今行师，庶不覆败。"诸葛亮北攻曹魏多次是在遭遇战而且是在退却中突遭敌人攻击时取胜的。227年蜀军粮尽还师，魏军追击，蜀军击败郝昭追兵，阵斩魏将王双。229年诸葛亮北伐时，由于魏军统帅司马懿稳扎稳打，无隙可乘，蜀军粮尽，只得撤退。魏将张郃贸然进兵，被诸葛亮伏击，阵斩于木门。诸葛亮的战例有力地说明只要奇正相宜，即使撤退时遭敌攻击也能保其不败，甚至取胜。今天，我们已无法考证蜀军如何运用奇正，但有一点可以推测，八阵图很可能是一种适于山地作战的战斗队形和兵力部署。魏军没有掌握其布阵之法，至少没有掌握破阵之法，所以多次吃亏。后来诸葛亮病死五丈原，蜀军退兵。

魏军不敢追击。司马懿踏勘蜀军留下的阵地，十分赞赏诸葛亮的屯营布阵之法。

再举一个遭遇战的例子。官渡之战中，曹操率军袭击袁绍驻扎在乌巢的淳于琼军。乌巢是袁军粮秣所在，关系重大。袁绍派骑兵火速救援。曹操与袁绍骑兵遭遇。这时曹操左右有人建议，赶快分兵御敌，以便保证主力遂行袭击乌巢的任务。曹操闻听大怒，说："敌人到了身后再报告。"不同意分兵御敌，而将全部人马用于攻打淳于琼，终于歼灭了袁军，烧毁了敌粮，赢得了胜利。

岳飞是善于打遭遇战的。一次，他率领一百多名骑兵在滑县训练时同敌人遭遇。岳飞对大家说：敌众我寡，兵力悬殊。但从敌人迹象判断他们尚不知我们的虚实，应乘敌立足未稳、狐疑不决时先发制人。接着，他身先士卒，杀入敌阵，打败了敌人。

打赢遭遇战至少要有两个条件。一是部队素质好，有战斗力。岳飞以少胜多，打赢滑县之仗，表现出岳家军的威力。二是指挥员的准确判断，灵活应变，指挥正确。学习和掌握奇正理论，必须了解其思维方法。过去的人懂得这一方法可以指挥面式、线式作战打胜仗，今天的人懂得这一方法可以指挥线式与非线式作战打胜仗。

从上述乌巢劫粮的战例可以看出，曹操临机决断的能力相当高超，因此前人称他智计殊绝于人，"策得辄行，应变无穷"（《三国志·魏书·郭嘉传》注引《傅子》）。曹操之所以具备这种能力，得益于他具有丰富的作战经验和直觉判断的灵感。特别是遭遇战，信息不足，情况紧急，不容许按正常的程序，搜集情报，推理判断。指挥员只能采取非逻辑的思维方法，把自己对当前复杂情况的理解和对策在一刹那间作出判断。这种顿悟式的思维能力，在今天乃至未来瞬息万变的战场上显得格外重要。为了赢得非战式作战的胜利，我军必须提高机动灵活的作战能力，特别是战役指挥员要提高临机决断的能力，以处置像遭遇战之类突发、多变、复杂的情况。

最后谈谈打敌协调的问题。

非线式作战有八个字是核心，即主动、纵深、灵敏、协调。这八个字是以高技术为前提条件提出来的。同敌作战，使其不能实现这八个字就意味着稳操胜券。这八字四条，我们都可以做文章，可以同敌争主动，赛灵敏，也可以同敌人在纵深争高低。但是，我在这里要着重谈谈"协调"这两个字。"协调"问题是非线式作战的咽喉，既是要害之处又是薄弱之点。

孙子有句名言："备前则后寡，备后则前寡，备左则右寡，备右则左寡。无所不备，则无所不寡。"这个观点是符合辩证法的。天地之间任何事物都是可以分析的，都是相比较而存在的。现在西方军事界奢谈全方位作战，空地海天全方位，似乎是铁板一块，没有弱点。孙子说得好，"无所不备则无所不寡"。全方位的非线式作战，并非无懈可击。现在让我们来分析一下为什么要提出打敌协调。

奇正理论中有一个观点就与部队的集中与分散这一协同问题紧密相关，孙子称之为"以分合为变"。这句话从现代战争角度来理解，就是要求部队在同拥有高技术之敌作战时必须迅速地、隐蔽地从不同方向集中，给敌以突然猛烈的打击；一旦战机消失，就应迅速地、隐蔽地疏散。分合变化，对于攻守都是必须做到的。部队在战场上能分能合，善分善合，这本身就是一种协调。战场上部队需要协调，自古而然。人们熟知的商周牧野之战，史书明确记载武王为了保持周军严整的阵势，部队每前进六七步就要停止取齐；每击刺四五次或六七次，也要停止取齐。这就是协调。方阵要协调，面阵、立阵乃至体现高技术的立体阵更要协调，也更难协调。海湾战争中，美军被己方火力误伤的事时有发生，一次空军发射的一枚导弹击中了自己的一辆步兵战斗车，死9人，伤2人。多国部队在海湾战场共有28个国家的70余万军队、3000余架飞机、4000余辆坦克、247艘舰船，如此众多而庞杂的兵力完全是依靠庞大的C³I系统进行指挥协调的。这一指挥系统有潜在的弊端。美国海湾战争最后报告承认："所有现代化的工业大国与军事大国都有某些共同弱点。科学技术的进步既使它们强大同时也是它们的弱点所在，它们有许多脆弱的高技术设备与设施，如依赖计算机的C³I系统，网络化的防空系统与机场，易于被确定位置的能源基地等。当其关节点被摧毁时，这类系统就会立即失灵，并可能造成灾难性的后果。"由此可见，如果对敌采取"信息压制"政策，瓦解其"精确打击体系"，那么，敌人非线式作战的"协调"便不能实现。失去协调、陷于瘫痪的部队，也就谈不上"主动、纵深、灵敏、协调"。这就是《孙膑兵法·奇正》中所说的"一节痛，百节不用""前败而后不用"，使敌人由局部瘫痪变为总体瘫痪。

更要看到，我军进行的是保卫领土完整、捍卫主权的反侵略战争，而敌人是远离本土的侵略军，在这种情况下，敌人的指挥、控制、协调，问题很多。当战争真是打到彼此犬牙交错的状态时，以英勇顽强、独立作战而闻名中外的中国人民解放军就有了大显身手的时机，就会出现孙子所说的："所谓古之善用兵者，能使敌人前后不相及，众寡不相恃，贵贱不相救，上下不相收，卒离而不集，兵合而不齐。"这段话译成白话就是说：古时善于指挥作战的人，能使敌人前后部队不相策应，主力和小部队不相依靠，官兵不相救，上下建制失去联系，士卒溃散难以集中，对阵交战阵形不整齐。这是孙子关于打敌协调的描述，虽是讲的方阵时代作战的状况，拿来描写非线式战场也不过时。

总之，对待信息化战争还是那句老话，战略上藐视，战术上重视。从历史的长河看，今天我们在军事技术上落后于西方发达国家，但这是暂时的，后来居上，你追我赶，各领风骚数百年，这乃是一条普遍规律。为了我军的现代化建设，我们要抓住机遇，迎接挑战，迎头赶上世界先进水平。

《虚实》篇新说

（一）题解

《虚实》，顾名思义，论述的是虚弱与坚实，二者相反相成。反映在军事上，虚实是指军事力量的强弱和态势上的优劣。一般而言，无者为虚，有者为实；空者为虚，坚者为实。表现在军情上，大凡怯、弱、乱、饥、劳、寡、不虞……为虚，勇、强、治、饱、逸、众、有备……为实。诸如此类的"虚实"，无论是在力量上还是在部署上、军情上、态势上、素质上、地形上、管理上……都表现为一种主动或被动的状态。

（二）篇解

孙子在本篇提出了一个著名的论断——"致人而不致于人"，调动敌人而不被敌人所调动。这是对战争中主动权的精彩表述。主动权是军队的自由权，行动自由是军队的命脉，孙子在《虚实》篇中从六个方面全面而深刻地论述了如何争取主动权问题。对这六个问题，笔者将顺其文脉逐一加以分析。

1. **力争先机、夺占要地就能争得主动**

孙子开宗明义就指出："凡先处战地而待敌者佚，后处战地而趋战（仓促应战）者劳。""佚"通"逸"。"逸"，即休整得好，部队士气饱满，就是"实"，就是主动，就是有利地位；"劳"就是"虚"，就是被动，就是不利地位。

任何战争都是在一定的空间内进行的，而一定空间（战区）的地理特点影响着军队的作战形式与战术的运用。因此，巧妙地选择和利用有利于己、不利于敌的地理环境直接关系到主动地位的取得。秦赵阏与（今山西和顺县）之战就生动地说明了这一点。

公元前270年，秦国进犯赵国的阏与，将军赵奢率军西拒秦军。赵奢为了隐蔽企图，假装怯战，远距阏与筑垒自守，麻痹秦将。驻屯28天后，赵奢见秦军中计，时机成熟，便突然行动，强行军二日一夜，进抵阏与。为了获得有利的主动地位，派军万人抢占北山制高点，从而居高临下，击败秦军。

除了在未战之前要"先处战地而待敌"之外，还要做到先敌准备、先敌休整、先敌部署，这样才能处于有利地位。孙子说："能使敌人自至者，利之也；能使敌人不得至者，害之也。故敌佚能劳之，饱能饥之，安能动之。"

这段话是什么意思呢？它是说，能使敌人自动进至我预定地域的，是用小利引诱的结果；能使敌人不能进入我防区范围的，是制造困难阻止的结果。"害"就是制造困难的意思。敌人休整得好，就要使它疲劳；敌人粮食充足，就要使它饥饿；敌人驻扎安稳，就要使它移动。孙子认为，对于防御之敌可以使它由安逸变疲劳，由饱食变饥饿，由安处变奔命。

2. 攻其不守、守其必攻就能争得主动

"虚实"在攻守作战中的运用，应当是攻其所不守，守其所必攻。笔者在《银雀惊世》一节中曾指出，在《虚实》篇的文字上，竹书与传世本有一个重要的区别："故敌佚能劳之，饱能饥之，安能动之。出其所不趋，趋其所不意。"这是传本的文句，而竹书的文句却是"故敌佚能劳之，饱能饥之，安能动之者，出于其所必趋也"。

两相对照，可以看出，它们有如下区别。从语法结构上看，竹书中是一个表示因果关系的句子，句中"出于其所必趋也"是"敌佚能劳之，饱能饥之，安能动之者"的原因，而传世本则把原句的因果关系变为了并列关系，"出其所不趋"不是"敌佚能劳之，饱能饥之，安能动之"的原因，

而是与之并立的一种情况，同时，原来的一个句子也变成了两个句子。从文意上看，出兵向敌人必然往救的地方，正是调动敌人的方法。如果按传世本所说，出兵向敌人不去救援的地方，那么在军事上有什么意义呢？可见，后人把"出于其所必趋"的"必"易为"不"，显系臆改。"出于其所必趋"就是"攻其必救"的意思，"必"绝不能改为意义与之截然相反的"不"。这不仅从文意本身可以判明，而且曹操的注文也是一个很好的旁证。曹注说："使敌不得不相往而救之也。""攻其所必爱，出其所必趋，则使敌不得不相救也。"可见，他所见的版本也是"必趋"而非"不趋"。

纠正传世本的错误，是为了深入理解《孙子兵法》的本义。在孙子看来，用什么办法才能使敌人由逸变劳、由饱变饥、由安变动呢？办法就是"出于其所必趋也"。用什么办法才能够"行千里而不劳"呢？办法就是"行于无人之地也"。用什么办法才能"攻而必取"呢？办法就是"攻其所不守也"。用什么办法才能"进而不可御"呢？办法就是"冲其虚也"。用什么办法才能够达到"故我欲战，敌虽高垒深沟，不得不与我战"呢？办法就是"攻其所必救也"。在进攻作战中，无论是调动敌人还是行军开进，无论是作战方向的选择还是攻击目标的择定，孙子这一系列表述无非是一个基本意思——击虚。上面引文中的"出于其所必趋""行于无人之地""攻其所不守""冲其虚""攻其所必救"，都是"避实击虚"这一原则在不同情况下的具体运用和不同表述。由此可见，"避实击虚"既可以是一个战术问题，也可以是一个战略问题，其实质就是正确选定主要作战方向和打击目标。孙子对于进攻作战的主要方向十分重视。他有这样一句名言："故为兵之事，在于顺详敌之意，并敌一向，千里杀将，是谓巧能成事。"（《九地》）用今天的话来说，就是集中优势兵力，以敌人既是要害而又虚弱之处为战略进攻的主要方向。这是一个很了不起的战略见解。我们知道，法国近代著名军事家约米尼说过："一定要打击在最具有决定性的方向上面。"（《战争艺术》）斯大林也这样说过，正确地选定战略主攻方向就能"预先决定整个战争十分之九的命运"（《斯大林军事文集》，战士出版社1981年版，第105页）。孙子的表述固然未能如此醒豁，但我们不要忘记孙武比他们早了两千多年。

当然，"避实击虚"绝不意味着逢虚就击，见实就避。这是因为，一则，交战双方无不竭力隐蔽企图，巧饰伪装，虚虚实实，真真假假，因而"难知如阴"；再则，虚与实又相反相成，虚可变实，实可变虚。孙子说过："途有所不由，军有所不击，城有所不攻，地有所不争。"从虚实角度来理解，这几个"有所"就是：途虽可由而不由，军虽可击而不击，城虽可攻而不攻，地虽可争而不争。那么，由何途、击何军、攻何城、争何地呢？孙子的主张是："夺其所爱。"（《九地》）他在阐述战略进攻、突然袭击时强调"敌人开阖，必亟入之，先其所爱，微与之期"（《九地》）。什么是孙子所说的"爱"呢？曹操解释为"夺其所恃之利"。用今天的话来说，就是打击对全局有震撼作用的局部，也就是所谓抓住主要矛盾和矛盾的主要方面。在战场上，这种关键的局部一般是营阵中的指挥部、部署上的接合部、态势上的突出部。在军情上，或孤军深入，或地形不利，或孤立无援，或弹尽粮绝，或翼侧暴露，或立足未稳，或昼惰暮归，或仓皇无备……诸如此类都是敌之所"爱"，也都是可击之"虚"。攻击敌人此类之"虚"，既省兵力，又省时间，用力少而收功多。所以，"避实击虚"是"胜于易胜""胜已败者"的具体体现，是孙子全胜思想在"伐兵"中的延续。

必须看到，在战争中要实现"避实击虚"的原则绝不是轻而易举的。孙子说得好："故策之而知得失之计，作之而知动静之理，形之而知死生之地，角之而知有余不足之处。"（《虚实》）只有正确地掌握敌人的活动规律，多方面地采取"示形"之法，广泛地实施战场机动，才能使我方由虚变实，敌人由实变虚，然后集中优势兵力，乘敌之隙，以石击卵，攻瑕击虚弱，战而胜之。

战争的铁则是强胜弱败，实胜虚败，因而避实击虚就成为制胜的要诀。从《孙子兵法》之后，兵家与兵书不断地探讨它、掌握它、运用它。这里，略举几则有典型意义的论述，从中可以看出后人对孙子这一思想的继承和发展。

《管子·制分》的论述是相当精彩的，说："凡用兵者，攻坚则韧，乘瑕则神。攻坚则瑕者坚，乘瑕则坚者瑕。"意思是说，打强点就会碰钉子，打弱点就会显神功。硬打强点，则弱点变为强点；巧攻弱点，则强点也会变为弱点。《管子》寥寥数语，说得深刻而又辩证。

《孙膑兵法》有一篇《威王问》是耐人寻味的。齐威王就是那个公开宣布谁能当面指出他的缺点过失就给谁重奖的豁达大度的君主，一位革新进步的君主。当时，面对魏国的威胁，为了齐国的安全和利益，齐威王和主将田忌急于知道克敌制胜的要诀究竟是什么。田忌身为齐国最高军事长官，军事见解自然绝非等闲。他向孙膑提出了一连串战术问题并得到满意的回答之后，单刀直入地就治军作战的核心是什么连续发问。他问孙膑：信赏明罚是用兵的核心吗？被孙膑否定。他问：机断灵活指挥、创造有利作战态势、巧施计谋、诡诈多变这些是用兵的核心吗？也被孙膑否定。当时田忌自认为所说的"赏、罚、权、势、谋、诈"就是用兵的关键和要诀，结果都被孙膑当着威王的面否定了，丢了面子，于是"忿然作色"。这时，孙膑告诉他，用兵的奥妙是四个字："必攻不守"，也就是必须进攻敌人既是要害而又守备薄弱的地方。孙膑在指导齐魏桂陵之战时又表述为"批亢捣虚"。"亢"通"吭"，喉咙，喻指要害。在《十问》篇中，孙膑更是做了进一步的发挥："攻其所必救，使离其固，以揲其虑，施伏设援，击其移庶。"大意是：进攻敌人必然救援的地方，迫使它脱离坚固的阵地，判明敌人的作战企图，设置伏兵和援军，乘敌在运动中将其消灭。

3. 我专敌分、兵力优势就能争得主动

战争是在主观指导下的客观物质力量的竞赛，力量的大小强弱是制胜的前提。《管子·枢言》指出："众胜寡，疾胜徐，勇胜怯，智胜愚，善胜恶，有义胜无义，有天道胜无天道。凡此七胜者贵众，用之终身者众矣。"多战胜少，快战胜慢，勇敢战胜怯懦，智慧战胜愚蠢，善良战胜邪恶，正义战胜非正义，占天时战胜不占天时。这句话中要紧的是强调这七种优胜条件都应完全具备，即战争力量诸因素的综合对比都应高居于敌人之上。如果哪位鲁莽灭裂的将军想以卵击石，那么结果将如孙子所说"小敌之（若）坚，大敌之（则）擒"，意思是力量小的军队如果固执硬拼，必为强大之军所擒获。

我们说强胜弱败、优胜劣败是战争普遍规律，只是说强大的一方具备了胜利的可能性，但还不是现实性。对这个问题，孙膑的回答最为精辟。他问道："众者胜乎？则投算而战耳。富者胜乎？则量粟而战耳。兵利甲坚者胜乎？则胜易知也。故富未居安也，贫未居危也，众未居胜也，少（未居败也）。以决胜败安危者，道也。"意思是说，如果军队众多就决定胜负，物资富足就决定胜负，装备精良就决定胜负，那么数数筹码，算算粮秣就行了，判断胜负也就太容易了。其实不然，"以决胜败安危者，道也"，决定胜负更为重要的还要看作战过程中的主观指导是否正确。

《孙子兵法》的可贵之处在于它并不形而上学地看待这个优胜劣败的问题，认为弱者也可以争取主动，办法就是"形人而我无形"，通过示形诱敌的方法改变敌我力量对比，"我专（兵力集中）而敌分（分兵分散）"从而形成局部的优势对敌劣势，"我众而敌寡"。

萨尔浒之战中，努尔哈赤"任尔几路来，我只一路去"的作战指导就成功地体现了各个击破取胜的战法。

当时，明朝军队采取分进合击的战略，但是明军各部快慢不一，未能

很好地协同。明马林军从开原出发时，叶赫军尚未行动；李如柏军虽由清河堡出发，但行动迟缓；刘綎军正由宽甸向北开进；只有杜松轻率冒进，已进至萨尔浒（今辽宁抚顺东大伙房水库附近）。

杜松分兵为二，以主力驻萨尔浒附近，自率万人进攻吉林崖。当时吉林崖只有数百名后金军防守，但地势险要，明军未能攻下。努尔哈赤看到杜松孤军深入，兵力分散，进攻吉林崖又遭挫折，便率兵沿苏子河西进。先派兵千人，接着又以大贝勒、四贝勒率二旗兵增援吉林崖，而他本人则率领六旗兵约四万五千人进攻萨尔浒的杜松军。努尔哈赤乘着大雾，越过堑壕，拔掉栅寨，攻入杜军营垒，杜军主力被击溃，伤亡甚众。后金驻吉林崖的守军在援军的配合下，又打败了进攻吉林崖的明军，杜松阵亡。明军中路主力被歼，南北两路形孤势单，处境不利。

马林军进至尚间崖（在萨尔浒东北），得知杜松军战败，不敢前进，将军队分驻三处就地防御。

努尔哈赤在歼灭杜松军后，即将八旗主力转锋北上，迎击马林军。后金以骑兵一部迂回马林军阵后，两面夹攻，大败马林军，夺占尚间崖。北路明军也大部被歼。

刘綎所率的南路军因山路崎岖，行动困难，未能按期进至赫图阿拉。因不知中路、北路已经失利，仍按原定计划向北开进。

努尔哈赤击败马林军后，立即转移兵力南下，迎击刘綎军。努尔哈赤为全歼刘綎军，乃采取诱其速进，设伏聚歼的打法，事先以主力在阿布达里岗（赫图阿拉南）布置埋伏，另以少数士卒冒充明军，穿着明军衣甲，打着明军旗帜，持着杜松令箭，诈称杜松军已迫近赫图阿拉，要刘綎速进，以诱其入伏。刘綎信以为真，立即下令轻装急进。因道路狭窄，刘綎亲率一部先期行动。三月五日刘綎军进至阿布达里岗时，遭到伏击，兵败身死。

后金军在五天之内，连破三路明军，歼灭明军约五万人，缴获大量军用物资。萨尔浒之战，是明与后金争夺辽东的关键性一战。后金军此战的胜利，不但使其政权更趋巩固，而且从此夺取了辽东战场的主动权。

毛泽东创造性地发展了以弱胜强的理论，他在《论持久战》中明确指出："中外历史上这类事情是多得很的。中国如晋楚城濮之战，楚汉成皋之战，韩信破赵之战，新汉昆阳之战，袁曹官渡之战，吴魏赤壁之战，吴蜀夷陵之战，秦晋淝水之战等等，外国如拿破仑的多数战役，十月革命后的苏联内战，都是以少击众，以劣势对优势而获胜。都是先以自己局部的优势和主动，向着敌人局部的劣势和被动，一战而胜，再及其余，各个击破，全局因而转成了优势，转成了主动。"这段话值得我们认真体会，仔细分析。要看到弱小的一方之所以获胜，客观条件是具有"局部的优势和主动"，主观条件是积极地、能动地"向着敌人局部的劣势和被动"。在这个"局部"，弱小一方是强者，是优势。弱要胜强要有时间，要有过程，以求逐渐地由量变到质变，实现总体上的强弱易势。所以毛泽东明确指出"一战而胜，再及其余，各个击破，全局因而转成了优势，转成了主动"，真是精辟之论。毛泽东本人就是最善于以弱胜强、以劣胜优的伟大军事家。日本关野英夫说"自古以来，优胜劣败是兵家不变的常理"，但毛泽东"把'优胜劣败'的规律彻底推翻了，这就是毛泽东兵法的特色"。

4. 知战之地、知战之日就能争得主动

"知战之地"与"知战之日"是指预知战地和预知战日，是关乎战争胜败的时空问题。

为什么预先知道什么时候开战、什么地点开战就能争得主动呢？因为你有了准备。愈是早一点预知战日，详一点预知战地，就愈有充分的准备，愈有完善的筹策，愈有优势的兵力，也就愈有胜利的把握。

1206年南宋武义大夫毕再遇攻取泗州（今江苏盱眙）的战例可以让我们由小见大。当时，泗州有东西两座城，地势险要，金军获悉宋军来攻，便

预先关闭城门，据险以待。毕再遇察知金军已预测到宋军抵达泗州的消息后，立即改变计划，命令部队昼夜兼程，比原定计划提前一天进抵泗州。金军不意宋军提前到达，十分惊恐，仓促部署防御。毕再遇则利用先机之利，针对金军分守东西两城而西强东弱的部署，以一部兵力佯攻西城，诱使金军急往西城增兵，他自己则亲率主力向东城迂回，突然发起攻击，攻占东城，旋即转攻西城，取得了胜利。

泗州之战不过是一个古代的战术层面的史例。应该看到，如果在战争指导上不能预知战日、战地，其所丧失的主动地位就会影响全局。最显著的史例就是，第二次世界大战时苏联在战争初期未能"预知战日"，一度丧失主动，损失惨重。

未来战争，战场空间不仅从陆、海、空三维空间扩大到外层空间，而且出现了第五维战场——信息空间；作战时间则呈现出短促疾速的特征，攻城略地，相持数年的战争已成为远去的历史。然而，孙子所告诫的知战之日、知战之地仍然有其重要的启示意义。

5. "战胜不复""应形无穷"就能争得主动

孙子关于"战胜不复""应形无穷"的思想十分精辟、十分重要，但是他这一段论述很不好懂，需要做一点疏通文字的工作。

原文是："故策之而知得失之计，作之而知动静之理，形之而知死生之地，角之而知有余不足之处。"孙子讲的"策之""作之""形之""角之"，都是战前获取敌情的战术行动。"策"是筹策、策度，作出对敌情的判断。"作"是动作。什么动作呢？凡是能挑动、激动、触动敌人，使其暴露行动规律的战术动作都包括在内。"形"是"示形"，我以伪形诱敌暴露真形——生地、死地，即敌人所占地形的有利不利。"角"是较量，此指以其小部队进行试探性进攻，使敌暴露兵力部署的虚实状况。吴蜀夷陵之战中，陆逊先行试攻蜀军一营就是"角之而知有余不足之处"的典型史例。

在《孙子兵法》中，"形"是比较难懂的概念之一。"形"字共出现34次，它在不同的语境有不同的含义，唯有本篇中这14个"形"既很抽象又词义相近，必须仔细辨识。

其所以难以辨识，主要是相对于白话翻译而言，相对于今天的军语而言。古文常有一词多义的现象。《孙子兵法》中这个"形"要找到与其大体相符的不同的现代军语是辨识的关键。

《孙子兵法》的白话译文出版了不少，对"形"在战术层次的含义有些不同的理解，使用了不同的军语搭配。例如，"人皆知我所以胜之形，而莫知吾所以制胜之形"一语，有的著作将"形"译为"作战样式"或"作战方法"，有的译作"战术"或"战法"，哪种译法是正确的呢？我认为译作"战术"是正确的。

为什么译为"作战样式"或"作战方式"不确切呢？因为所谓"作战样式"，就是进攻作战和防御作战两大类。进攻作战可以是野战进攻作战，也可以是对阵地防御之敌的进攻作战。防御作战可以是野战防御作战，也可以是阵地防御作战，或仓促防御作战，或运动防御作战。

然而，孙子在这里讲的"形"是"应形于无穷"，千变万化的，他论述的显然不是"作战方式""作战样式"，而是"战术"。所谓"战术"，就是根据战场的具体情况，灵活机动地选取不同的打击形式，诸如迂回、包围、奇袭、侧击、突破、强攻等。

还要注意的是，伪装、欺骗、佯动等隐蔽企图的行动也属于战术的题中之义。因此，孙子讲"形兵之极，至于无形"，伪装的最高境界是看不到伪装，真正达到以假乱真的地步。由于这种以假乱真，"形人而我无形"，让敌人暴露真形而我毫不暴露，我知敌洞若观火，敌知我如盲如聋。有了如此措置裕如的主动权，取胜之后，"人皆知我所以胜之形，而莫知吾所以制胜之形"，人们都知道我取胜的战术，但是却不知我是怎样运用这些战术取胜的。孙子说"战胜不复"，就是每次战胜都不重复老一套战术，而是根据不同的情况，变化无穷。

历史上被誉为"临敌应变，出奇无穷"（《资治通鉴》卷220）的唐朝名将张巡值得一提，他防守睢阳的作战是一个把主动性发挥到了极致的战例。

756年张巡奉命防守睢阳，阻止安禄山叛军的进攻，经过十个月之久的战斗，"前后大小战凡四百余，杀贼众十二万人"（同上），虽然最后城破失守，但它有力地保障了唐朝政府江淮地区粮运和财赋供应的安全，并为唐王朝组织反攻赢得了时间。

睢阳之战是城市防御作战，形式上是被动的，但在张巡的指挥下，不是消极防御而是积极防御，无数次的主动出击，或烧其云梯，或毁其钩车。即使守城，张巡也有计划、有准备地把浇灌油脂的草束点燃后掷向攻城的敌军，战果显著。张巡还十分巧妙地采取各种伪装欺骗手法迷惑敌军。例如用草人引诱敌人放箭，得箭十余万支，演绎了一出真实的草人"借"箭。总之，张巡"行兵不依古法教战阵"。他自己也曾指出："今与胡虏战，云合鸟散，变态不恒，数步之间，势有同异。临机应猝，在于呼吸之间；而动询大将，事不相及，非知兵之变者也。故吾使兵识将意，将识士情，投之而往，如手之使指。兵将相习，人自为战，不亦可乎！"（同上）

6. 避实击虚、因敌制胜就能争得主动

本篇最后一段是对全篇的总结，也是对制胜规律的科学揭示。唐太宗李世民对"虚实"的评价尤其值得引起我们的注意，他说："朕观诸兵书无出孙武，孙武十三篇无出《虚实》。夫用兵识虚实之势则无不胜焉。"（《唐太宗李卫公问对》）在唐太宗看来，战场上如能洞察敌我"虚实"的情势，就可以做到战无不胜。然而战场上的"虚实"并不容易识别。

"虚实"有静态与动态之别。静态的"虚实"，虽不说一目了然，但是通过"相敌"（战场观察）、"用间"以及战斗侦察等手段，还是比较容易弄

清的。也就是说，如果"虚实"只是一种静态现象，那么无论是冷兵器时代还是当今的信息战时代，它都不是一个难以解决的问题。

"虚实"之所以成为军事家密切关注的问题，最重要的原因是就其动态状况而言。什么是动态的虚实？用最通俗、最简单的语言来回答，就是虚虚实实、真真假假。

比如，"能而示之不能"（《计》），"能"是实，是真，是静态；"不能"是虚，是假，是动态。这里，真实的"能"变成虚假的"不能"，靠的是"示形"——伪装和佯动。

静态的"虚实"与动态的"虚实"，都是所谓"战争的迷雾"。但是，两者相比，动态的虚实更难侦察，更难认识，更难判断。孙子之所以把"避实击虚"与"因敌制胜"放在一起论述，是因为它们二者是相辅相成的。虚实变换必须靠灵活性来实现，灵活用兵又必须以察敌虚实为前提。战争中，只有察明敌之虚实才能正确地定下决心，然后根据敌情采取相应的战略战术。所以，孙子讲"因敌变化而取胜者，谓之神"，这是关于灵活性的最好的表述。《登坛必究·百战》说得好："若必欲循法而后战，何异按谱而对弈。谱不可以尽弈之变，法不可以尽战之奇。善出奇者，无穷如天地，奈之何泥法为也！"

总之，审时度势，察机在目，敌变我变，因敌制胜便是取胜的要诀。普鲁士将军、被列宁誉为"军事史问题的伟大作家"的克劳塞维茨曾经指出："对于统帅来说，正确而准确的眼力比诡计更为重要，更为有用。"（《战争论》第1卷，解放军出版社1980年版，第289页）一个指挥员如能在战争中修炼到这种境界，那么就能达到孙子所说的用兵如神的地步了。在战史上，毛泽东无疑是用兵如神的典范，我们不能不提到红军长征中的四渡赤水战役。

四渡赤水是毛泽东的得意之笔，充分体现了机动灵活的战略战术。此小平回忆说那种和敌军兜圈子、打奇袭的运动战方式，好比"猫捉老鼠，老鼠捉猫"（毛毛：《我的父亲邓小平》，中央文献出版社1993年版）。1935年1月，红军一渡赤水，准备渡过长江北上四川。蒋介石调集重兵封锁长江，并对红军形成战略包围。毛泽东当机立断，命令部队西进云南扎西地区，甩掉了敌人，让蒋介石希望落空。

蒋介石发觉红军远走，急忙调兵遣将，调整部署，尾追不舍。毛泽东乘贵州空虚，出其不意地二渡赤水，夺取娄山关，再占遵义，先后歼灭和击溃敌人2个师又8个团，再次把蒋介石的重兵远远甩在后面。蒋介石两次扑空，损兵折将，于是亲自坐镇重庆，妄图围歼红军于遵义地区。此时，毛泽东指挥红军故意在遵义地区徘徊寻敌，诱敌重兵前来围攻。蒋介石以为聚歼红军时机已到，命令各路人马火速进逼遵义。此时毛泽东率领红军三渡赤水，第三次把敌人甩掉。

红军摆出一副准备北渡长江入川的态势。蒋介石第三次扑空，已很恼怒，又见红军将要入川，急忙调集大军堵截，企图转歼红军于川南贵北。毛泽东见敌上钩，突然指挥红军四渡赤水，南逼守备空虚的贵阳，故意作出攻占贵阳的架势，而真正意图是调出驻守云南的滇军，以便我军西进云南，北渡金沙。当时蒋介石坐镇贵阳，突闻"飞将军自重霄入"，惊恐万状，急调滇军来贵州"保驾"。待到滇军东进贵州时，红军已远走高飞到达云南，踏上了新的征途了。

四渡赤水的意义就在于反败为胜，死里逃生。在错误路线指挥下，红军连战连败，损失严重，是毛泽东力挽狂澜，拯救了红军。红军的处境犹如一条池中之鱼，大网从四面撒来，眼看网正提起，鱼已在网中。此时蒋介石亲临贵阳，准备收网。就在这万分危急的时刻，这条池中之鱼东游西动，竟从那无数的大网之中脱身而出，大摇大摆地游向江河湖海。这不是运气的胜利而是战争规律的胜利，因为毛泽东掌握了战争的庖丁解牛的规律，所以多少难题都得以迎刃而解；这不是神助而是人助，是毛泽东和他的红军将士能动性的天才发挥。

（三）引论

唐太宗强调"识虚实之势"（《唐太宗李卫公问对》）很有见地，这跟下棋一样，要谋势不谋子。我们把"虚实之势"放在国家战略的高度来认识，这个"虚实之势"就是长远的"势"、全局的"势"。正如古人讲的："自古不谋万世者，不足谋一时；不谋全局者，不足谋一域"（《瘖言·迁都建藩议》卷二）。而要做到这一点，就要全局在胸，放眼未来，慎重决策。尤其是国家战略，更须慎之又慎。"失谋而败，国之危也，慎谋乃保国"（《管子·问》）。

在当今世界这个"大棋局"下，不能不看到，一超独强的美国借"反恐"之名，成功地实现了多年梦寐以求的入驻中东、进军中亚的战略布势，再加之它对马六甲战略海道的控制，严重地威胁着我能源战略的安全。面对这种安全形势，更要做到古人讲的"必先定谋虑，便地形，利权称（创造有利的形势），亲与国（搞好与邻国关系），视时而动，王者之术也"（《管子·霸言》）。

《军争》篇新说

（一）题解

《军争》讲的是什么？是行军。后面第九篇名曰《行军》，但"行"字读"háng"，不读"xíng"，也不是论述行军问题。

行军，军队进行的有组织的移动，是军队机动的基本方法。一支军队具备了快速持久的行军力，就能在攻、防、遭、追、退等各种作战样式中分合变化，措置裕如，夺取胜利。孙子在《军争》篇中论述的正是军队在行军和接敌运动中争夺先机之利的问题。

（二）篇解

孙子在本篇关于行军问题的论述，可以概括为"一纲五目"，兹分述如下。

我们首先讨论"一纲"，也就是第一段文字。孙子在这里提出了一个很重要的命题："军争之难者，以迂为直，以患为利。故迂其途，而诱之以利，后人发，先人至，此知迂直之计者也。"

我们可以通过一个战例来诠释这句话的含义。三国时期的孙策大家都比较熟悉，他是吴主孙权的哥哥，虽然二十六岁就死了，但是却为后来孙权创建吴国作出了重大贡献。孙策用兵猛锐神速。196年，孙策率领军队从钱塘（今浙江杭州附近）出发，渡过钱塘江，向会稽太守王朗驻守的固陵城（今浙江省杭州市萧山区）发起进攻。王朗凭借坚固工事进行防御，孙策从水上连续数次发动进攻都没有得手。孙策的叔叔孙静建议从固陵南面的查渎绕道袭击王朗的后方。孙策认为这是一个"以迂为直，以患为利"的好方案，立即采纳。为了保证方案的实施，孙策传令军中说："最近连日下雨，江水浑浊，士兵饮用后很多人生病，马上去采办数百口水缸来澄水。"晚上，孙策叫人往缸里倒上油，点起火来佯装部队主力仍然在固陵城的正面，就这样骗过了王朗。孙策暗中分兵绕道查渎，从侧后进行袭击。当王朗迎击时，孙策早已张网以待，毁灭性地打击了敌人，最后王朗战败投降。

"后人发，先人至"这个用语在战国两汉被荀子、班固等人借用了。孙子不愧是先知先觉，他不仅提出了这个命题，而且阐述并回答了这个军事上十分重要的问题。

春秋末年由于时代的更替、战争的发展，行军作战已不仅限于平原旷野，而扩大到了山林、险阻、沮泽，这就给军队的行军增加了很大的难度。

正是在这个前提下，孙子郑重地告诫将帅"军争"难、"军争"危，但是又必须去争夺这先机制敌之权，因为"军争利"。这种"后人发，先人至"的快速行军，到战国时已被称为"用兵之要术"（《荀子·议兵》引临武君语），而且这种特点又是先秦"兵形势家"的本质特征之一，所谓"雷动风举，后发而先至。离合背向，变化无常，以轻疾制敌者也"（《汉书·艺文志·兵书略》）。

在班固的《汉书》中，《孙子兵法》被列入"兵权谋家"，当然是对的。值得注意的是，班固又告诉我们，兵权谋"兼形势"，包含了"兵形势家"的特点。《孙子兵法》中的"兵形势"的特点，在《军争》篇中得到了充分的反映。

那么，如何才能实现"后发先至"呢？从《孙子兵法》中至少可以看到两点。一方面是要打造"选锋"，"兵无选锋则北"（《地形》），培养和造就快速反应部队。这种部队体能强、武艺好，如春秋时吴国的"利趾者"，战国时齐国的"技击"、魏国的"武卒"、秦国的"锐士"，这种经过严格选拔和训练的部队能够"越沟堑，登丘陵，冒险阻，绝大泽，驰强敌，敌大众"（《六韬·武骑士》）。

另一方面是要精通战术，善于转化迂与直、害与利、后与先，也就是说要善于以迂为直欺骗敌人，要善于以患为利引诱敌人，最后达到后发而先至。要实现这样的转化很不容易，孙子也认为不容易，所以他说"莫难于军争"。

以上是孙子关于"军争"的"一纲"——"后人发，先人至，此知迂直之计者也"。下面就依照其文顺序逐一分析"五目"。

第一目：恰当地选定行军类型

行军的类型可分为常行军、急行军和强行军。孙子在这里所说的"卷甲而趋，日夜不处，倍道兼行，百里而争利"，属于强行军，通常用于奔袭、迂回或摆脱敌人时采用；"五十里而争利"属于急行军，通常用于执行紧急任务时采用；"三十里而争利"属于常行军，按正常的速度和日程要求采用的行军。总的来说，这和今天徒步行军的要求是大体一致的。常行军为25公里左右，急行军通常为35公里左右，强行军则在50公里以上。

208年，曹操追击刘备于长坂就是典型的"争利"，史书这样写道："操以江陵有军实，恐刘备据之，乃释辎重，轻军到襄阳。闻备已过，操将精骑五千急追之，一日一夜行三百余里，及于当阳之长坂。"（《资治通鉴》卷65）这里叙述了两次行军：一次急行军，一次强行军。

曹操从宛（今河南南阳）"轻军到襄阳"，就是急行军，因为情况紧急，担心刘备夺占江陵的军备，于是舍弃辎重，加快速度。

曹操从襄阳到长坂就属于强行军了，因为他获悉刘备已过襄阳，立即决定由徒步行军改为骑马行军，亲自率领五千精骑"急追之"，大大地加快了速度，缩短了日程。强行军就是孙子讲的倍道兼行，减少甚至舍弃休息时间。

曹操这次强行军取得了成功，一举打乱了刘备的计划，终于夺得了刘表储藏在江陵的大量军用物资。孙子说，"军争为利，军争为危"，就看指挥员如何趋利避害，"以患为利"，高明不高明，分水岭就在这利害之间。

前面举到过的齐魏马陵之战，庞涓也是追击，也是"委军而争利"，轻装急行，结果追得愈快，败得愈惨，中了孙膑的请君入瓮之计，以致全军覆没。所以，正确地选定行军类型就显得异常重要了。如果庞涓能像司马懿那样，任凭你诸葛亮千方百计，我就是不为所动，稳扎稳打，那可能不至于败得那么惨。但是，这也有问题，司马懿也太过于求稳，以至诸葛亮死了，也不敢发起追击，落了个"死诸葛吓走生仲达"的笑话。古往今来，此类战例甚多，但都逃不出孙子概括的军争之难难在患与利之间，难在迂与直之间，难在慢与快之间，难在后与先之间。因为，说到底，不能简单地说三十里争利好，百里、五十里争利就不好；不能说常行军好，急行军、强行军就不好。曹操如果采取常行军追击刘备，江陵早就被刘备抢占了。

孙子在论述军争为利之后，又从反面强调指出："是故军无辎重则亡，无粮食则亡，无委积则亡。"他这三句话很重要，如果片面追求战利，必然会适得其反。因为战争的胜败，没有部队官兵固然要打败仗，但是没有武器装备、粮食草料，部队也无法生存，也是败亡之道。

第二目：正确地选择行军节奏

既然军争有利，也有危险，那么如何解决行军时既不因强行军而误入歧途，又不因常行军而丧失战机的问题呢？孙子的回答是掌握好"诈、利、分合"三原则，他说："故兵以诈立，以利动，以分合为变者也。"

"兵以诈立"与"兵者，诡道也"同意，是"兵不厌诈"（《韩非子·难一》）的词源。"兵以诈立"就是说战争的胜利是凭借诡诈欺骗建立起来的，虚虚实实，真真假假，互相保密，施计用谋乃是军事斗争的一条普遍规律。克劳塞维茨认为："战争在人类各种活动中最近似赌博。"（《战争论》第1卷，解放军出版社1980年版，第41页）"近似赌博"，当然不是赌博。由于它具有很大的盖然性，没有相当的冒险精神也是不行的。因此，孙子提出一句名言："悬权而动。"对于军争的利与危，必须正确地权衡，认真地估量，害中见利，利中见害。世界上没有绝对的安，也没有绝对的危，安与危总是相辅相成、相生相克、相依相伴的。

"以利动"，就是根据利益采取行动，具体地说，究竟采取何种行军类型完全要根据战斗任务和作战企图来决定。就以曹操追击刘备两次变更行军类型，也就是两次变更行军节奏为例，变更的依据的是当前的战斗任务。

他先是顾虑到江陵有大量军事储备，担心刘备占先手，因而采取的是急行军；待到襄阳，发现自己的顾虑成了现实，刘备跑得挺快，已过襄阳，情况有变，于是立即采取强行军，追歼刘备于长坂。

"以分合为变"，兵力的集中（"合"）与分散（"分"）要根据实际情况的变化而灵活变通。集中兵力与分散兵力是军事指挥艺术中的重要问题，它在作战中的地位、作用和意义我们在前面介绍孙子"我专敌分"等思想时已概略地谈到过。这里，我想着重谈谈几种情况下的"分合为变"的行军方法。

一是开赴战场的分合之法。由于已知战日、战地，目的明确，任务清楚，因而一般应采取首先把兵力集中起来再向战场开进的方法。

二是战场上的分合之法。在战争过程中，按照上级指定的时间和到达的地点，分散于不同地域的参战部队为了达成既定的作战任务，须同时抵近目标，完成对敌包围。

三是设伏歼敌的分合之法。按照上级赋予的歼敌任务，在预定设伏地域隐蔽集中，待敌进入伏击圈，然后突然行动，发起攻击。此种情形的分合之法关键是要求部队在向设伏地域开进过程中，要十分注意伪装和隐蔽。

四是内线作战的分合之法。当敌强我弱，遭敌围攻时，为了保存军力，收缩阵地，待机破敌，须将分散不同方向的我军各部，向上级指定的预置地域实行求心退却，以便集中兵力。

做到了以诈立、以利动、以分合为变这三条，军队运动就可以实现"风林火山"的高标准："其疾如风，其徐如林，侵掠如火，不动如山，难知如阴，动如雷震。"

"风林火山"这四个字得到了日本名将武田信玄的推崇。武田信玄是日本战国时代（16世纪）的著名战将，喜好《孙子兵法》，把"风林火山"这四个字绣在他所制定的突击旗上。1986年，笔者去日本交流《孙子兵法》，在东京见到商店出售的一种灯笼上就写有这四个字。日本朋友告诉我，那是民间对武田信玄的一种纪念品。

第三目："一人耳目"的行军指挥

部队行军，即使是"其徐如林"的常行军，千军万马，浩浩荡荡，长长的纵队鱼贯而行，白天黑夜，方向速度，敌情我情，如果没有强有力的指挥是不可想象的。

行军指挥，古今差异很大，旌旗火鼓与电子通信的手段大不相同，但有一点是相同的，二者都要求"一人耳目"，也就是说，都要求集中统一的行军指挥，使全军上下步调一致，顺利实施行军。

战地行军，情况复杂；机动行军，风险更大。为了观照全局，为了实施昼夜不间断的指挥，为了严密地监视敌情，"一人耳目"的统一指挥就是十分必要的了，这也是古今通用的规律。

昼夜实施不间断的指挥，对于一支大部队来说是相当壮观的。李世民巧设疑兵的战例便可见一斑。615年隋炀帝在雁门被围，当时只有16岁的李世民应募救驾，就是他利用旗鼓诈敌的一条疑兵计解了雁门之围。他说："始毕（突厥可汗）敢举兵围天子，必谓我仓猝不能赴援故也。宜昼则引旌旗数十里不绝，夜则钲鼓相应，虏必谓救兵大至，望风遁去。不然，彼众我寡，若悉军来战，必不能支。"（《资治通鉴》卷182）。

第四目：行军中要确保部队的士气和体力

长途行军，人员紧张，装备受损，要使部队顺利地实施移动，投入战斗，就必须保持高昂的士气和旺盛的体力。为此，就要组织好行军的保障工作，诸如侦察警戒、道路桥梁、器材维修等，同时要组织好休息和宿营。为了增强意志和体力，孙子提出了"四治"之法："避其锐气，击其惰归，此治气者也；以治待乱，以静待哗，此治心者也；以近待远，以佚待劳，以饱待饥，此治力者也；无邀正正之旗，勿击堂堂之阵，此治变者也。"

"治气"即掌握士气，主要是对部队而言，所谓"三军可夺气"；"治心"即控制心理，主要是对将帅而言，所谓"将军可夺心"；"治力"即保持战斗力；"治变"即掌握灵机应变之策。为了加深对"四治之法"的理解，各举一例以明之。

关于"治气"。公元前684年，齐攻鲁战于长勺（今山东曲阜北）。鲁军"一鼓作气"，打败齐军。曹刿解释取胜的原因时说："夫战，勇气也。一鼓作气，再而衰，三而竭。彼竭我盈，故克之。"（《左传·庄公十年》）

关于治心。33年，刘秀派兵攻打高平，高平守将高峻据城固守。刘秀决定劝降高峻，派将军寇恂前去招降。高峻派他的军师皇甫文出城与寇恂相见。皇甫文不卑不亢，拒绝降服。寇恂大怒，下令立即将皇甫文斩首，诸将劝阻寇恂说："高峻拥有精兵强将，据城坚守，我们一年未克，现在既然要招降高峻，反而要杀他的使者，这不是上策。"寇恂不听，坚持斩了皇甫文，并责令皇甫文的副使向高峻报告：军师无礼，已戮。欲降，急降；不欲降，就固守。高峻闻讯，十分惶恐，即日开城请降。在欢庆胜利的时候，诸将问寇恂为何杀了高峻的来使高峻反而投降的道理。寇恂答道："皇甫文是高峻的心腹之将，为其言听计从的重要谋士，他出城来与我们相见，志坚辞锐，毫无降意，若把他放回去，他一定会唆使高峻坚守顽抗。杀了他，高峻就失去了有胆有识的谋士，他必然会投降。"（《后汉书·寇恂传》）诸将都佩服寇恂的治心之术。

关于"治力"。36年，东汉将领吴汉，率军3万从夷陵沿长江逆流而上，入蜀讨伐公孙述。在成都城外10余里处与副将刘尚分兵，夹江扎营。公孙述派军10万攻击吴汉，又派1万多人攻击刘尚所部，使其不能互相救应。吴汉军激战一天，败回营寨。吴汉勉励诸将说："现在刘尚和我遭敌包围，两军不能相互接应，祸患难以估量。我打算秘密突围到江南和刘尚部合兵攻敌，如上下同欲，人自为战，定能获胜；否则，势必败北。"(《后汉书·吴汉传》)于是，改善士兵伙食，增强体力，增加马匹、粮草，3天不出战，并插了很多旗帜，使烟火不断。乘夜，令部队悄悄地与刘尚会合。第二天，两军决战，从早晨激战到傍晚，大破公孙述。

关于治变。238年，司马懿率大军秘密渡过辽河。他发现公孙渊集重兵于辽隧，严阵以待，企图凭城固守以阻魏军。司马懿采取避实击虚、攻其必救的作战方针，舍弃阵势严整、部署周密的辽隧不攻，直捣防守空虚的敌巢襄平(今辽宁辽阳)。公孙渊回军援救，司马懿乘机挥军迎击，大败公孙渊。此战，司马懿在作战指导上的成功之处，在于他能根据敌情，敌变我变，灵活采取切实可行的方针和战法，调动敌人于运动之中而歼灭之。

第五目：慎重地处理行军作战中的"用兵八戒"

"用兵八戒"都是战术问题，而且都是冷兵器时代的战术问题。今天看来，有的已经过时，但是，有些"戒律"还是有生命力的、带规律性的。对孙子提出的这八条，兹举例以明之，不展开论述。

高陵勿向。公元前270年，秦赵阏与之战中，赵奢先居北山制高点，居高临下，击退秦军的进攻。此战，居高临下的赵军击败高陵而向的秦军，说明在使用冷兵器作战的条件下，仰攻已占据制高点的敌人，一般是不易成功的。

背丘勿逆。564年，后周伐高齐，围洛阳。齐军依托北邙山，结阵以待。后周军以步兵在前，上山迎战。齐将段韶以彼步我骑，且退且战，待后周军力竭气衰，则命令部队下马攻击，短兵相接，后周军大溃逃遁。(《北齐书·段荣》)

佯北勿从。547年，高澄派遣慕容绍宗讨伐叛将侯景。绍宗召集将帅说："我佯装退却，诱梁人前来，你们攻击他们的背后。"交战中，绍宗退走。梁人不察虚实，冒险进兵，入伏被歼。(《北齐书·慕容绍宗》)

锐卒勿攻。621年，唐以李孝恭、李靖为将自四川沿长江而下，东攻萧铣。萧铣集兵江陵，据城坚守。李孝恭主张强攻江陵，李靖劝阻说："彼救败之师，策非素立，势不能久，不若宜泊南岸，缓之一日，彼必分其兵，或留拒我，或归自守，兵分势弱，我乘其懈而击之，蔑不胜矣。今若急之，彼则并力死战，楚兵剽锐，未易当也。"（《资治通鉴》卷189）李孝恭不从，率军出战，果然失败。

饵兵勿食。461年，库莫奚侵扰北魏，济阴王小新成奉命率军出征。小新成在大营内多置毒酒，等到敌人逼近，便弃营而去。敌至，见酒，争相狂饮，毫无戒备。小新成见饵兵之计奏效，于是不失时机地以轻骑进击敌人，大获全胜。（《魏书·景穆十二王》）

归师勿遏。495年，魏军围钟离。齐将张欣泰奉命驰援，魏军退走。但还有魏军余兵万人尚未退去，主帅慧景打算截击魏军于归途。此时，张欣泰对慧景说："归师勿遏，古人畏之，兵在死地，不可轻也。"（《南齐书·张欣泰》）慧景听从了张欣泰的意见，放敌退走。

围师必阙。532年，齐神武起兵于河北。朱兆、天光、度律、仲远等四将同会邺南，号称20万，围神武于韩陵山。当时，神武有马匹2000，步卒不满3万人。朱兆有意网开一面，留出生路，以便待机而歼。神武识破敌人诡计，把牛驴串联起来，堵塞缺口，显示死战决心。全军将士身陷死地，为了求生，人人振奋，奋勇杀敌，终于取得了胜利。

穷寇勿迫。燕将慕容恪率军讨伐叛将吕护于野王（今河南沁阳），鉴于野王易守难攻，于是采取久困长围的打法。他对部属解释其作战企图时说：吕护这个老贼，诡计多端，我观察他的设防部署比较完备，很难速胜。现在把他围困在穷城之中，樵采路绝，内无粮草，外无救兵，久必生变。我的方针是兵不血刃，坐以制胜。果然，相持6个月之后，吕护向南逃奔到晋，其部属全部投降。

(三)引论

行军问题的核心是战场机动，其目的是捕捉和创造战机，占据有利态势，争得主动地位。刘伯承元帅指出："'机动'就是趋利避害的军事行动。趋利要扩大到完全消灭敌人，避害要扩大到不遭受敌人丝毫意外的伤害。"(《白晋铁路大破袭的战术总结》)

在孙子那个时代，由于战争的发展，行军争利问题已经凸显。随着科学技术的发展，这个问题愈来愈凸显。现代战争中，除了地形、天候的影响之外，伪装、警戒、侦察、电子对抗、防空、防核生化以及各种勤务保障都给行军带来了不少困难。

例如，海湾战争中多国部队连续3周多的昼夜不停机动可谓历史上规模最大、时间最长的机动之一。

《美国国防部致国会的最后报告》这样写道：

中央总部司令将欺骗措施置于十分重要的地位，目的是使伊拉克错误地认为联军的主攻及两栖突击直接指向科威特。所有部队都采取了欺骗行动。地面部队的攻击性巡逻、炮火射击、两栖佯攻、船舰巡弋和空中行动，这一切都是中央总部司令有计划的欺骗措施的组成部分。在整个战场，地面部队与伊拉克部队进行了侦察与反侦察的斗争，使伊拉克部队不能掌握联军的真实企图。

在地面部队发起进攻前的30天内，第一骑兵师对靠近巴廷干河的伊拉克防线实施了猛烈的佯攻、显示武力和炮兵射击。这些行动进一步欺骗了敌人，使它错误地认为，联军的主力会向北直接进攻科威特西部地区。为此，5个步兵师和1个装甲师仍配置在远离第7军进攻出发地的地区。

第1陆战远征部队也实施了周密的欺骗行动。合成部队实施的一系列突袭（这些行动与1月所实施的突袭相似）吸引了伊拉克部队的火力；与此同时，用于心理战的扬声器对伊拉克部队进行广播。在10多天里，由步兵、装甲兵、侦察兵、工兵、海军建筑营和陆军心理战部队组成的"特洛伊"特遣队用欺骗性的通信联络、修筑假阵地以及与瓦夫腊地区的敌部队交战等手段，使敌错误地认为它是一支规模庞大的部队。

又如，第四次中东战争中，以色列军向运河西岸大苦湖埃及军队实施纵深突击，是一次成功的战场机动，也是一次反败为胜的著名战例。

1973年10月6日至9日美国发射了4颗军用卫星，向以军提供战场情报，其中最有价值的是发现大苦湖一带的埃军两个集团军的接合部有30公里间隙，可以乘虚而入，同时也发现埃军后方兵力空虚，突袭容易得手。

以军获此情报，当即命沙龙师乔装埃及军队从大苦湖附近渡河，并向埃及后方迂回，攻占吉余法，埃及被迫停火。由此可见，卫星侦察对战场机动的巨大作用，一次成功的战场机动可以扭转整个战争形势。

战机问题还可向更高层次引申一步，有道是"兵争交，将争谋，帅争机"，高于"谋"的"机"是"时机"，是高于军事战略的大战略层面上的"时势""时务"之类战略机遇。

"时不至不可强生"，客观规律是不能违背的。对于不同的时势只能采取不同的策略，因时而动。战国时期的商鞅面对奴隶制向封建制过渡的大变革时代，对于"时"这一问题在《商君书》中多次做了明确的阐述。他说："故黄帝作为君臣上下之义，父子兄弟之礼，夫妇妃匹之合，内行刀锯，外用甲兵，故时变也。由此观之，神农非高于黄帝也，然其名尊者，以适于时也。故以战去战，虽战可也；以杀去杀，虽杀可也；以刑去刑，虽重刑可也。"（《商君书·画策》）这是商鞅在战争问题上的审时观。商鞅在这里讲的"时"，指的是时代。因为时代不同，黄帝制定君臣名分、父子兄弟礼节、夫妇婚配制度，对内使用刑罚，对外使用武力，这是由于时代发生了变化，所以不同于神农时代，不需要战争。他从"时变""适时"的观点出发，主张处于战国时代的秦国应当顺应"时变"，推行法治和重战政策。他在《更法》篇中更明确指出，"治国之道，皆随时而变"，"当时而立法，因事而制礼，礼法以时而定，制令各顺其宜"，坚定地表现出适应历史发展趋势进行革新的进步观点。

先秦法家集大成的学者韩非对当时的时势分析得更为透彻。他明确提出："上古竞于道德，中世逐于智谋，当今争于气力。"（《韩非子·五蠹》）"争于气力"就是实力竞争。为什么上古、中古与当今有所不同呢？他的理由是"世异则事异""事异则备变"。"世异"讲的就是时代不同。时代不同，情况不同；情况不同，因而政策措施不同。

《战国策》这本书集中记录了战国时代经济、政治、军事、外交、文化等各方面的重要言论和重大事件。其中对"时势"的分析和把握颇多深义，尤其值得重视。著名的纵横家苏秦指出："是以圣人从事，必藉于权而务兴于时。夫权藉者，万物之率（帅）也；而时势者，百事之长也。故无权藉，倍（背）时势，而能成事者寡矣。"（《战国策·齐五》）这是苏秦对齐闵王的一段说辞。大意是说，圣人做事，必注重权变，因时而动。权变是万物的先行，时势是百事的主宰。所以，抛弃权变，逆背时势而能成大事的很少。"时势者，百事之长"，苏秦讲得何等深刻。

秦国一位名叫造的客卿对穰侯魏冉说的一段话也很有见地，他说："圣人不能为时，时至而弗失。舜虽贤，不遇尧也，不得为天子；汤、武虽贤，不当桀、纣不王。故以舜、汤、武之贤，不遭时不得帝王。"（《战国策·秦三》）把这段话看作具有朴素的时势造英雄的唯物史观似乎不能说是过誉。"圣人不能为时"，就是说即使是圣君贤人也不能凭主观意志去制造时势；

但是"时至而弗失",客观情势已经来临,则应当抓住机遇,加以利用,不能错失良机。他列举的几位既善于审时度势,又善于把握时势的圣人,都很有说服力。比如商汤、周武都是遇时而起,夏桀和商纣的朝政腐败为汤、武起来革命提供了历史机遇。如果不遇上桀、纣之乱的时机,汤、武也当不了天子。这位客卿对时势的见解深刻而辩证,可以作为我国古代谋略家分析时势问题的优秀代表。

审时度势,科学地判断历史发展的趋势是与正确认识战略形势密切相关的。也就是说,是战争还是和平,作为军事家必须据此作出自己的战略抉择。历史上许多明君贤将,正是因为他们善于准确地估量客观情势,因而才能够作出惊天动地的伟业。

《九变》篇新说

(一)题解

《九变》,主要讲作战中识别和利用地形以及因情施变的机断处置问题。"九变",即多变。《孙子兵法》中的"九",均是虚指,极言其多。本篇三次谈到"九变"的"九"与《形》篇所言"九天""九地"和《九地》篇所言"九地之变"的"九"都是同一用法,都是虚指。

曹操提出《九变》是"变其正,得其所用九也",认为是实指。实指之说也有一定道理。所谓"九地"即指下面正文所云"圮""衢""绝""围""死"与"途""军""城""地""君命"。因为共计十项而非九项,于是贾林、何氏与张预等注家又认为"君命有所不受"乃是对前面九项的结语,不在"常变"之列,应"去而不数",恰是九项。笔者现在赞同虚指之说,因为说《九变》是"九地之变"于理难通。不过,它毕竟论述了许多识别地形与利用地形的问题。

（二）篇解

《九变》的第一大段是它的主旨所在，论述的是军事地理和临机指挥问题。孙子说："故将通于九变之地利者，知用兵矣；将不通于九变之利者，虽知地形，不能得地之利矣。"这是一个极其重要的观点，包含着十分丰富的辩证法思想。

在孙子看来，军事上的地理（空间）问题，说到底无非是两种情形：一是必争与不争之地；一是虽可争而不争之地。这两种情形，对于一个指挥员来说，认识必争与不争之地易，认识有所不争之地难，特别是在战略层面上通晓和善于运用有所不争之地就更为困难。除无法生存的"绝地"不需争也不需留之外，我们还是结合战例对其余各种情况逐一作些分析。

圮地无舍。"圮地"就是难以通行的地域。679年，唐朝裴行俭奉命率军进击东突厥。进至边界，天色已晚，部队已安营扎寨，堑壕也都挖好了，裴行俭却改变命令，让部队向高冈处转移营地。诸将不理解，裴行俭坚持移营高冈。夜里，风雨雷霆暴至，起初设营的地方，水深丈余，诸将莫不惊骇，问其故？裴行俭笑着说："自今但从我命，不必问其所由知也。"裴行俭精通军事地理，他懂得那种中间低、四面高的无所依从的圮地不可驻扎。

衢地交合。"衢地"就是三国交界、道路四通的地域。在"衢地"的指导原则是结交诸侯。219年七月，关羽举兵北攻襄樊。形势对曹操不利。曹操想迁徙河北。司马懿劝阻道：刘备和孙权外亲内疏，关羽得志，孙权肯定不乐意。可以派人劝孙权攻击关羽的后方，以将江南封给孙权作为条件，则樊城之围可解。曹操采纳了这个建议。孙权在曹操诱使下，出兵袭占关羽后方，迫使关羽弃樊城而去。此战，面对衢地樊城，司马懿利用孙、刘之隙，以割让江南给孙权为诱饵，破坏孙、刘联盟，诱使孙权与关羽相斗，乘机解了樊城之围，策略运用是很高明的。

绝地无留。绝地就是军队与后方隔绝、难以生存之地。一是提醒我们，不要轻易将自己置于绝地。例如，228年，诸葛亮首次攻魏，马谡作为前锋与魏国大将张郃战于街亭。马谡在街亭违反诸葛亮节度，举措烦扰，更加舍弃水源，选择登上南山据守而非占据山下的城镇，这样就陷入了绝地。裨将军王平曾多番规劝，但马谡都不接纳，最终惨败。二是提醒我们，如果一不小心进入绝境，就不要停留，必须迅速离开。

围地则谋。"围地"即敌可往来，我难出入，前隘后固的地域。兵临"围地"的指导原则是设置奇谋，以脱险境。例如，公元前200年汉高帝刘邦率军进至平城（今山西大同市东北）的白登山，被匈奴冒顿单于率四十万骑兵所围困。汉军被困七天七夜，粮草断绝。这时，刘邦采纳陈平的奇计，以赠送绝色美女怂恿匈奴王后阏氏劝说单于撤兵，阏氏担心美女夺宠，便请求单于解围，于是"围以得开"（《史记·陈丞相世家》）。

死地则战。死地就是兵陷此地，非死战无以求生之地。例如，公元前207年，秦将章邯击破起义军项梁军，起义军形势危急。楚怀王任命项梁之侄项羽为上将军。项羽率领全军渡过黄河，把渡船沉掉，砸破饭锅炊具，烧毁军舍，每人只带三天口粮，用以表示士卒必死无还的决心。这样，军队迅速到达救援地并将敌人包围，经与秦军主力章邯军九次交战，终将其打败。此战，项羽采用了死地则战之策，自绝后退之路，使士卒人人奋勇争先，取得了九战九捷的胜利。

以上五地"圮""衢""绝""围""死"，孙子给出了明确的"用兵之法"，无常变之分，答案是唯一的，以下五项则不同。无论是指地形还是指部队，都有一个指挥员临机决断问题，答案既不是现成的，也不是唯一的。值得注意的是孙子在下文讲到的五个"有所"。对这五个"有所"的处理是检验指挥员乃至统帅谋略高低的试金石。现分述如下。

途有所不由。有的道路不要走。也就是说，有的道路虽可走而却不走。诸如，坦途不走走险路，近路不走走远路，大路不走走小路，等等。究竟由何途，走何路，一切都要从实际情况出发，机断处置。例如，48年，光武帝刘秀派遣将军马援、耿舒讨蛮夷。军队要到达下隽，有两条路可走：经过壶头的路较近但要渡过激流，经过充道的路比较偏僻而且迂远。耿舒主张走充道，马援认为充道耗时费粮，主张经由壶头，可扼敌咽喉，蛮夷会不攻自破。刘秀采纳了马援的主张，经由壶头进军。但敌居高控隘，水疾难行，又赶上天热闷湿，士卒多染瘟疫死亡，马援也染病而死。耿舒写给其兄耿弇的书信说："我开始建议，应当从充道进军，走这条路粮秣虽然难运，但兵力可以得到充分发挥。而经由壶头之路，虽然兵马数万，人人奋勇争先，但却受阻不能前进，大家被忧郁与死亡所困厄，这种结局是很令人痛惜的。"（《后汉书·马援传》）耿舒这番话，讲的就是"途有所不由"的道理。

军有所不击。有的敌人虽可打而不打，虽可此时打而不在此时打。打不打，何时打，何地打，用什么战术打，都要临敌制变。例如，618年，李世民率军讨伐刘武周。李世民观望敌情，对李道宗说："贼恃其众来邀我战，你看怎么办？"李道宗答道："群贼乘胜，其锋不可当，易以计屈，难与力竞。今深壁高垒，以挫其锋。乌合之徒，莫能持久，粮运致竭，自当离散，可不战而擒。"（《旧唐书·江夏王道宗》）后来，刘武周果然由于粮尽而在夜里逃走。李世民挥军追击，将刘武周歼灭。

城有所不攻。193年，割据徐州的陶谦杀害了居住在华县的曹操的父亲、兄弟等家人。秋天，曹操带兵讨伐陶谦。华县、费县城虽小，但却坚固，且粮饷充足，短期内难以攻取。有鉴于此，曹操放下此城不攻，转而长驱南下，直指徐州，连克十四县。第二年再攻陶谦，夺取五城，陶谦兵败病死。

地有所不争。东晋时，名将陶侃镇守武昌，有人建议说在武昌北岸有个邾城，应当分部分兵力镇守。陶侃不同意，说：我所以设险而御寇，全靠长江天险。邾城隔在江北，内无依靠，外接群夷，防守邾城必然致败。（详见《晋书·陶侃》）后来，庾亮镇守邾城，果然大败。可见陶侃深知"地有所不争"的道理。

君命有所不受。汉简释文云："君令有反此四变者，则弗行也。"所谓"四变"，即指"途""军""城""地"四事。不攻城、不略地、不杀敌固然是"君命有所不受"的内容，但是，如果仅仅局限于这"四变"显然范围狭窄了，而应理解为无论是什么"君命"都应因情而定，一切从国家和民众的利益出发，所谓"唯民是保，而利合于主"（《地形》），一切按战争规律办事，所谓"战道必胜，主曰无战，必战可也；战道不胜，主曰必战，无战可也"（《地形》）。吴楚柏举之战中，夫概不顾吴王阖闾的反对，见到有机可乘，便果断自行决定率领五千人马突击楚军，突击成功后，大军乘势掩杀，大败楚军。

以上结合战例对"九变"进行了介绍，但是，任何战例都只是印证军事原则某一个侧面的含义，因此要真正领会孙子关于将帅"通于九变之地利者，知用兵矣"的深刻含义，还需要做进一步的分析。

"九变"的精义，既反映在战役战斗层面，更反映在战略层面。让我们分析一下人们熟知的诸葛亮第一次北伐曹魏，也就是所谓一出祁山的战例，就更容易理解孙子"九变"在战略层面上的深刻含义了。

228年，诸葛亮在北伐前夕召开了一次作战会议，研究进军方略。魏延主张采取突然袭击、速战速决的战略，从汉中出发以精兵五千走子午谷，一举夺占长安，然后大军继进，巩固和扩张长安以西地区。

魏延所说的子午谷，是一条长600多里的高山狭谷，军队行动虽然困难，但有利达成突然袭击的目的。也就是说，魏延是从一举夺占长安、攻取长安以西的战略出发来选取子午谷这一地形的。

— 162 —

但是，诸葛亮没有采纳魏延的意见，认为是"危计"，太冒险，决定"安从坦道""平取陇右"，以求"十全必克而无虞"。诸葛亮所谓的"坦道"，即从汉中出发，向西北大迂回，由祁山（今甘肃礼县东北）出天水。此后五次北伐，都是走的这个方向，在《三国演义》中称为"六出祁山"。

诸葛亮一出祁山，却因马谡失守街亭而遭到失败。此后，多次北伐也都未能实现"平取陇右""十全必克而无虞"的企图。

对魏延的"子午谷"方略和诸葛亮的"坦道"方略，究竟怎样评价呢？从古到今，众说纷纭。不少论者批评诸葛亮过于谨慎，丧失了突然袭击的良机。诗人们则为之惋惜："下国卧龙空寤主，中原逐鹿不由人。"

这个战例之所以聚讼千年，核心的问题是未能从战略与地理的主从关系、制约关系上去认识和分析它。

孙子有句名言："不可胜者，守也；可胜者，攻也。守则不足，攻则有余。"这是战争的一般规律：力量强大的一方，一般采取攻势；力量弱小的一方，一般采取守势。特别是战略进攻，历史上从来没有弱小的一方去主动实行，或者因主动实行而不失败的。魏国与蜀国无论是国力、军力的对比，还是疆域、人口的对比，都是魏强蜀弱，相差是比较悬殊的。在此种情况下，蜀国要对魏发动战略进攻是不现实的。也就是说，诸葛亮《出师表》所说的"当奖率三军，北定中原""兴复汉室，还于旧都"只不过是一种宣传性的表面文章而已。

对于强攻弱守这样一个普通的常识问题，诸葛亮难道还不懂得吗？他不仅懂得，而且做到了一个军事家所能做到的一切。

一出祁山失败之后，诸葛亮向后主刘禅又上了一道奏表，即所谓《后出师表》。《出师表》是为了规劝后主、激励人心而写，因此是公之于世的；而《后出师表》是为了回答朝廷中的反北伐派，阐述北伐曹魏真实战略企图的秘密奏章，因此当时秘而不宣。《三国志·吴书·诸葛恪传》记载，诸葛亮之兄诸葛瑾的儿子诸葛恪"乃著论,谕众意曰:……近见家叔父表陈与贼争竞之计,未尝不喟然叹息也"。他叹息什么呢?叹息诸葛亮"鞠躬尽瘁,死而后已",勉为其难,支撑危局的困难处境。

原来诸葛亮北伐是为了感激刘备的知遇之恩,勉力尽忠,勉为其难。表中明确指出:"先帝深虑汉、贼不两立,王业不偏安,故托臣以讨贼也。""托臣讨贼",乃是奉命差遣。那么刘备对胜负是怎样估计的呢?"以先帝之明,量臣之才,固知臣伐贼,才弱敌强也。然不伐贼,王业亦亡;惟坐而待亡,孰与伐之。是故托臣而弗疑也。"这就讲得再清楚也不过了,主动北伐,蜀国要灭亡;被动挨打,蜀国也要灭亡。

诸葛亮在表中列举了六条"不解",即六条对反对北伐所不能理解的理由,决意"冒危难,以奉先帝之遗意","至于成败利钝",不可预见,唯有尽忠报国而已。

诸葛亮北伐的战略目的既然不是灭魏,不是战略进攻,那么他的战略目的是什么呢?

明朝学者王夫之的《读通鉴论·三国》作出了鞭辟入里的解答:

夫公(指诸葛亮)固有全局于胸中,知魏之不可旦夕亡,而后主之不可起一隅以光复也。其出师以北伐,攻也,特以为守焉耳。以攻为守,而不可示其意于人,故无以服魏延之心而贻之怨怒。秦、陇者,非长安之要地,乃西蜀之门户也。天水、南安、安定,地险而民强,诚收之为外蔽,则武都、阴平在怀抱之中,魏不能越剑阁以收蜀之北,复不能绕阶、文以捣蜀之西,则蜀可巩固以存,而待时以进,公之定算在此矣。

王夫之这一番评析,使我们对于诸葛亮否定魏延子午谷方案的深谋远虑有了清楚的认识。原来,诸葛亮北伐的战略乃是"以攻为守"。而这"以攻为守"的战略考虑又"不可示其意于人","特未可一一与魏延辈语也"。这一"以攻为守"的战略遭到了左、右两种势力的反对。以魏延为首的一举袭取长安的冒险派,认为诸葛亮过分谨慎,表示"怨怒";另一派则是反对兴师北伐派,即《后出师表》中所说的"议者谓为非计",认为北伐不是上策的一批人。这种人实际上是一种无所作为、坐以待毙的保守派。

诸葛亮精通《孙子兵法》,活用"九变"之策,不夺长安是"城有所不攻",不走子午谷是"途有所不由",不占长安以西是"地有所不争",他"安从坦道""平取陇右",其战略企图乃是一条"保蜀之计"(同上,王夫之语)。因为秦岭是西蜀的门户,陇右是蜀国的屏障,所以诸葛亮五出祁山都是为了夺取陇右高原,为蜀国未来抗魏图存取得战略上的优势。遗憾的是,诸葛亮"出师未捷身先死,长使英雄泪满襟"。如若不然,而后魏蜀之战时,蜀国有陇右作屏障,邓艾就不可能偷渡阴平而一举灭蜀了。

古往今来,最高统帅的战略决策、战略思考,确有不少真正是谋深虑远、胸怀全局的。作为一般将领不是不可以提建议、献良策,但是,作为军事战略它有极高的机密性、严肃性,"不可示其意于人"。毛泽东继承和发展了孙子"九变"的战略地理思想,明确提出:"集中兵力各个歼敌的原则,以歼灭敌军有生力量为主要目标,不以保守或夺取地方为主要目标。"他同时又十分辩证地指出:"但是,凡在敌我力量对比上能够保守或夺取的地方和在战役上战术上有意义的地方,则必须保守或夺取之,否则就是犯错误。"解放战争初期,敌军430万,我军120万,力量对比,敌强我弱。我军按照毛泽东的战略部署,有计划地让敌人占领包括延安在内的几十座城市,让开大道,占领两厢,这样就迫使敌人分散兵力,延长其战线,扩大其兵力投送和后勤供给的矛盾,使其背上一个又一个沉重包袱。我军在实行这一"地有所不争"方针的同时,正可利用敌人暴露的弱点,以运动战为主要作战形式,集中优势兵力,歼灭敌人有生力量,削弱敌人,壮大自己，从而转变敌强我弱的形势。战争实践证明，由于实行这一"地有所不争"的方针，若干暂时放弃的城市不仅重新回到人民手中，而且解放了更多的城市，解放了全中国。

战争情况是复杂的，"九变"既是虚指，当然涵盖了作战中所应临机决断的一切变通之法。正是有鉴于此，所以孙子紧接着对于正确处理战争中的利害得失作了高度的概括，提出了一个带普遍性的指导原则："是故智者之虑，必杂于利害。杂于利而务可信也，杂于害而患可解也。"主张在利思害，在害思利，趋利避害，胜利地指导战争。

"智者之虑，必杂于利害"是孙子非常重要的战争指导思想，包含着丰富的军事辩证法，是《孙子兵法》的灵魂。为了具体地理解孙子这一思想，让我们来分析一个战例。

301年，张方率军进攻西晋，晋惠帝命王乂率军反击，张方大败。这时部将们劝张方乘夜逃走，张方不同意，说："胜败乃兵家常事，重要的是要善于从失败中吸取教训，争取反败为胜。"于是，他连夜收拢部队，出其不意地反攻王乂，王乂忽闻张方来袭，匆忙应战，大败而还。在这个战例中，张方做到了在害思利，而王乂却未能在利思害，麻痹大意，最终被敌所乘。

因此，对于敌人，要尽量造成和扩大其困难，使其变利为害，变小害为大害。办法是："屈诸侯者以害，役诸侯者以业，趋诸侯者以利。"

东汉时，班超出使西域的故事最能说明孙子这一原则。当时，东汉王朝为了同大敌匈奴争夺西域的鄯善、于阗、龟兹等政权归向汉朝，派班超等36人出使西域，当班超到达鄯善时发现匈奴已派使臣来游说鄯善王，鄯善王对于是否亲汉犹豫不决。此时，大智大勇的班超断然决定袭杀匈奴使臣。他亲率随从三十余轻骑，冒着风雪，趁夜色袭击匈奴使臣的营帐，将他们全部杀死，然后又向鄯善王宣扬汉朝的威德，劝他与汉和好，鄯善王终于表示归附汉朝。其后，班超仍然带着这36人出使于阗、龟兹，同样是恩威并施、文武并用，使它们都与汉朝和好了。

为了真正贯彻"九变"的灵活指挥原则，孙子特别重视将吏队伍的建设，特别是对于将帅，孙武警告说"将有五危"：必死、必生、忿速、廉洁、爱民。"必死"就是有勇无谋，容易中计；"必生"就是贪生怕死，容易丧失战机；"忿速"就是刚怒偏急，容易一触即跳；"廉洁"就是高傲自恃，容易受辱妄动；"爱民"则是指对于百姓无微不救，无远不援，就可能因疲于奔命而烦劳。孙武认为这五条是将帅性格上的缺陷，同时也是不懂得变通、一味固执的表现，因而是造成"覆军杀将"的原因，必须高度警惕，"不可不察也"。

关于这"五危"，史例不少。"必死可杀"，李续宾败死三河是一个显例。1857年的三河（今安徽舒城东）之战镇压太平天国的湘军悍将李续宾兵败自杀，就是因为他过高地估计自己，急于贪功，多次拒绝部属的建议，而被太平军四面包围，全军覆没。

在《三国志》的战例中，吕布可以算是"必生可虏"的例子。198年吕布从刘备手中夺得下邳，刘备向曹操求救。曹操本来就想消灭吕布，扫除后顾之忧，以便最终同北方强敌袁绍决战，于是亲率大军围攻下邳，并去信劝吕布投降。吕布打算投降，但被谋士陈宫劝阻。曹操加大进攻力度，并引水灌城。这时吕布又打算投降，仍然被陈宫劝阻。后来，由于发生兵变，吕布见大势已去，开城投降，被曹操处决。

楚汉战争中有一个要地成皋（今郑州北），项羽同刘邦进行了反复的争夺。204年秋，项羽因为后方遭到刘邦游军彭越的袭扰，决定转用兵力东击彭越，临走时告诫守将曹咎：一定要谨守成皋，不要出战，我十五天后就会回来。

由于成皋是战役枢纽，地位重要，刘邦乘项羽东去之际，反攻成皋。楚将曹咎经不起汉军的多次挑战和辱骂的刺激，一怒之下率军出击，被汉军击败，曹咎这个"忿速可侮"的人，最后兵败自杀。

"廉洁可辱"与"爱民可烦"的史例，一般都举诸葛亮以巾帼女衣辱司马懿与刘备在荆州之战携民渡江的故事加以说明。这两个都是人们熟知的故事，不再详述。

（三）引论

孙子在这里讲："故用兵之法，无恃其不来，恃吾有以待之；无恃其不攻，恃吾有所不可攻也。"他的这段话实在是千古警策。对于国防来说，就是要常备不懈，居安思危。

孙子在这里用了四个"恃"字，"恃"是依恃。依恃什么？依恃的就是强大的实力，就是充分的准备。有了这样的"恃"，才能无恐。孙子说，不要依恃敌人不来，不要依恃敌人不攻，如果寄希望于敌人的仁慈和善良，而自己毫无战备，毫无实力，那就是机会主义，那就会像卫懿公那样因为好鹤，战备松弛，而亡国破家。

战与和，相反相成。敢战才能言和，言和更需备战。古人讲："和好为权宜，战守为实务。"（《兵鉴全集》卷一，韩琦语）当今世界，尽管和平与发展是时代的主题，但是国际政治经济的旧秩序并没有根本改变，国际力量对比严重失衡，局部冲突、局部战争始终不断。面对错综复杂的国际关系，面对安全的威胁日益突显，孙子重战、备战、慎战的思想仍然是有积极的借鉴意义的。

《行军》篇新说

（一）题解

《行军》之"行"读若"杭"，"行"是布阵，"军"是屯驻。军队的宿营、驻扎、部署，孙子称之为"处军"。战场观察，孙子称之为"相敌"。从全篇看，孙子主要揭示了"处军""相敌""兵非益多"三个方面的原则和规律。

"行军"的读音问题有不同意见，似有必要提出来略加考辨。"行"读háng，是吴九龙主编的《孙子校释》首先提出来的。在这里，我再申说一下。在《孙子兵法》中三次提到"行军"，一次是篇名，二、三次分别见于《军争》与《九地》，两句均为"不知山林、险阻、沮泽之形者，不能行军"，显系重文。这三处均应读为"行（háng）军"。

"行"，列也。《诗·周南·卷耳》："寘彼周行。"周行，大路。"行"读"杭"，与上句"不盈顷筐"押韵。古军制五人为伍，廿五人为行。直者为行，横者为列。以行伍为基本单位排兵布阵，"行"又有阵次之意，《左传·襄公三年》："晋侯之弟扬干乱行于曲梁。""乱行"即扰乱阵行。

（二）篇解

1."处军"

"处军"即部队在不同地形条件下的驻扎、宿营和部署。孙子一共讲了四种地形，即山地、江河、盐碱地和平地。兹分述如下。

一是山地"处军"。孙子告诫说：在山地宿营、作战要遵循三条原则。第一，"绝山依谷"，通过山地，必须依谷宿营。这是因为山谷地形比较平坦，水草便利，隐蔽条件好。第二，"视生处高"，占据向阳的高地。李筌注："向阳曰生，在山曰高。"通俗地说，就是地形有利，例如视界开阔、易守难攻、干燥向阳、既险且要等。第三，"战隆无登"，如果敌人占领高地，不要仰攻。贾林注："战宜乘下，不可迎高也。"山地作战，只宜居高临下地俯冲，不宜自下而上地仰攻。此句汉简作"战降毋登"，《通典》《太平御览》引此同，一些注家也主张作"战降无登"。可备一说。

— 160

二是江河"处军"。孙子提出了四条原则。

第一"绝水必远水",横渡江河前必须远离水流驻扎。目的是避免背水作战,退无所归。远离江河,既可以引诱敌人渡河,迫敌于背水之地,又可使自己进退不致受阻。

第二,"客绝水而来,勿迎之于水内,令半济而击之,利"。"水内"之"内"同"汭",水流拐弯处,即河滨。张预注云:"敌若引兵渡水来战,不可迎之于水边,俟其半济,行列未定,首尾不接,击之必胜。公孙瓒败黄巾贼于东光,薛万钧破窦建德于范阳,皆用此术也。""半济而击"即乘敌军半数已渡、半数未渡之时发起攻击。这一江河作战的原则,古往今来被许多战争实践所证明,是一条行之有效的原则。吴楚柏举之战中,夫概王就向吴王阖闾提出过"半济而后可击"的建议,获得了重大战果。其实,早在公元前638年的宋楚泓水(今河南柘城县北)之战中,宋军司马子鱼看到楚军正渡河而宋军早已严阵以待,就向宋襄公建议乘楚军半渡,挥军进击。只是由于宋襄公的昏聩愚蠢,才一误再误战机,遭到了失败(《左传·僖公二十二年》)。可见这一原则早在孙武之前一百多年就提出来了。

第三,"欲战者,无附于水而迎客",这是江河作战的又一原则。"附",近。"无附水"即指不要傍水而阵。它包含两层意思:如果我方决心迎战,那就要采取远离河川的配置,诱敌半渡而击;如果我方不准备迎战,那就阻水列阵,使敌不敢轻易强渡。公元前627年晋楚在泜水对峙就是前一种情形的写照。晋将阳处父派人对楚将子上说:"楚军如果企图一决雌雄,那么我军后退三十里,让你们摆好阵势再开战。"阳处父的这一条诱兵之计被楚军的孙伯识破了,看出这不过是"半涉而薄我"。由于晋楚双方都不敢渡河,因此皆不战而归国。

第四,"视生处高,无迎水流"。"视生处高",张预注:"或岸边为阵,或水上泊舟,皆须面阳而居高。"居高望远,敌人不敢轻易来袭。"无迎水流"，是说不要面对水流，我军舟船不可泊于下游，防止敌军从上游或顺流而下，或决堤放水，或投放毒药。公元前525年的吴楚长岸（今安徽当涂）之战中，楚国令尹阳匄占卜战争的结果不吉利。司马子鱼说："我得上游，何故不吉？"（《左传·昭公十七年》）于是出战，果然大败吴军，夺得吴国巨型战船"余艎"。由此可见，水战占据上游具有地利的优势。

三是盐碱地"处军"。原则有二。一要"绝斥泽，惟亟（训"急"，迅速）去无留"，通过盐碱沼泽地带必须迅速离开，不能停留。在这种地形宿营、布阵、作战对敌我都不利，既少水草，又无粮食，因而必须"亟去无留"，迅速通过，迅速脱离。二要"必依水草而背众树"。因为一方面可以借草木以为依托，另一方面在沼泽地中，凡是生长草木的地带，土质相对要坚硬一些，便于立足和通行，占据它就具有了主动地位。

四是平地"处军"。孙子提出了三条原则。

第一"平陆处易"，在平陆之地应据开阔地域驻扎。曹操注云："车骑之利也"，便于车骑机动。

第二"右背高"，以主要翼侧依托高地，以便战场观察。文中的"右"作何理解，关系到对《孙子兵法》几处文义的理解。古人以"右"为尊，因此，"右"代指主要翼侧。"右背高"就是主要翼侧依托高地。这一解释较之释"右"为"右翼"要合理。因为可以依托的高地可能在部队的左方，也可能在右方，但无论其在左或在右都要以主要翼侧抢占之。

第三条原则是"前死后生"。杜牧注："死者，下也；生者，高也。"前低后高既利于防守更利于出击。笔者觉得仅仅局限于"高低"还不能说明"死""生"的全部含义。它应当还包括隐蔽条件的好坏、险易程度的高低、行进道路的方便程度等。

孙子紧接着对这四种地形的处军做了一个高度的评价。他说："凡此四军之利，黄帝之所以胜四帝也。"认为以上四种"处军"原则的好处就是黄帝所以能战胜四帝的原因。

黄帝即轩辕黄帝，传说中的汉族祖先。对于"四帝"众说纷纭：一说泛指四方诸侯，一说专指东方青帝、西方白帝、北方黑帝、南方赤帝。也有注家认为"四帝"乃是"四军"之误，或说是"炎帝"之误。笔者认为"四帝"固然应当实看，但也含有泛指四方部族的意思。因为黄帝时代的战争很多，相传他"凡五十二战而天下服"（徐宗元：《帝王世纪辑存》，中华书局1964年版）。历史记载较详的就是黄帝伐炎帝的阪泉之战和黄帝伐蚩尤的涿鹿之战。

以上是孙子关于山地、江河、盐碱地和平地等四种地形的"处军"原则的论述，接着他又讲了"处军"的另一方面的内容，他着重强调了宿营时要注意的事项：选择地势高而干燥卫生、水草丰美而又粮道便利的地方扎营。他认为很好地利用地形，是取胜的重要条件，所谓"此兵之利，地之助也"。

孙子认为，如果不能很好地利用地形，就会失败。例如，唐朝末年，藩镇林立，互相攻伐。897年，宣武节度使朱全忠攻伐淮南节度使杨行密。朱全忠命其部将庞师古打前锋。庞师古自恃兵力众多，骄傲轻敌。杨行密命部将朱瑾率军迎敌。朱瑾察知庞师古军宿营地地势低下、上临淮河的情况后，决计截水断流，水淹敌军。庞师古对此毫无察觉，果然中计，溃不成军，他自己也兵败被杀。

孙子在讲了涨洪水时涉渡江河应注意观察水势之后，提出了"六害之地"：绝涧、天井、天牢、天罗、天陷、天隙。绝涧：两侧陡险，中有涧溪通道之地。天井：四周高峻，中间低凹，水流聚合之地。天牢：群山环绕，进出皆难之地。天罗：草木丛生，车骑难行之地。天陷：潮湿泥泞，车骑难走之地。天隙：道路狭窄，地多坑坎之地。对于这六种断裂地形必须采取诱敌"近之"，我则"远之"；迫敌"背之"，我则"迎之"，以便聚而歼之。当部队进入"险阻、潢井、葭苇、山林、翳荟"之地时，要严密搜索，防止敌人的侦探和间谍隐藏其内。这也可以举一个史例。古代，崤山函谷号称天险，位于今天河南西部，分东西两崤，延伸黄河、洛河之间。公元前154年，西汉名将周亚夫奉命平定七王之乱，由长安（今西安）出发，准备东出崤函，会师洛阳。临行时，他接受部下赵涉的建议，避开崤函险道，转走蓝田，出武关（今陕西商洛市西）。事后查知，吴楚果然在崤山埋下伏兵，准备袭杀周亚夫。

2. 相敌

关于本篇的第二个主要内容"相敌"——战场观察，孙武详细列举了三十二种现象，这些现象都可以从当时的战例中找到史实的印证。孙武的"相敌"之法，是那个时代在白昼直接用视力在阵地前沿进行敌情观察的方法。这些通过各种征候以判断敌情的方法，虽然是古朴的、原始的，然而却是生动的、具体的，它从一个侧面真实地反映了春秋时代的战争特点。下面，我们仅举几个战例加以说明。

"敌近而静者，恃其险也；远而挑战者，欲人之进也；其所居易者，利也。"这是对伏击战的相敌。例如，郑抗北戎之战是春秋时代伏击战的著名战例，甚至可以看作我国战史上的第一次伏击战。北戎是当时北方的少数民族，擅长骑射，十分骁勇。公元前714年北戎侵郑，郑庄公接受公子突的建议，设置三处伏兵，诱敌入伏。北戎军进至管城（今郑州）一带时，郑军伏兵尽起，连续突击、包围敌人。北戎军前军与本部被分割，互不支援，终被郑军歼灭。至于郑军如何保持战场沉默，如何恃险诱敌，诸如此类的战术动作，史无详载，只好阙如。

"众树动者，来也。"曹操注："斩伐树木，除道进来，故动。"不仅如此，当时树木还可以作为兵器和军械。例如晋楚城濮之战前，晋军"伐其木以益其兵"（《左传·僖公二十八年》），就是为了增加作战的器械。所以树木摇动是敌人要到来的征候。

"尘高而锐者，车来也。"晋楚邲之战时，楚将潘党观察到晋军战车奔驰扬起的尘土，便把情况报告了主将，为楚军迅速调整部署掩袭晋军赢得了主动。（见《左传·宣公十二年》）。

"辞卑而益备者，进也。"1044年契丹攻西夏的贺兰山之战是"辞卑益备"的典型战例。当时，契丹以十万大军渡过黄河大举攻夏。西夏国君元昊以"求和"引诱契丹军深入，三次后退百余里，沿途坚壁清野，迫使契丹军人马缺食，饥疲不堪，然后大举反击，击败契丹军。

"敌强而进驱者，退也。"公元前615年秦晋河曲（今山西永济市）之战时，秦军准备撤退，却派使者夜赴晋营说：今天的仗，将士们都没有打痛快，明天战场再见。晋将臾骈却从秦使的眼神和口气中察觉到秦军要撤退，他说："使者目动而言肆，惧我也，将遁矣。"（《左传·文公十三年》）建议乘机把秦军逼到黄河岸边而击败之。

"无约而请和者，谋也"。无约请和，暗藏杀机，晋李矩袭汉刘畅的荥阳之战比较成功。317年，刘畅率汉军三万攻荥阳，与晋军李矩对峙在今新郑一带，两军相距仅仅七里之遥。刘畅仗恃自己兵力强大，派遣使者向李矩招降。李矩为了麻痹敌人便遣使诈降，送去酒食。刘畅放松了警惕，犒赏三军，官兵皆醉，李矩见机，指挥部队奇袭敌营，大获全胜。

"鸟集者，虚也。"公元前555年齐晋两军在平阴（今山东平阴北）对峙时，齐军撤退的当夜，晋军的师旷判断说："乌鸦的叫声轻松愉快，齐军可能逃遁了。"邢伯判断说："有战马盘桓的声音，齐军可能逃走了。"叔向判断说："城上有乌鸦，齐军恐怕逃走了。"（《左传·襄公十八年》）

"旌旗动者，乱也。"曹刿在长勺之战中就是根据齐军"辙乱旗靡"而建议发起追击的。

孙武所以不厌其烦地列举数十种"相敌"的方法，目的就是告诫那些自以为兵强马壮而鲁莽行事的将领，如果既不注意"处军"的原则，又不懂得"相敌"之法，而是"惟无虑而易敌（轻敌）"，没有深思熟虑而又轻敌冒进那么必遭失败，"必擒于人"。

3."兵非益多"

孙子在这里提出了一个重要的思想，即我国最早提出的精兵思想。他说："兵非益多也，惟无武进（刚武轻进），足以并力、料敌、取人而已。"我们在阐释精兵思想之前，先需对两处文字作一点训释。

一是"兵非益多也"，汉简作"兵非多益"（兵力并非多了就好），《武经》各本作"兵非贵益多也"（兵力并非越多越好），二者均于文义无大碍。

不过，从校勘上看，当以汉简本为善。王晳注："不以多为益。"也证明所见本为"多益"。还要看到，"益"与下句的"力""敌""人"押韵，且"多益"较"益多"其义为长。

二是"取人"的解释问题。一说是取得部众拥护和支持，二说是取胜于敌，三说是择人而用。从上下文义看，论述的既是精兵问题，自应以"择人而用"为是。《孔子家语·五仪解》："哀公问于孔子曰：'请问取人之法。'"可证。选择高素质的人才正是精兵政策的内容。

兵贵精不贵多，兵贵质不贵量。在孙子看来，一支军队如果能做到作战行动不刚武轻进，作战过程始终注意集中兵力，作战决心建立在准确判断敌情的基础之上，官吏士卒又都是经过严格挑选的人才，那就称得上是精兵了。

自孙子提出精兵思想之后，自春秋至战国这一思想愈来愈明晰。"杀士"一词，即是精兵之意。"杀"并非斩杀，也不是牺牲，而是减省，裁减，"杀士"如同今之裁军。《辞海》"杀"："省，少。《公羊传·僖公二十二年》：'春秋辞繁而不杀者，正也。'《注》：'杀，省也。'"《孙膑兵法》有《杀士》残篇。《尉缭子·兵令下》有云："臣闻古之善用兵者，能杀卒之半，其次杀其十三，其下杀其十一。能杀其半者，威加海内；杀（其）十三者，力加诸侯；杀（其）十一者，令行士卒。"意思是说，臣下听说古代善于用兵的人，能裁军一半，其次裁十分之三，其最次裁十分之一。能裁军一半的，武威可以施加天下；裁军十分之三的，武力可以凌驾诸侯；裁军十分之一的，号令可以通行全军。

所谓精兵，主要是精减冗兵，精减非战斗人员，消减臃肿的机关，通过减少数量来换取质量的提高，因为"兵多之旅必胜"已愈来愈为"兵精之旅必胜"所代替。自古以来，军队建设就遇到这个数量与质量的矛盾，兵少不足卫，兵多不胜养，更加之科技的进步，武器装备信息化程度的提高，战争的发展，重视军队质量建设已成为治军的基本方针。从发展趋势上看，军队组织的一体化，军队规模的小型化，武器系统的智能化、指挥控制的自动化，等等，都是精兵的题中之义。

在军队建设上，孙子还在这里对军队管理问题提出了一个重要的指导思想："故令之以文，齐之以武，是谓必取。"他看到，要使士卒做到令行禁止，自愿服从，就必须处理好"文"与"武"的关系、"赏"与"罚"的关系、"令素行"与"令不素行"的关系、"恩"与"威"的关系。以"文"诱之，以"武"迫之，文武并用，恩威兼施，这是历史上治理军队的基本手法。从历史上看，史例不少。例如明朝嘉靖年间，倭寇猖獗，江浙沿海的人民生命财产遭到严重损失。戚继光面对倭寇的暴行和明军的腐败无能痛心疾首，决心选练精兵，剿除倭患。他就地招募农村兵、矿工兵，并以胆量、气质和体质进行选练，很快组成了一支威震敌胆的"戚家军"。戚继光文武并用，恩威并施，使这支军队深受保民爱民教育，军纪严明，技术战术优良，战斗力很强，在抗倭战争中立下了一个又一个战功。

孙子讲的"令素行"就相当于我们现在所说的养成教育，平时不能严格管理、严格要求，战时就不可能很好地执行命令，完成任务。中日甲午战争，仅就海军舰队的吨位和武器装备而言，北洋舰队优于日本联合舰队。但是，1894年的黄海之战，清军战败。其中一个原因就是"令素行"与"令不素行"的养成教育问题。战前，日军舰长东乡平八郎看到"镇远舰"炮管上晒衣服，栏杆扶梯有油污，说明清军管理不严、作风散漫，从而得出清军不堪一击的结论。

（三）引论

精兵问题之所以从孙子那里提出来，是因为当时战争频繁，"日费千金"，诸侯列国都在扩充军备，"力屈财殚"，更加之专职的军人与专业的常备军的出现，于是孙子天才地提出了"兵非益多"的精兵主张，这是难能可贵的。

两千多年后，特别是海湾战争之后，各国军队都面临新军事革命，一种崭新的战争形态——信息化战争已经凸显在人们面前。

所谓新的战争形态，主要表现为指挥控制的自动化，战场打击的精确化、小型化，战场侦察的透明化，力量投送的远程化，陆、海、空、天、电全方位的联合打击。在信息化战争条件下，战斗力的强弱不是以军队数量为判断的标准，而是提出了崭新的战斗力的构成要素，诸如要求人员的素质、体系的功能、技术的先进等。

我军的质量建设，这些年来已有很大的进步，缩小了与发达国家军队的差距，可贵的是，走出了一条适合我国国情的富有中国特色的精兵之路。

在治军问题上，孙子提出的"令之以文，齐之以武"是一个重要的指导思想，也是一个巨大的思维框架，因此具有普遍意义。

军队是一个特殊的综合性的大系统，由于军事斗争的需要，它要求各个系统必须做到整体协同，必须服从指挥，必须令行禁止，必须严格纪律、严格养成、严格秩序。随着时代的发展，在军队管理上，既要遵循一般的传统的治军规律，更要适应新情况，与时俱进，改革创新。诸如，"经验型"的管理应向"科技型"的管理转变，"粗放式"的管理应向"精确化"的管理转变，大纵深的管理应向浅纵深的管理转变，等等，都是现代军队管理所要求的。总之，必须把科学管理提到战略高度，努力提高和增强我军的战斗力，真正使我军做到"打得赢""不变色"，成为一支保卫国家、捍卫和平的人民军队。

《地形》篇新说

（一）题解

《孙子兵法》中，多处论及军事地形，既有战略地形，也有战术地形，其中，专门论述战术地形及其在战斗中的地位和影响的即此《地形》篇。

（二）篇解

1. "地有六形"

地形是地貌和地物的总称。地貌包括平原、山地、丘陵、山岳丛林、荒漠草原之类；地物即江河、湖泊、道路、民居之类。孙子按通行条件和观察条件将战术地形区分为六种，现分述如下。

一是"通形"，"我可以往，彼可以来，曰通；通形者，先居高阳，利粮道，以战则利"。"通形"即畅通无阻的平原地形。"通形"的通行程度最好，最利于部队运动。这种地形，"我可以往，彼可以来"，无论军队沿道路（当时所谓阡陌交通）进行机动，还是越野机动，都有较好的交通运输条件。"通形"地域广阔，战场容量大，最适于宽正面、大纵深、高速度的大部队作战。但是，由于视界开阔，难以隐蔽，因此，孙武认为"通形"地区作战必须"先居高阳"，占领独立高地或小丘，瞰制四周，才能"利粮道"，保障运输补给。

二是"挂形"，即"可以往，难以返"、山高坡陡的挂碍地形。"挂形"的通行程度差，但是隐蔽条件好。"挂形者，敌无备，出而胜之；敌若有备，出而不胜，难以返，不利。"孙武认为，位于"挂形"之军，因为凭险而踞，隐蔽良好，瞰制敌军有利，因此，如果能巧妙地发挥这一地形条件的特点，就可以出奇制胜；如果运用不当，也易招致重大损失。

三是"支形"，即便于敌对双方形成对峙相持的断绝地形。杜牧注云："支者，我与敌人各守高险，对垒而军，中有平地，狭而且长，出军则不能成阵，遇敌则自下而上，彼我之势，俱不利便。如此，则堂堂引去，伏卒待之；敌若蹑我，候其半出，发兵击之则利。若敌人先去以诱我，我不可出也。"他这一解释是符合孙子文意的。

此种地形通行条件虽然较差，但是属于两军必争的丘陵地域，双方都可以利用。只要善于利用地形，抓住战机，进攻就可以得手，反击也能奏效；如若处置不当，攻防双方都可能暴露翼侧而难以争利。

四是"隘形"，即通道狭窄的隘口，利于凭险防守，既可节省守兵，又可阻援疲敌。吴楚柏举之战中，吴军通过的义阳三关就是这样的隘口。孙武认为，如果敌人已派重兵封锁了隘口，就不要轻易发起进攻。从这里可以看出，孙武在讨论军事问题时，时时处处都表现出他的"全胜"思想，要求胜于易胜，而不主张死打硬拼，得不偿失。公元前506年孙武亲自参与指挥的吴楚之战就是一个显例。当时，吴军沿淮河逆流而上，采取突然袭击的战略进攻楚国。其所以获得成功，吴军顺利地通过隘口义阳三关是重要原因之一。

义阳三关当时又名大隧、直辕、冥阨，在今河南信阳附近。吴军迅速通过这三关要隘之后，便顺利地向汉水挺进，赢得了主动。

五是"险形"，乃指山川艰险难行，"一夫当关，万夫莫开"的地形。

孙子清楚地表明，在这种地形作战，"若敌先居之，引而去之，勿从也"。"引"就是撤退；"去"就是离开。

例如，北宋初年，宋军攻打北汉，由于北汉有辽国的支持，只要宋军打它，辽军就出动相援，宋军常常无功而还。如何阻遏辽军，进而统一北汉呢？979年，宋太宗决定御驾亲征，命将军郭进担任截击辽军的任务。郭进受命之后，迅速占据"险形"白马岭。白马岭不仅险峻，而且两山之间，急流飞湍，很难泅渡。辽将急于援救北汉，冒险渡涧。宋军居高临下，箭如雨下，重创辽军，为宋军主力攻打北汉创造了胜利条件。

六是"远形"，"远形者，势均，难以挑战，战而不利"。"势均"，指敌对双方的集结地域相距较远。这种地形对于双方的进攻都不利，孙子称之为"势均"。有人误把这里的"势均"释为兵力相等，势均力敌，这就离开了孙武的原意。孟氏注指出"势均"乃是"地势均等，无独便利"。杜牧的注文更为明晰："譬如我与敌相去三十里，若我来就敌垒，而延敌欲战者，是我困敌锐，故战者不利。若敌来就我垒，延我欲战者，是我逸敌劳，敌亦不利。故言势均。然则如何？曰：欲必战者，则移相近也。"

总之，孙子认为，以上六种地形，是"地之道也，将之至任，不可不察也"。所谓"地之道"，总的来说就是要掌握地形的特点，因势利导，趋利避害，扬长避短，巧妙利用，正确部署。地形有利有弊，不能孤立地看待，还是孙子说得好："地形者，兵之助也。料敌制胜，计险厄远近，上将之道也。知此而用战者必胜，不知此而用战者必败。"关于孙子所说的"上将之道"，我们举一个岳飞的史例。

南宋初，正当南宋处于战略退却、形势十分不利时，刘豫降金，建立伪齐政权，乘机夺占荆襄地区，把南宋江汉防线撕开一个缺口，为此宋高宗把收复襄阳的重任交给了岳飞。岳飞早就有收复襄阳、北伐中原的志向，他曾上奏朝廷说："襄阳六郡，地为险要，恢复中原，此为基本。"

1134年，岳飞自今九江出发，从今武昌渡江，直指郢州（今湖北钟祥），他渡江时发出誓言："飞不擒贼帅，复旧境，不涉此江"（《金佗粹编》卷21，《鄂王传》），郢州一战，歼敌七千，初战告捷，岳飞乘胜北攻襄阳。襄阳左临襄江，据险可守；右为平地，便于冲杀。但是齐军守将李成竟派骑兵守江岸，派步兵守平地。岳飞观察敌阵后指出："步兵利险阻，骑兵利平旷，贼将不知地利而如此布阵，即使拥兵十万，亦难有作为。"（同上）随即命部将王贵率步兵凭险攻击敌人骑兵，命部将牛皋率骑兵斩杀敌人步卒，经过一番激战，取得了胜利。

2. "兵有六败"

"兵有六败"，主要是关于作战中的带兵问题和兵力使用问题。

第一"走"（败走），"势均，以一击十，曰走"。"势均"与上段所言"远形"的"势均"同义，指双方地势均等。"势均"尚且"难以挑战，战而不利"，而今却要"以一击十"，必然败走。在兵力使用上，孙子反对平分兵力、没有主次。在刘秀的统一战争中，吴汉攻蜀之战比较有代表性，又有戏剧性。36年，刘秀命吴汉率军3万自今四川乐山溯长江而上进攻成都的公孙述。吴汉连战皆捷，进逼成都。这时，刘秀致信告诫吴汉："成都十余万众，不可轻也。但坚据广都，待其来攻，勿与争锋。若不敢来，公转营迫之，须其力疲，乃可击也。"（《后汉书·吴汉传》）吴汉不听，扎营城北，另命副将刘尚屯驻江南。刘秀得报大惊，严斥吴汉分兵轻敌，令其迅速退守广都。刘秀的诏命未到，果不出刘秀所料，公孙述已派重兵围攻吴汉，另派一部牵制刘尚。经过激战，吴汉终因寡不敌众败守营垒。吴汉遭此惨败之后，深感兵力分散之误，于是与诸将商议，利用夜暗，人衔枚，马勒口，突然急行军，秘密移师江南，与刘尚会合，终于反败为胜。

第二"弛"（领导软弱无能），"卒强吏弱，曰弛"。士兵军事素质好，战斗力强，但指挥官懦弱无能，领导不力，也会导致失败。822年，唐穆

101

宗时魏博节度使田布率魏博军奉命讨伐王廷凑，但是田布无力驾驭魏博军，数万人骑着毛驴在军营乱窜，他也管不了。其部属史宪诚等拒不听命，作战时，士兵们不战自溃。软弱无能的田布只好刺心自尽，年仅38岁。

卒强吏弱问题是带兵的大忌，又如春秋末，吴王阖闾在称王之前的吴楚战争中就曾经指出："楚军多宠，政令不一，帅贱而不能整，无大威命，楚可败。"（见《十一家注》张预注）果然，大败楚军。

第三"陷"（士卒战斗力低），正好同"弛"相反，同样是导致失败的因素。士兵怯懦怕打仗，平时又缺乏训练，官兵不能齐勇同奋，光靠将吏单打独斗，那自然会徒陷其身，陷于败亡。

第四"崩"与第五"乱"，都是指将帅治军无方，统军无力，这也毫无疑问要失败。例如，公元前597年，晋楚邲（今河南荥阳北）之战前，楚国的伍参就对楚王说："晋之从政者新，未能行令。其佐先縠刚愎不仁，未肯用命；其三帅者，专行不获，听而无上，众谁适从？此行也，晋师必败"。（《左传·宣公十二年》）伍参的分析就是从"崩""乱"角度作出胜负判断的。他这段话的大意是说："晋国辅政的都是新人，威信没有树立，不能做到令行禁止。主将荀林父的副手先縠这个人刚愎不仁，不肯服从命令。晋国的上中下三军统帅都想独断专权但又不能办到；想要听从命令，而又没有上级，无所适从。因此，晋军要失败。"事实也果如伍参所料，楚军赢得了胜利。

第六"北"（败北），"将不能料敌，以少合众，以弱击强，兵无选锋，曰北"。主将对敌情判断错误，以少斗多，以弱击强而又没有冲锋陷阵的"选锋"一定会遭到失败。古代作战，培训组建一支"选锋"十分重要，他们承担的责任就是冲锋陷阵，溃围决胜，打乱敌军的阵脚，冲垮敌军的阵势。对于"选锋"，称谓各有不同，战国时期，齐国叫技击，魏国叫武卒，秦国叫锐士。何氏注《孙子兵法》云："汉有三河侠士剑客奇材，吴谓之解烦，齐谓之决命，唐谓之跳荡，是皆选锋之别名也。兵之胜术，无先于

此。"总之,"选锋"就是选拔的锋锐。"武士不选,则众不强。"(《尉缭子·战威》)

上面孙子讲了"地有六形"与"兵有六败",说明战争的胜败关键在于将帅要知地知天,知用兵之术,这是"将之至任,不可不察也"。综合上面两大问题,孙子的结论是:军事地理是"兵之助也","料敌制胜,计险厄、远近,上将之道也"。因而一方面要正确地了解和判断敌情,以求克敌制胜;另一方面要准确地计算地形的险易远近,以便对军队的开进、机动和部署,阵地的选择、使用和伪装作出正确的抉择,从而把敌情分析与地形利用有机地联系起来。要把这两者辩证地、紧密地结合起来指导作战,那么,将帅就应当有独立指挥、机断行事的权力。孙武公开地声称,作为一个将帅,应当"进不求名,退不避罪",只要军事目的和结果明确:"惟民是保,而利合于主";又对"战道必胜"或"战道不胜"有正确的分析判断,那么,对于国君错误的命令和错误的指挥,就可以不予置理。这样的见解和主张,只有革新进步的新兴地主阶级,才有可能提得出来,没有这样的阶级和时代两方面的条件,是不可能提出来的。

将帅除了要对国家、君主负责外,还有一个重要方面要处理好,那就是带兵问题。孙子说:"视卒如婴儿,故可与之赴深溪;视卒如爱子,故可与之俱死。"孙子在这里提出了一个爱兵问题,这是军队建设上的一个重要问题。孙子主张将帅要树立"视卒如婴儿"的爱兵观念。从实践上看,历史上也不乏这样的事例。著名军事家吴起就十分注意爱兵问题,史书记载,他能"与士卒最下者同衣食,入不设席,行不骑乘,亲裹赢粮,与士卒分劳苦"(《史记·吴起列传》),因而深得士兵拥戴。他在一次战争中,曾亲自为一个受伤士兵"跪而自吮其脓"。颇有意味的是,当这个伤员的母亲听到这个消息后,哭着说:"吴子吮此子父之创而杀于泾水之战,战不旋踵而死;今又吮之,安知是子何战而死,是以哭之矣。"(《说苑·复恩》)这个

— 183 —

故事道出了爱兵在战争中的重要性，也深刻地揭露了剥削阶级爱兵的阶级实质和局限。

孙子最后在篇终得出结论，只有知彼知己又知天知地的将领，才能称得上是知兵者。而真正的知兵者，"动而不迷，举而不穷"，完全掌握了战争中的"游泳术"。在中国战史上，真正能够做到"动而不迷，举而不穷""知彼知己""知天知地"的将领，西汉的韩信是最有代表性的。他在楚汉战争中担负开辟北方战场的重任，其中尤以公元前205年的背水列阵击破赵地的井陉（今河北井陉）之战最受后人称道。当时，他的精兵被调走，只有率领就地招募未经训练的新兵攻赵。而赵军二十万，兵力强大，又控制井陉天险，易守难攻。韩信面对强敌，采用了一系列计谋，特别是背靠绵蔓水，摆下背水阵，实行"陷之死地而后生"的方针，引诱赵军来攻。结果这些新兵人自为战，奋勇杀敌，取得了破赵的胜利。

（三）引论

空间是战争的"舞台"。从古到今，随着战争的发展，这"舞台"也在不断扩大：从平原旷野扩大到山陵沮泽、草原荒漠，从地面、水面扩大到空中、水下。

作为一种观念形态的军事地理思想，似乎起始于商周之际，特别是《易经》的问世是一个重要标志。黑格尔指出："中国也曾注意到抽象的思想和纯粹的范畴。古代的《易经》是这类思想的基础。《易经》包含着中国人的智慧（是有绝对权威的）。"（《哲学史讲演录》）《易经》在军事上有若干精彩的论述，例如师、同人、谦、复、离、晋等卦都不同程度地记述了战争性质、战争动员、兵员征集、训练管理和作战指挥等多方面的内容。其中，军事地理方面的论述乃是其重要内容之一。例如，《同人·九三》说："伏戎于莽，升其高陵，三岁不兴。"意思是说，在丛林中有我伏兵，又登上高陵进行侦察和瞰制，往往能战胜敌人，可使敌人多年不能恢复元气。

西周的其他典籍中也有关于地形的论述，如《军志》说："失地之利，士卒迷惑，三军困败。"《逸周书·小明武》说："凡攻之道，必得地势。"至于综合性的地理学专著，先秦时代早就出现了诸如《尚书·禹贡》《山海经·五藏山经》《穆天子传》《周礼·职方氏》《尔雅·释地》《管子·地员、度地、地图》等。这充分说明我国很早以来就有着悠久的历史地理学传统。

必须看到，在军事地理学上拔"地"而起的第一座奇峰仍然是《孙子兵法》。在其十三篇中不仅有《地形》《九地》两个地理专篇，而且对军事地理进行了分类，确定了概念，提出了总原则。今天看来，孙子关于战术地形的论述基本上已经过时，但是，他揭示的带规律性的原则，如"地形者，兵之助也"之类仍是真理。

现代战争，特别是未来的信息化战争，地形对作战的制约大大地减小了，"一夫当关，万夫莫开"已成为远去的历史。但是，由于广泛使用卫星定位、遥感技术等侦察手段，要求精确、及时、全面地认知战场地域，于是又在一个新的起点上使地形因素提高了它在信息化战争中的地位和作用。因此，学习和借鉴孙子的思想，对真正做到"知天""知地"，努力加快我军的信息化建设仍然是有重要意义的。

《九地》篇新说

（一）题解

《九地》主要论述的是战略进攻问题，是远程奔袭的"为客之道"。"九地"之"九"，极言其多。《九地》不完全等同于我们今天所说的军事地理学或军事地形学上的问题，它是孙子为了研究战略进攻而作出的独特的地理划分。

（二）篇解

孙子的《九地》，中心是论述战略进攻的"为客之道"。所谓的"为客之道"就是进攻敌人的方法。在古代兵法中防守一方称为"主"，进攻一方称为"客"。但是，孙子论述这个问题的逻辑思维与我们现代人有很大的不同。比如，他对"九地"的两次定义，对"九地"的战法与处置分开论述，而且《九变》也有"圮""衢""围""死"之名，如同错简一般，显得零乱，令人读来不可思议。我想，或许真有错简问题，要不就是孙子自有他那个时代特殊的思维路径。

按照我的理解，孙子关于"九地"的为客之道主要讲了两个层面上的问题：一个是战术层面；一个是战略层面。战术层面，孙子具体提出并阐述了"九地"之名，"九地"的定义，以及在"九地"作战的战术要求；战略层面，孙子从战略的高度宏观地论述了战略进攻作战的若干原则和方法。许多原则极富指导意义，所以，《九地》篇受到后人的普遍重视和赞赏。现分述如下。

1. "九地"之名与"九地"战法

孙子提出"九地"，其依据既然不是军事地理，那么是什么呢？

表面上看，"散""轻""争""交""重"等地是以进入敌国距离的远近为依据来划分的，其实呢，从"为客之道"看，核心的依据是士气控制问题，用孙子的话说就是"人情之理"。在孙子看来，战略进攻作战，人在异国他乡，士气十分重要。那么，如何保持高昂的士气呢？"深则专，浅则散"，越是深入敌境，士气愈饱满。以此为理论依据，孙子提出了"九地"之名，界定了"九地"之义，并且明确规定了"九地"的不同战法和处置。

（1）"散地"的"散（sàn）"即离散、逃散的意思。杜牧注指出：士卒在家门口作战，向前冲锋就会怕死，向后退却就会逃回家去，因此，"散地"不宜作战。孙子提出的指导原则是"散地吾将一其志",统一士卒的意志。

（2）"轻地"是指部队虽已出境，但进入敌境不深之地。这个时候军心还在进退之间犹豫，尚未专一巩固，因此，孙子主张在"轻地"部署要首尾连属，加速行进，不能停留，不能宿营，既防敌人偷袭，也防士卒逃归。

（3）"争地"即必争之地，我军后续部队必须迅速跟进，首尾俱至。如果敌人尚未占领，我军应抢先占领，如果敌人已经占领，那么我军不要强攻强争。例如，234年，诸葛亮率军10万北进，打算攻占北原要地，以"隔绝陇道"，迫使魏军出战。魏将郭淮料到诸葛亮这一招，于是抢先占领了北原。堑垒未筑好，蜀军果然来到，郭淮先居要地，迎击蜀军。诸葛亮终于未攻下北原。诸葛亮深知"争地勿攻"的道理，因而"后数日，亮盛兵西行"。郭淮的部将都以为诸葛亮要放弃北原要地而去进攻魏军大本营。按诸葛亮之意，因敌先得要地，故引兵佯退，诱敌出救。但这一意图仍被郭淮识破，认为："亮现形于西，欲使兵众应之，必攻东耳。"其夜，蜀军果然进攻北原东边的阳遂。但郭淮已有准备故而不败，再次破坏了诸葛亮的计谋。

（4）"交地"即道路交错之地。孙子认为，在交地作战应当"谨其守"，谨慎防守，严阵以待。他曾指出"交地则无绝"，兵临"交地"就应阻断敌人进攻我军的通道。"谨其守"正与"无绝"相呼应。梅尧臣注云："谨守壁垒，断其通道。"一说不要阻绝交通，也可备一说。

（5）"衢地"即三国乃至多国毗邻之地。为了避免在外交上陷于孤立，在这种地形上要结交诸侯。

（6）"重地"即深入敌国的重险之地。在这种地形上，一方面，要"继其食"，保障供应；另一方面，一旦后勤供应不上，孙子认为只有掠夺才能解决部队的粮食、马匹的草料。至于有的注家认为此句应作"重地则无掠"，有的注家又把"掠乡分众"释为"指乡分众"，都想避开这个"掠"字，似乎说孙子主张掠夺有损孙子的形象，显然是曲为之说。本篇还有"掠于饶野，三军足食"，孙子十分明确地表明了他的这一观点。我认为，这是孙子的阶级局限，不必为他掩饰。

（7）"圮地"即山林、险阻、沼泽、道路难行的毁圮之地。孙子主张应当迅速通过，因为这种地形不宜停留，不宜驻扎。

（8）"围地"即四面险阻，犹如被包围一样的地形，一旦部队陷入此种地形，只有巧设计谋以脱出困境。于鬯认为："围地者，谓地之围，非谓被兵围也。被兵围则是死地，非围地矣。……塞其阙者，乃并其所有之出路而塞之，以示久居其地，如闭门守城之状。"（《香草续校书·孙子》）

（9）"死地"即指那种前不得进，后不得退，旁不得走，不速战以求生就会面临死亡之地。孙子主张在这种地形只有殊死一战，方能死里逃生。

（10）"绝地"即离我国境进入敌国之地就是绝地。《九变》云："绝地无留"，不要久留，恐生变故。

2. 战略进攻的原则和方法

上面我们分析了进攻作战中"九地"的战术问题，下面就来讨论孙子关于进攻作战中"九地"的战略问题。为了叙述的方便，按其文脉依次介绍如下。

（1）面对强敌，必须打敌要害，一战而胜。

孙子说："所谓古之善用兵者，能使敌人前后不相及，众寡不相恃，贵贱不相救，上下不相收，卒离而不集，兵合而不齐。"意思是说，所谓古代善于指挥作战的人，能使敌人的部队前后不相策应，主力和小部队不相依靠，官兵不相救援，上下不能协调，兵卒溃散难以集中，交战时阵形也不整齐。

对于强敌也能收到这样的效果吗？孙子提出设问："敌众整而将来，待之若何？"曰："先夺其所爱，则听矣。"意思是说："假如敌军人数众多、阵势严整地向我推进，用什么办法对付它呢？"回答道："先夺取敌军的要害，就能使它听从我的摆布了。"

历史上有这样一个显例。

23年的昆阳之战中，刘秀就可以称得上是孙子所说的这种"善用兵者"。当时刘秀面对四十倍于己的王邑军进攻，坚守危城，最后取得了胜利。从"善用兵"而言，这一仗，刘秀首先是善于捕捉战机，重视初战。他亲率步骑千人主动出击，首战告捷，鼓舞了士气，接着又连续突击，打了几个胜仗。他又精选"死士"也就是孙子所说的"选锋"三千人，出其不意地攻打敌人的指挥部，"先夺其所爱"，摧毁了敌人的指挥中枢，使王邑军全军陷于瘫痪，阵势大乱，互相践踏，积尸遍野，王邑也死于乱军之中。

（2）兵贵神速，攻无备，击不意。

孙子提出了一个重要的作战思想："兵之情主速，乘人之不及，由不虞之道，攻其所不戒也。"后世之"兵贵神速"一词，就源于孙子"兵之情主速"。《计》篇"攻其无备，出其不意"的思想在这里又做了进一步表述。"不及"，措手不及；"不虞"，料想不到；"不戒"，没有戒备。这都是"为客之道"。

378年，前秦苻丕率军七万攻东晋重镇襄阳。东晋将领朱序以为有汉水相隔，民船已靠到南岸，秦军无船，无法渡河。因而，对秦的大举进攻不以为意，不加戒备。秦将石越率五千骑兵浮渡汉水后，朱序不知所措，才急忙收军固守中城。秦军久攻中城不下，被迫停止进攻。朱序又被胜利冲昏了头脑，不但没有加强防卫，反而放松了戒备。石越乘敌没有戒备发起进攻夺取了襄阳，朱序也当了俘虏。

又如，227年，投降魏国后担任新城太守的孟达又暗地联结吴、蜀，准备谋反。屯军于宛城的司马懿得知这一重要情报后，准备征讨。宛城距洛阳八百里，请示上报，往返需要半个月时间；从宛城到孟达起事地点上庸城有一千二百里，也要走十多天。当时，魏军兵力是孟达的四倍，但魏军的粮食不够吃一个月，孟达的粮食却可以支持一年。按惯例，司马懿出兵需要先上报洛阳魏明帝，接到旨意后才能行动。若这样，魏军只能在孟达举事后一个月才能开到上庸，面临的情况将是魏军粮草用尽，孟达却做好了充分的准备。时间成了双方争取主动的关键。足智多谋的司马懿果断行事，一面写信安抚孟达，使其麻痹和犹豫；一面上报魏明帝，同时暗中率军向上庸疾进。三军分为八路并进，昼夜兼程，一天要走两天的路程，只用了八天就赶到上庸城下。对此，孟达惊讶说："我举事，八日而兵至城下，何其神速也！"魏军猛攻上庸城，城破之后，孟达被杀。

（3）投之死地，愚兵激士。

战略进攻大多为越境而战，如何激励士气、控制部队是一个很大的问题。孙子在这里提出了三条"愚兵励士"的原则：首先，愈是深入敌境、深入险境军心就愈巩固，执行就愈有力；其次，愈是深入重地，就愈要依靠抢掠来解决军食；最后，愈是深入敌境就愈要大行愚兵之策，欺骗士卒。即使士卒分明看到死亡，泪流满面，也无可奈何，因为把他们投之死地，只好拼命作战，死里求生。

例如，416年，东晋乘后秦内外交困之机，决定发起进攻。于是派王镇恶、檀道济为前锋自今安徽寿县出发，沿淮河而上，进攻许昌、洛阳，得手后，直逼潼关。后秦守将姚绍出战不利，退守定城，依险坚守，双方形成相持状态。这时，王镇恶决定亲率水军由黄河入渭水，逆流而上，突袭长安（今西安）。王镇恶到达渭桥（今陕西咸阳市东北），命令将士饱餐之后，弃船登岸，攻打长安。王镇恶激励部队说："这里已是长安北门，离家已是万里之遥。现在只有奋勇杀敌才能死里求生，夺取胜利，取得功名利禄，光宗耀祖。"他自己身先士卒，挥军进击，将士们也都奋勇争先，最终攻占长安。

孙子激励士气的理论依据是，投之死地，官兵自然会尽力而战。孙子说："是故其兵不修而戒，不求而得，不约而亲，不令而信。禁祥去疑，至死无所之。吾士无余财，非恶货也；无余命，非恶寿也。"意思是说，在投之死地这种条件下的军队不须整饬就能注意戒备，不须强求就能完成任务，不须约束就能亲附拥戴，不须申令就能遵守纪律。禁止迷信，消除疑虑，至死也不会逃避。我军士兵没有多余的钱财，不是因为厌恶财物；没有人贪生怕死，不是因为厌恶长命。而是形势使然迫不得已。

但是，另一方面又必须看到，孙子关于战前要"谨养而勿劳，并气积力"，搞好休整的论述是十分正确的。

公元前228年，王翦率六十万大军伐楚。楚国听说王翦率军来攻，召集全国之兵拒秦。王翦到达楚国后，坚壁而守，不肯马上同楚军交战。楚军数次挑战，王翦始终不出战。王翦每日让士卒休息洗沐，好吃好住，并与士卒同饮共餐。过了一些日子，王翦问身旁人："军中在做什么？"回答说："都在做投石和跳跃运动。"王翦说："士卒可用了。"楚军因数次挑战而秦军并不出战，于是向东撤退。此时，王翦下令追击，大破楚军。至蕲南（今安徽宿州市东），杀其将军项燕，楚军败走。秦乘胜占领了楚地城邑。此次征讨楚国，王翦爱惜部下，养军得逸，并气积力，终于平定了楚地。

（4）同舟共济，齐勇若一。

进攻作战中，部队必须做到令行禁止，步调一致，"齐勇若一"。这是战术变化的基础。只有做到掌控部队如同"携手若使一人"的地步才可能有良好的战术可言，才可能排兵布阵如同"率然"，首尾呼应，机动灵活。那么，用什么方法才能实现这一点呢？孙子认为方法只有一条，那就是让全军上下共处危境，如同船行大江，狂风骤至，大家都不得不为了共同的活命的目的而"相救如左右手"。

例如，1355年，朱元璋为了夺取金陵（今南京）建立根据地，亲率红巾军由和州（今安徽和县）乘战船千艘攻打采石镇，经过激战，占领采石，夺得不少粮食。由于义军中不少是和州人，而和州缺粮，因此，他们不愿进兵，想回家去。为了断绝将士的归心，朱元璋下令砍断船缆，放走战船。朱元璋号召大家说："我们要建功立业就不能只图一时安乐，前面就是太平（今安徽当涂县），只要夺占太平，我们就有了立足之地，下一步，金陵就是我们的了。"将士们见退无归路，又受到朱元璋这一番鼓励，很快就打下了太平。

（5）秘密开进，愚卒耳目。

孙子认为，要"聚三军之众，投之于险"，作战意图必须严格保密，不能让士兵知道。诸如开进的路线、时间、地点等一点都不能泄露，而且要故意"易其事，革其谋，使人无识；易其居，迂其途，使人不得虑"。意思是说，变更作战部署，改变原定计划，使士兵不明真相；改换驻地，迂回行进，使士兵猜不到意图。总之，对士兵要"若驱群羊，驱而往，驱而来，莫知所之"。

这里要划清一个界限——保密与愚兵的界限。作战意图、作战行动之类军事机密不能让无关的人知道，显然，这不是愚兵。而孙子所言"如登高而去其梯""若驱群羊，驱而往，驱而来，莫知所之"则明显是愚兵主张了。

（6）威加于敌，其国可毁。

孙子说："夫霸王之兵，伐大国，则其众不得聚；威加于敌，则其交不得合，是故不争天下之交，不养天下之权，信己之私，威加于敌，故其城可拔，其国可隳。"

孙子所说的霸王之兵，即指兵力强盛的军队。这种军队实施远程奔袭，使敌人猝不及防，必然给敌人造成"其众不得聚""其交不得合"的被动局面。孙子认为，一旦出现这种有利态势时，就不必与敌国争交天下诸侯，也不必与敌国争着在诸侯列国培植自己的势力，只要扩展自己的战略企图显示武力，就可以实现攻城略地的目的。孙子这种"威加于敌"的思想可以看作他"不战而屈人之兵"的"全胜"战略观的进一步发挥。在孙子看来，作为"霸王之兵"，实力雄厚，兵力强大，不必同敌国争交天下诸侯，而天下诸侯也不敢与敌结交。从战史上看，秦始皇统一六国的战争，特别是战争中后期，统一的大势已成定局，秦军攻燕灭魏、南下灭楚，势如破竹，如孙子所说"威加于敌，其城可拔，其国可毁"。齐国的国君田建，完全被秦国的威势所吓倒，他不仅不加强战备，也不敢发兵阻止秦军东进，不助五国合纵攻秦，一味恭顺事秦，秦国每灭一国，齐王都派使者入秦祝贺。待到公元前222年秦军灭亡燕代，齐国面临灭亡之时，才开始备战，为时已晚。公元前221年，秦军避实击虚，从齐国的北部直捣齐都临淄（今山东淄博市东北），不费一兵一卒，灭了齐国，尽得七十余城。

（7）并敌一向，千里杀将。

关于这一条，孙子是层层展开论述的，他首先说："施无法之赏，悬无政之令，犯三军之众，若使一人。犯之以事，勿告以言；犯之以利，勿告以害。投之亡地然后存，陷之死地然后生。夫众陷于害，然后能为胜败。"意思是说，实行超越惯例的奖赏，颁布打破常规的号令。指挥全军如同指挥一个人。给予任务，不说明企图，只告知有利条件，不告知危险的因素。把士卒投入危地，才能转危为存；使士卒陷入死地，才能转死为生。军队陷于险境，然后才能夺取胜利。

对于孙子这一段话，有两个地方值得加以讨论。一个是"犯之以利，勿告以害"，译成白话就是只告知有利条件，不告知危险因素。但是汉简却作"（犯之）以害，勿告以利"，两句正好相反。吴九龙主编《孙子校释》指出："按汉简本义长，今从之。'犯之以害'即后文'陷之死地然后生'，'勿告以利'，是使士卒有必死拼斗的决心，不存侥幸心理。"据此，此句当依汉简来理解。

另一个问题是"然后能为胜败"，赵本学《孙子书校解引类》改"胜败"为"胜哉"，这是一种误改。又如孙子的"能为胜败之政"与"亦奚益于胜败哉"相同。"胜败"一词在这里指的是"胜利"，而没有"失败"之意。

实行远程奔袭的战略方针，千里之遥，越境而师，无论是行军、作战，还是后勤、装备、通信等方面的保障都需要采取不同寻常的方法，特别是保守战略企图不致泄密，更为重要。所以，孙子提出要"施无法之赏，悬无政之令"，特事特办，不拘常法。

因为实行跨越式的远程奔袭，部队深入敌国腹心，面临险境，士兵很容易因恐惧而溃散。因此，孙子又一次强调要全面实行愚兵措施："众陷于害，然后能为胜败。"最后孙子总结说："故为兵之事，在于顺详敌之意，并敌一向，千里杀将，此谓巧能成事者也。"意思是说指导战争这件事，在于假装顺从敌人的战略意图，实则集中兵力于主攻方向，出兵千里斩杀其将，这就是所谓用巧妙的方法取得成功。

通过上文的分析我们可以看出，孙子的战略进攻思想是非常超前、独特的。在战略方向的选择上，他主张集中兵力打敌要害，所谓"并敌一向"；在作战时机的选择上，他主张巧妙伪装，实施作战欺骗，所谓"在于顺详敌之意"；在作战方式的选择上，他一反那种一线平推，逐次推进的传统套路，主张实行远程奔袭式的突然袭击，所谓"千里杀将"。他认为做到了这三条，就可以做到"巧能成事"。

李愬雪夜袭蔡州的战例颇具代表性。在唐宪宗平定藩镇割据势力的战争中，李愬采取分化瓦解的策略，争取了李祐、丁士良等淮西将领为其出谋划策。817年冬十月，李愬采纳降将李祐的建议，乘蔡州（今河南汝南）空虚突然袭击，擒杀吴元济。十月初八，风雪交加，李愬决定利用这一天候出兵，他命降将李祐率三千人马为前锋，自率三千人马为中军，命李进诚率三千人马为后军。从文城栅（今河南遂平县西南）出发，急速东进。为了保守秘密，连部将们都不知道向何处进军，待部队深入敌境后，李愬才宣布这次行动是"入蔡州取吴元济"。由于天寒地冻，人马多有冻死，但李愬严令急进，赶到蔡州时，天尚未明。蔡州城已三十年无战事，戒备松弛，李愬挥军掩杀，生擒吴元济。本来，李愬作为削藩战争的西路军处于次要方向，但是由于他的积极主动，对主攻方向起到了决定性的作用。

（8）秘密决策，隐蔽准备。

《九地》篇的最后一段讲的是庙堂决策问题。

首先，让我们看孙子关于发起突然袭击的描述："是故政举之日，夷关折符，无通其使，厉于廊庙之上，以诛其事。敌人开阖，必亟入之。先其所爱，微与之期。践墨随敌，以决战事。是故始如处女，敌人开户，后如脱兔，敌不及拒。"这就是两千多年前关于突然袭击最古朴、最原始的描述。

为了保障突然袭击的顺利实施，孙子指出，首先是战前要秘密地决策，不使泄露，所谓"厉于廊庙之上，以诛其事"。张预注："当惕厉于庙堂之上，密治其事，贵谋不外泄也。"为了保证军事机密不致外泄，一要"夷关折符"，封锁关口，销毁通行符证，不准本国之人出入国境，这样就避免了敌人间谍盗窃符证潜入侦探；二要"无通其使"，就是说，既要不接受敌人新派使臣来国，防其高明的间谍见微知著，察觉战略动向，也不允许敌国使臣回国，报告消息。不言而喻，为了保守秘密的需要，一切军事行动的准备工作都要隐蔽地进行，巧妙地伪装，以诱骗敌人放松戒备，这就是他说的"始如处女，敌人开户"。

文中的"践墨随敌"一词，注家们的解释莫衷一是。我认为孙子此语很有意思，"践墨"之"墨"，指的是木工用以求准的墨线，孙子以践墨喻指作战要遵循一定的规律、一定的原则。"随敌"就是"因敌制胜"，根据当面之敌的情势而灵活指挥。这四个字，既讲了原则性又讲了灵活性，颇堪玩味。

在我国历史上，突然袭击的战例相当多，例如，219年，正当关羽北攻樊城、威震华夏的时候，东吴的吕蒙看到这正是夺取荆州的有利时机。便向孙权建议说：关羽在荆州边界留守部队很多，这是怕我趁机抄他的后路，我想以治病为名，麻痹关羽。孙权便以一个"未有远名，非羽所忌"（《三国志·吴书·陆逊传》）的陆逊来代替吕蒙。陆逊也去信给关羽，自称书生，不懂军事，进一步麻痹关羽。关羽果然调走一些部队赴樊城前线，放松了对东吴的警惕。

正当关羽在同曹军激战的时候，吕蒙率领大军沿长江而上，进到寻阳（今湖北广济北），把精兵隐藏在船舱内，把摇橹的士兵伪装成老百姓，这就是所谓"白衣渡江"。白衣就是便衣，不是白色服装。吴军出其不意地解除了关羽的警戒部队，一举夺占江陵。最后迫使关羽走麦城（今湖北当阳东南），俘其父子，夺占荆州全境。

《九地》篇在孙子兵法中是文字最长的一篇，也是十分重要的一篇，孙子进攻速胜的战略思想在这一篇中有十分详细的反映。孙子关于实施突然袭击的原则和方法，概略地说就是：秘密地决策，隐蔽地准备，迅猛快速地行动，巧妙灵活地变换战术，出其不意的进攻时机，出敌判断的主攻方向，大胆坚决地深入重地，掠于饶野以解决供给。这些原则至今仍有借鉴价值。

（三）引论

突然袭击，核心的问题是攻其无备，出其不意，说到底还是避实击虚。它又可以分为战略、战役、战术三个层次。以楚汉战争为例，公元前206年项羽发兵攻齐，无暇西顾。困守巴蜀的刘邦趁机"决策东向，争权天下"（《史记·高祖本纪》），大举进攻项羽。这就是战略层次上的"击虚"。汉军在战略进攻阶段中，韩信暗度陈仓，还定三秦可以视为战役行动上的"击虚"。楚汉相持阶段，韩信攻魏、破赵、灭齐三次水上作战都是战役上避实击虚的成功运用。对于楚汉战争中一些战术层次上的"击虚"行动，史学家也有所记述。例如韩信破赵之战中，汉军背水列阵属于战役范围，而隐伏在赵军大营附近山中的汉军，趁赵军空壁出击之机，乘虚夺占赵营，就是一次典型的战术范围内的击虚行动。

毛泽东指出："抓住战略枢纽去部署战役，抓住战役枢纽去部署战斗。"用"虚实"来分析，这种"虚"可以是一个战略地区，如刘邓大军挺进大别山，占领既是敌人要害又力量薄弱的中原；也可以是一个战略要地，如第二次世界大战中，德军避开法国绵亘七百里驻有重兵集团的马其诺防线，将主力指向比利时南部的阿登山方向，由于阿登山区地形复杂，不利于机械化部队运动，因此法军未作戒备，德军轻易越过阿登山后，切断了比利时北部英法联军的退路，向法国境内长驱直入，旬日之间，攻占巴黎；这种"虚"还可以是一城一邑，例如1979年苏军入侵阿富汗，首先夺占首都喀布尔，空降兵仅用三个半小时就一举攻占喀布尔，击毙总统阿明，使其首脑机构指挥系统完全瘫痪，无法组织抵抗，从而起到了极大的影响战争全局的作用。

关乎战役全局，足以震撼敌人的方向和目标就属于第二个层次上的"虚"；战斗范围的关节点则属于第三个层次上的虚。一般而言，在战役、战斗这两个层面上，大凡敌人的司令部、友军的接合部、暴露的翼侧、交通枢纽、后方基地、高技术武器系统都是可击之"虚"。打击之，即可使敌指挥失效、协同失调、武器失灵、补偿失控，被动挨打。第四次中东战争中，以色列军突入埃及军队接合部获得成功的行动，就是战役层次击虚制胜的典型战例。1973 年 10 月在西奈半岛战场上，以军转兵西线，准备反攻埃军。此时，美国侦察卫星发现大苦湖地区埃第 2、第 3 集团军的接合部大约有 30 公里的间隙。以色列依据美国提供的这一情报，毫不迟疑地命令主力沙龙师向埃军接合部穿插突击，很快得手，并向埃军纵深推进，致使埃军回救不及，丧失了战场的主动权。此战以军选定大苦湖为主突方向，打中了埃军既是要害又是空隙的"虚"，起到了牵一发而动全身的作用。

二战中，美日中途岛之战就属于战斗范围的战例。战前，美军通过密码破译技术，获悉日军企图突袭中途岛的作战计划，包括突袭时间、兵力数量、战斗编成等详细军情。这些情况就是此战日军之"虚"。美军此战获胜，关键就在于这一招。于是，美军预作准备，布下陷阱。美军共集结 56 艘舰船、348 架作战飞机。1942 年 6 月 4 日凌晨日军发起攻击，美军从容迎击。日军伤亡惨重，损失 332 架飞机、4 艘航母、1 艘巡洋舰，而美军只损失 147 架飞机、1 艘航母、1 艘驱逐舰。

突然袭击有战略、战役、战斗的区别。战略上的突然袭击属于先发制人的战略，属于在政治上、战略上打了"第一枪"，常常表现为一个国家对他国主权的侵犯。被侵犯的一方，反击敌人，在战略指导上则实行"后发制人"的战略。"后发制人"在形式上是被动的，但在总的防御态势下应当在战役、战斗上积极主动，实行速决进攻的作战。

未来的信息化战争，由于实施的是计算机网络系统的网络战，其作战样式发生了质的变化，有可能超越战役、战术层次而直接进入战略领域，实施所谓"全球瞬时打击"。那完全是一种崭新形式的突然袭击，因此在作战理念上也超越了孙子兵法，超越了传统。

《火攻》篇新说

（一）题解

"火攻"，顾名思义，就是以火攻敌。本篇主要论述火攻的种类、条件和方法，并引申开来论述了"安国全军"的问题。

（二）篇解

1."以火佐功"

孙子所说的火攻，实质上是以"火"助"攻"。他明确指出"以火佐攻者明"。"佐攻"就是配合作战部队达到歼敌目的。这一思想，是与当时火药还未发明、火器还未出现的历史条件相一致的。因此，对于"火攻"的任何超越时代的类比和夸大都是不恰当的。

春秋时代典型的火攻战例并不很多。《春秋·桓公七年》提到的"焚咸丘"几乎可以看作文献记载中最早的火攻战例。半个世纪后，火攻逐渐在战场上有所使用。例如公元前649年，戎狄等一度攻入周王室的京城，火烧王城的东门（《左传·僖公十一年》）；《左传·襄公八年》提到"焚我郊保"（焚烧郊外的城堡）。又如，晋国的使臣提到秦国军队曾"焚我箕、郜"（焚烧晋国的箕地和郜地）（《左传·成公十三年》）。规模较大而又记载较为详细的是公元前555年的平阴之战。在这次战争的最后阶段，晋军等诸侯国军追击齐军时，"焚雍门及西郭、南郭"（烧了雍门和西边、南边的外城）；另一支部队"焚申池之竹木"，后又"焚东郭、北郭"（《左传·襄公十八年》）。除这个战例外，还可举出孙子曾亲自参加的前505年的吴楚战争。在这次战争中，楚军放火焚烧吴军辎重，接着投入主力，大败吴军。无疑，孙子通过这次战争，从反面吸取了有关火攻的历史教训。

可见，在春秋时代，火攻的运用是随着时间的推移而逐渐扩大规模的，也是在战争实践中逐渐显示其威力的。孙子高明之处就在于，他发现了火攻在战争中的重要作用，并且将它作为专题加以阐述。这不能不看作他具有远见卓识的表现。

如果说，在孙子所处的时代，"火攻"的威力还不显著的话，那么，后来的战争中，"火攻"的地位和作用就愈来愈突出了。例如人们熟知的诸葛亮就善于运用"火攻"。他的三次"火攻"，在小说《三国演义》中更是描写得神乎其神，一次是火烧博望坡，一次是火烧赤壁，一次是火烧藤甲军。这三次"火攻"为夺取战役的胜利起到了至关重要的作用。

当火药发明并广泛应用于战场，当核能、化学能等新能源应用于战场后，"火攻"就不再是战术问题，而是战略问题了。信息化战争的信息攻击，是一种新的"火攻"，它能够发现和打击敌人纵深的各种目标，特别是对战争全局有重要影响的关键目标，从而瘫痪敌人的战争机器。这种高度信息化的武器装备系统已经浮出水面，它必将对军事理论的发展产生巨大影响，但是，即使如此，《孙子兵法》的火攻理论仍然能够在新的基点上给我们以启示。

2. 火攻有五

孙子把"火攻"分为五类。

一是"火人"。文中连用五个"火"字，均用作动词。"火人"，直译就是火烧敌军有生力量。但是，当时既无以火药为燃料的燃烧性火器，更无管型火器或爆炸火器，显然是难以取得直接焚烧敌军官兵的效果的。因此，我们似应理解为它是指首先用火焚烧敌军营寨，然后投入主力，歼灭敌军。

二是"火积"。孙子在《作战》篇中说过"无委积则亡"，因而有此主张。军队无粮食，马匹无草料，毫无疑问，必遭失败。

三是"火辎",即烧敌辎重。

四是"火库",即烧敌仓库。

五是"火队",即烧敌粮道。"队"通"隧","隧"就是道路。

这些都比较容易理解。孙子接下来说，进行火攻必须具备一定的条件。要具备什么样的条件呢？孙子说："行火必有因，烟火必素具。发火有时，起火有日。时者，天之燥也；日者，月在箕、壁、翼、轸也。凡此四宿者，风起之日也。"意思是说，进行火攻必须有一定的条件，烟火器材必须素有准备。放火要看天时，点火要看日子。天时是指气候干燥，日子是指月亮行经箕、壁、翼、轸四星宿的位置时。月亮经过这四星宿时，正是有风的日子。

火攻的条件就是天气干燥，风向适宜。孙子认为当月亮行经箕、壁、翼、轸四个星宿时，便会起风，这是个天文学上的问题，并不是迷信的说法。三国时期火烧赤壁时就很好地利用了火攻的天气条件。

3. "必因五火之变而应之"

关于火攻的方法，孙子主要讲的是里应外合问题。里应，就是从敌内部放火；外合，就是作战部队及时地、审慎地乘机发起攻击。用他的话说，就是"火发于内，则早应之于外"，"可从而从之，不可从而止"，"火发上风，无攻下风"。

对于"昼风久，夜风止"有两种不同的解释：一种是白天风刮久了，夜里就会停止；还有一种意见认为"久"是古"从"字因形近致误，据此，此句应译为白昼遇风放火，部队就应乘机从而攻之；夜间遇风放火，则应当按兵不动，防止敌有埋伏、反击我军。此说颇有道理。

从这里我们更加明确地看到，孙子所说的火攻是以火助攻，其目的不过是为作战部队的进攻提供突然性，并造成敌人的疑惑与张皇失措。因此，孙子才得出这样的结论："以火佐攻者明。"

4. "安国全军"

孙子在《火攻》篇讲了慎战、重战问题,提出了"安国全军"的战略主张。

我们首先就会想到一个问题:孙子为什么在论述"火攻"这样一个技术战术问题时会讲到"安国全军"的大战略呢?是不是错简所致?

现存的《孙子兵法》确有错简问题,因为这种问题太专业、太琐碎,我们不做过多的介绍。何况,众说纷纭,意见不统一,很难认定孰是孰非。

不过,我认为在《火攻》篇论慎战不是错简问题,而是古人的一种观念使然。《左传·隐公四年》:鲁大夫众仲说:"兵,犹火也。弗戢将自焚。"古人认为,兵像火一样,兵不可玩,火不可玩,水火无情,玩火必自焚,所以,孙子把慎战思想放在这里讲。

孙子在这里对国君和将帅发出了三种警告。

第一,打了胜仗,要争取人心,严明纪律。在这个问题上,孙子的要求是"明主虑之,良将修之"。

孙子说:"夫战胜攻取,而不修其功者,凶,命曰:费留。故曰:明主虑之,良将修之。"在这段话中,"修其功"与"费留"是什么意思?"功",功效,成果,战果。修其功,即言巩固因战争胜利而取得的成果。略言之,即收拾好战后局面。"费留",曹注:"若水之留,不复还也。"是以"留"为"流",流失,也就是白白地浪费了胜利成果。

那么,全句译成白话就是:无论是激战而胜还是巧取而胜,如果不注意战后的治理等于白费功夫,前功尽弃。

这是《孙子兵法》中一个非常重要、非常珍贵的对敌斗争问题上的军事思想。学习和理解这一思想,还应当联系孙子亲身经历的吴楚战争。公元前506年,吴军攻入楚国郢都之后,发生了"吴人争宫"的恶性事件,阖闾对楚昭王"尽妻其后宫"(《列女传·楚平伯嬴》),军政大臣们也如法炮制。军队所到之处，大肆烧杀淫掠，伏尸无数。

对于吴军的暴行，当时就有人断言："吾闻之：'不让（谦让），则不和（和睦）；不和，不可以远征。'吴争于楚，必有乱（动乱）；有乱，则必归，焉能定楚？"（《左传·定公五年》）不久，果如其言，吴军全部败退回国，楚昭王复国。

可见，孙子这段话很可能是后来在整理修订其十三篇时对"吴人争宫"事件的历史教训的总结。其意义就在于告诉君将，战争的胜利如果仅仅局限于战场上的胜利，那不是真正的胜利，不是完全的胜利。战争的胜利还应包括对战败者精神上的征服，争取战败者民心士气的归附，所谓"善用兵者先服其心，次屈其力，则兵易解而功易成"（苏轼：《乞诏边吏无进取及论鬼章事宜札子》）。

在中国战史上不乏"战胜修功"的成功的事例。例如，三国时吕蒙白衣渡江，奇袭荆州得手之后，"蒙（吕蒙）入据城，尽得羽（关羽）及将士家属，皆抚慰，约令军中不得干历（骚扰）人家，有所求取。蒙麾下士，是汝南人，取民家一笠（斗笠），以覆（遮）官铠，官铠虽公，蒙犹以为犯军令，不可以乡里（同乡）故而废法，遂垂涕斩之。于是军中震栗，道不拾遗。蒙旦暮使亲近存恤耆老，问所不足，疾病者给医药，饥寒者赐衣粮。羽（关羽）府藏财宝，皆封闭以待权（孙权）至。羽还，在道路，数使人与蒙相闻，蒙辄厚遇其使，周游城中，家家致问，或手书示信。羽人还，私相参讯（相互讯问），咸知家门无恙，见待过于平时，故羽吏士无斗心。会权（孙权）寻至（不久到来），羽自知孤穷，乃走麦城，西至漳乡，众皆委（弃）羽而降"（《三国志·吴书·周瑜鲁肃吕蒙传》）。不难看出，吕蒙深得《孙子兵法》精髓，战胜攻取而又修其功，彻底地瓦解了关羽的军队，获得了荆州士民的拥戴。这种招抚政策，实质上也是一种"伐谋""伐交"的全胜思想的运用。

再举一个统一战争的典型战例，想来更有启示意义。宋太祖赵匡胤平定南唐之战时，对前线统帅曹彬说："南方之事，一以委卿，切勿暴略生民，惟示威令使自归顺，不须急击。"后来，城陷，"彬（曹彬）申严禁暴之令，兵不血刃。煜（南唐后主李煜）与其臣百余人诣军门请罪。彬慰安之，待以宾礼，请煜入宫治装，尽以其族归京师"。曹彬还严格军纪，一旦发现南唐官员的"亲属为军士所掠者，即遣还之。因大搜军中，无得匿人妻女"（《武经总要后集》卷2）。

对这个问题，孙子希望"明主虑之"，国君要仔细思考；"良将修之"，将帅要认真修治，这是他的第一个告诫。

第二，战争决策要坚持"三非"原则："非利不动，非得不用，非危不战"。

"非利不动"，即言没有利益不行动。趋利避害是敌对双方无不注重的基本原则，孙子更是功利主义者，一切行动都以利益为转移，无利可图的军事行动他是坚决反对的。但是，他绝不唯利是图，而是图大利，图长远利益，图国家利益和民众利益。他明确表示："进不求名，退不避罪，唯人是保，而利合于主，国之宝也。"这是非常可贵的。

"非得不用"，即言没有胜算不用兵。白起拒战可谓相当典型。

公元前258年，秦昭襄王想再用白起为将攻打赵国都城邯郸。白起从秦国利益出发，认为秦虽胜于长平，但自己伤亡也有一半，国内空虚。现在的形势是"赵应其内，诸侯攻其外，破秦军必矣"（《史记·白起王翦列传》），坚辞不肯为将。秦昭襄王就命王龁为将率军攻赵，但久攻不下，于是再次要白起为将率兵攻赵。白起仍称病，不肯从命。秦昭襄王不听白起之谏，不计利害，赐死白起，执意用兵，结果惨遭失败。

"非危不战"，即言不是危迫之极不可出战。

这是一个十分重要的原则。从对胜利的追求来说，当然是追求全胜、巧胜。然而，战争不是一厢情愿的事，你要准备好了才打，但敌人却要在你未准备好的时候打。那么这就出现一个问题：战争形势迫在眉睫。"非危"应当不战，那么，"已危"呢？孙子之意就是已危必战。千万不要把孙子的慎战观误解为该战不战，该打不打，而是该出手时就出手。

第三，对待战争要制怒戒愠。

孙子的名言："主不可以怒而兴师，将不可以愠而致战。合于利而动，不合于利而止。"主与将不同，主高于将；怒与愠不同，怒大于愠；兴师与致战不同，兴师是全局性的，属于战略层面。

221年，刘备为报东吴杀害关羽之仇，要举兵进攻孙权。赵云劝刘备说："篡夺国家的是曹操，而不是孙权，如能先出兵灭掉魏国，则孙权自会屈服投降。所以，不应把大敌魏国置于一边，反而先去与吴国作战。战争一旦开启，是不能很快结束的，伐吴不是一个上策！"（《资治通鉴》卷69，文帝黄初二年）向刘备劝谏的大臣很多，但刘备一概不听，并在222年大举进攻吴国，被陆逊火烧连营，损失了大部分兵力，从此蜀国一蹶不振。

公元前632年晋楚城濮之战中，楚将子玉就是一个"以愠致战"而招致失败的典型史例。晋文公为了激怒子玉，在外交上设置了一系列圈套后，又后退三舍（九十里），表面上是履行流亡楚国时曾许下的"避君三舍"的诺言，实际是进一步疲惫楚军，而自己则居于有利的战场。子玉步步进逼，"楚得臣（子玉）怒，击晋师"（《史记·晋世家》），结果楚军败于城濮（今山东鄄城县西南临濮集）。

孙子这三条中的"不动""不用""不战"都是指同一个意思：不要轻举妄动。军国大事，关系国家存亡、军民生死，为了安国全军，必须慎重对待。

当然，对待战争要制怒戒愠的原因也非常明显，孙子明确指出："怒可以复喜，愠可以复悦；亡国不可以复存，死者不可以复生。故明君慎之，良将警之，此安国全军之道也。"意思是说，愤怒可以恢复到喜悦，气愤可以恢复到高兴，国家亡了就不能复存，人死了就不能再生。所以，明智的国君要慎重，贤良的将帅要警惕，这是安定国家、保全军队的关键。

（三）引论

战争这一特殊的现象已经有了五六千年的历史，已从冷兵器战争发展到机械化战争。历史进入20世纪以后，尤其是20世纪中叶以来，随着信息时代的到来，一个以使用信息化装备和信息化武器为主导的信息战，就以海湾战争和科索沃战争为标志迅速地来到了我们面前。

信息战争的确使战争形态极大地有别于传统战争而出现了崭新的变化，它也的确打破了许多传统战争的概念和原则，使《孙子兵法》以及许多军事典籍面临着前所未有的挑战，它们的不少原则已不再是永恒的真理。但是，《孙子兵法》等军事经典所论及的带根本性的军事问题并没有过时，比如这篇《火攻》对战争起因、战争目的、战争性质以及战争主体等问题的论述就仍然没有丧失其真理的光芒。

《用间》篇新说

（一）题解

《用间》，论述的是使用间谍的问题。在《用间》篇中，孙子从战略的高度论述了间谍的重要地位，并具体阐述了间谍的分类以及使用间谍应当掌握的特殊原则和方法。

日本著名学者山鹿素行指出："自《始计》迄修功，未尝不先知，是所以序《用间》于篇末，三军所恃而动也。然《始计》《用间》二篇，为知己知彼、知地知天之纲领。军旅之事，件件不可外之矣。……《始计》《用间》在首尾，通篇自有率然之势，文章之奇不求，自有无穷之妙。"（《孙子谚义·自序》)他发现,《孙子兵法》十三篇像一条长蛇,第一篇《始计》是蛇头,第十三篇《用间》是蛇尾,这一头一尾以知彼知己、知天知地遥相呼应,全书各篇浑然一体,井然有序。

"知"是定计设谋的先导,孙子对"知"非常重视。从正面说,他讲过"知彼知己,百战不殆""知胜有五"等;从反面说,他讲过"不知诸侯之谋者,不能豫交;不知山林、险阻、沮泽之形者,不能行军;不用乡导者,不能得地利。四五者,不知一,非霸王之兵也"等。《孙子兵法》中"知"字先后出现过79次。用间就是一种特殊的、有效的知敌之情的方法。

(二)篇解

《用间》篇文字不多,但内涵丰富,可谓是一部微型的军事情报学著作。通观全篇,它一共讲了以下四个方面的问题。

1. "先知"必须用间

孙子认为,战争的胜利在于"先知"。"先知"就是"先知敌情,正确预测",而要想达到"先知",就必须"用间"。为什么这么说呢?孙子并没有开篇就给出结论,而是先陈述了这样一个事实,他说:"凡兴师十万,出征千里,百姓之费,公家之奉,日费千金。内外骚动,怠于道路,不得操事者,七十万家。"孙子用寥寥数语就把战争带来的损失和灾难描绘得清清楚楚。战争的结果当然是希望获得胜利,但是,却往往是招致失败。造成这种局面的原因是什么呢?孙子说:"相守数年,以争一日之胜,而爱(吝惜)爵禄百金,不知敌之情者,不仁之至也,非人之将也,非主之佐也,非胜之主也。"

我们说,《用间》篇讲的是战略侦察,而不仅仅限于一般的使用间谍或者战场侦察问题。所谓战略侦察,其内容不仅仅局限于军事战略侦察的范围,它还包括对敌国政情的了解。孙子认为进行战略侦察要派出大量的、各种类型的间谍，去做形形色色的谍报工作。这当然要耗费金钱。孙子认为，为了战略侦察的成功进行，耗费"爵禄百金"是必要的。在提出"用间"的重要性时，孙子用战争久拖不决带来的种种耗费和用间的耗费作了一番对比。

一场大战几年打不下来，劳民伤财，天下骚动，花钱无数，却舍不得花一点收买间谍获取情报的费用。由于"不知敌之情"，致使战争像没头苍蝇一样盲目浪战。孙子严厉地批评这种战争的领导者是一群"不仁之至"的蠢货：将帅不配做军队的统帅，大吏不配做国君的辅佐，国君不能成为胜利的获得者。

在这里，需要说明的有两点。

第一，此句中"非人之将"的"人"汉简作"民"，当时常备军很少，军队的主体军民不分，因此"非民之将"即"非军队之将"，不配担任军队的统帅。

第二，这段文字中的"将""佐""主"均用作名词，"佐"辅佐之人，相当于现在所谓的高级参谋、高级顾问、幕僚之类。

正因为《用间》篇所论述的是一个关乎战争胜败的全局问题，所以孙子对用间的重要性非常重视。他说："故明君贤将，所以动而胜人，成功出于众者，先知也。先知者，不可取于鬼神，不可象于事，不可验于度，必取于人，知敌之情者也。"意思是，贤明的君主、优秀的将领之所以一旦行动就能战胜敌人，成功超出众人之上，就在于事先了解敌情。而要事先了解敌情，不可祈求于鬼神，不可类比推测，不可用日月星辰运行的度数去验证，只能从人、从知道敌情的人的身上去了解。

2. "用间有五"

孙子把间谍分为五类，是哪五类呢？孙子说："故用间有五：有因间，有内间，有反间，有死间，有生间。"

《用间》篇最精华的部分是关于间谍的分类及其相互关系的论述。孙子把间谍分为五种：一是因间，即下文所说的乡间，通过敌方下层的乡大夫从事间谍活动；二是内间，通过敌方上层的官吏从事间谍活动；三是反间，利用敌方的间谍充当我方间谍，相当于现在所谓的"双重间谍"；四是死间，就是故意传递假情报而可能被敌方处死的间谍；五是生间，派向敌方而能活着回来报告情况的间谍。五间之中，乡间（因间）、内间、反间是一类，乃是收买、利诱敌方人员为我所用；死间、生间是一类，乃是我方派遣的特工人员。

3. 用间的特殊性

对于这五种间谍，使用的方法是："五间俱起，莫知其道，是谓神纪，人君之宝也。"意思是，把这五种间谍都使用起来，并做到使敌人无法了解我用间的规律，这才是神妙莫测之道，才是国君的法宝。为了达到这种神妙莫测之道，孙子要求做好以下三个方面的工作。一是间谍工作要由国君亲自抓，所谓"五间之事，主必知之"。二是国君抓间谍工作要实行特殊的优待政策，孙子说："故三军之亲，莫亲于间，赏莫厚于间，事莫密于间。"对间谍感情上要特别亲近，奖励上要特别优厚，使用上要特别信任。"亲、厚、密"这三个字是用间的要诀。不亲，间谍不尽心；不赏，间谍不尽职；不密，间谍不能成功。三是要抓住关键。孙子认为，反间（双重间谍）是"五间俱起"的关键。只要"反间"为我所用，那么，乡间、内间"可得而使"，死间"可使告敌"，生间"可使如期"，所以"知之必在于反间"。只有策反敌间，为我所用，才能使乡间、内间、死间、生间顺利地完成各自受领的任务。孙子说："微哉！微哉！无所不用间也。"认为战争中无处不需要使用间谍，无处不需要进行侦察。

4. 间谍的战略地位和作用

孙子认为通过用间，察明敌情，"此兵之要，三军之所恃而动"。这句话分量很重，把用间看作用兵的关键，全军靠它来决定军事行动。"三军之所恃而动"这个"动"字可译为行动，但军事行动不能盲动，不能乱动，要"动而不迷，举而不穷"，情况明，才能做到决心大、方法对。所以，《用间》篇两次把"动"与"成功"并提。一次说，"所以动而胜人，成功出于众者，先知也"。意思是，军队出动，战胜敌人，取得超出众人的辉煌战绩，就在于事先了解情况。再一次是说，"能以上智为间者，必成大功。此兵之要，三军之所恃而动也"。这就是说，军队行动要想取得重大胜利，就应以智谋高超的人去做间谍。

（三）引论

按照孙子的观点，夏商的伊挚和吕尚就是间谍，而且是战略间谍。如此说来，在中国历史上，间谍的历史就相当久远了。

春秋战国时期，战争频繁，用间斗争错综而复杂、诡秘而奇特、残酷而惊险，充满了敌对双方智慧的较量。

例如，孙子参与指挥的西破强楚的战争，胜利的取得固然与战前的充分准备和战中的正确指挥密不可分。但是还要看到，用间的成功也是这次战争胜利的重要原因。

《韩非子·内储说下》记述了这样一段史料："吴攻荆（楚），子胥使人宣言于荆曰：'子期用，将击之；子常用，将去之。'荆人闻之，因用子常而退子期也。吴人击之，遂胜之。"伍子胥派遣间谍散布的这一谣言，终于成功地诱骗楚国任用子常，不用子期，从而使吴国顺利地赢得了战争。

这不是一次平常的成功，而是具有战略意义的成功。因为子期即楚公子结，曾任司马，具有丰富的作战经验。而子常即囊瓦，曾任楚国令尹，不懂军事。楚军以子常统军，仅这一点就注定了它必然失败。事实上，战争过程也表明楚军之败就败在子常的瞎指挥上。

中国古代间谍，数以千计，而且大都富于传奇色彩，引人入胜。如果从学术上考察，史料记载中，最引人注目的就是战国时代的苏秦了。介绍和分析苏秦这个间谍是有典型意义的。银雀山竹简《孙子兵法·用间》的文字与传世本有一个重要的区别，竹简《孙子兵法》说："昔殷之兴也，伊挚在夏；周之兴也，吕牙在殷；燕之兴也，苏秦在齐。"苏秦是战国末期人，晚孙子二百多年，显然这句话是后人硬塞进《孙子兵法》中去的。可是，它却从另一个侧面证明，在苏秦是燕国间谍这个问题上，与《战国纵横家书》有相得益彰的功效。纵横家苏秦真正是一位可与伊尹、姜子牙相提并论的高级间谍。甚至可以说，无论在中国历史上还是外国历史上，像苏秦这样的间谍也是非常罕见的。

原来，苏秦与张仪不是同一辈的人，他比张仪应晚三十年左右。司马迁《史记·苏秦列传》对苏秦事迹的记载有重大错误，马王堆帛书《战国纵横家书》的出土澄清了这千年迷雾。苏秦是燕国派到齐国去的间谍，要介绍苏秦，必须追溯到燕国。公元前314年，齐国侵燕，燕国几乎亡国。公元前311年燕昭王即位后决心振兴燕国，报仇雪恨。不久，苏秦来到燕国，向燕昭王提出破齐之策：使齐国"西劳于宋，南疲于楚"。燕昭王采纳其策，于是把苏秦派到齐国去做间谍，其使命就是阻止齐闵王向北攻燕，把齐国这股祸水引向西南面去攻打"平原四达，膏腴之地"（《史记·春申君列传》）、十分富庶的宋国，并挑起齐赵矛盾，诱使各个大国对齐国不满，而燕国趁机得以休养生息，增强国力。苏秦到齐国取得了齐闵王的信任，并且当上了齐国的丞相。在苏秦的怂恿下，齐闵王于公元前286年出兵灭宋。又多次攻赵，夺占赵国大片土地，齐赵矛盾空前激化。这样一来，齐国在外交上完全陷于孤立地位。燕昭王看到时机成熟，便联合秦、赵、韩、魏，命乐毅为上将军，统率燕、赵、秦、魏、韩五国联军大举进攻齐国。济西决战，消灭齐军主力，接着乘胜前进，攻占齐国七十余城。直到这时，齐闵王才恍然大悟，丞相苏秦竟是燕国的间谍，把他车裂处死。

在中国军事史上，真正称得上是死间的并不多。一般都把郦食其与唐俭作为死间的典型，虽然并无大碍，但是，严格地说，郦食其称不上是死间，他完全是被韩信下了毒手。唐俭也算不上是死间，其性质与郦食其近似，不过是李靖袭击战的诱饵。然而苏秦是地地道道的死间，他是做好了慷慨赴死的思想准备的。有人把苏秦看作反间，那是不确切的。因为他不属于双重性质的间谍。如果苏秦是燕国收买的齐国派到燕国的间谍，那才叫作反间。

间谍人选很难物色，而死间尤难物色，那必须是与君主以命相许的生死之交。燕昭王与苏秦的关系，从《战国策·燕策一》的"苏代谓燕王章"可以窥见。文中的苏代，应为苏秦。此文详细记述了苏秦与燕昭王的一次畅谈，从道德观谈到燕国的复兴。其中提到一个十分重要的原则：忠信。臣要忠君，君要信臣，没有彼此的信任，就会受到猜忌，带来灾祸。苏秦意味深长地打了一个比方。丈夫在外做官三年不归，其妻爱上了别人。这人说：你丈夫回来，怎么办呢？其妻说：我已备好毒酒。不久，她丈夫果然回来了，于是让婢妾斟毒酒给他喝。婢妾知道酒中有毒，想道：如果让主人喝，就会毒死主人；如果揭露这件事，主人就会赶走主母。与其毒死主人，赶走主母，不如假装跌倒，把酒弄洒。于是她假装头晕，把酒倒在地上。结果这位婢妾遭到主人鞭打。然而婢妾被鞭打，是出于对主人的忠信。于是苏秦说，他现在就要赴齐国充当间谍，希望燕昭王"无制于群臣"，不要被周围的人所挟制，听信谗言。

苏秦最后成功了，实现了燕国向齐国报仇雪恨的目的。他的成功，除了他本人的才能和机智之外，与燕昭王这位革新开明的君主有着重要关系。孙子说："非圣智不能使间，非仁义不能使间，非微妙不能得间之实。"如果燕昭王不是贤明的君主，他便不可能用至诚之心去感动苏秦，不可能有慧眼卓识去重用苏秦，不可能用"百乘千金"去帮助苏秦，不可能严守秘密去掩护苏秦。

搜集敌人情报，收买敌方人员，钱财是诱饵之一。例如历史上著名的谋士陈平可谓善于用间。他建议汉王刘邦采取离间计，挑拨项羽与范增、钟离昧、龙且、周殷等重要大臣的关系，使之内部互相残杀，就一定可以战胜项羽。刘邦认为有理，交给陈平四万斤黄金，"恣所为，不问其出入"（《史记·陈丞相世家》）。听任陈平随意支付，不予过问。为什么要"不问其出入"呢？一方面是信人不疑，表现出刘邦的大度；另一方面在间谍斗争中搞情报，收买利诱敌人是很难开出收据来的，也只能"不问出入"。

战国时期的诸侯列国都很重视用间，但是，在当时列国之中用间最有成效的是秦国。秦国搞间谍活动是有历史渊源的。早在春秋时期的秦穆公时，其所派间谍杞子、逢孙、杨孙控制了郑国北门。因为有此内应，秦军才远道偷袭郑国。如果不是郑国商人弦高及时发现秦军偷袭，派人回报，郑国的处境就相当危险了。如果说在战国中期以前秦国的间谍活动还只限于外交上收买拉拢、离间分化、散布谣言、军事上获取情报之类，那么，到秦始皇发动统一六国战争之后则出现了一个显著的变化，这就是"财剑兵"三部曲的间谍战。

何谓"财剑兵"间谍政策？《史记》记述了秦王嬴政听取了长史李斯的计谋："阴遣谋士赍持金玉以游说诸侯。诸侯名士可下以财者，厚遗结之，不肯者，利剑刺之。离其君臣之计，秦王乃使其良将随其后。"意思是说，暗中派遣智谋之士携带黄金美玉去游说诸侯列国。凡是名臣良将能用金钱收买的就收买，拒不接受的就暗杀，部队则紧随其后去攻打。简言之，"财"是收买，"剑"是暗杀，"兵"是攻打。三者互相联系，环环相扣。

"财剑兵"三部曲是一项阴险毒辣的血淋淋的间谍政策，同时又是一项十分有效的战略措施，极大地加快了统一战争的进程。从实质上看，它是把间谍斗争与军事斗争紧密地结合起来，实实在在地体现出武力征服是外交斗争、间谍活动的延续。

秦国的间谍很多，著名的就有张仪、唐雎、尉缭、顿弱等人。大量的间谍究竟怎样在各国搞颠覆破坏，历史缺乏记载。但是从现存资料看，受到秦国"财剑兵"三部曲的打击，损失最惨重的是赵国。

秦赵长平之战，秦军歼灭赵军45万人，间谍在其中起了很大作用。本来，赵军的统帅是廉颇，实行坚壁不战、持久待敌的方针，使秦军的进犯严重受挫。秦国丞相范雎对秦王说，廉颇是赵国的长城，必须采取离间计。秦国间谍便在赵国散布流言：秦国最担心的是赵括担任统帅。赵孝成王听信秦间的挑拨，改派赵括替代廉颇，结果导致长平之败。后来，廉颇因不满赵悼襄王的歧视，离开赵国到了魏国，但是仍然希望在有生之年报效祖国。待到赵王迁当政时，赵国屡遭秦军攻击，接连失利，便打算召回廉颇御敌。但是赵王宠臣、内间郭开从中作祟，收买赵王派去看望廉颇的使臣，向赵王谎称廉颇"一饭三遗矢"，年老体衰，不能指挥打仗。从中可以看到，内间的危害是相当严重的。

就是这个陷害廉颇的郭开，把赵国倚为长城的最后一位名将李牧迫害致死。秦将王翦率军攻赵，由于李牧坚守防御而使秦军未能向前推进，于是故技重演，用重金贿赂郭开。郭开受贿后，便向赵王迁诬称李牧私通秦国，妄图谋反。赵王不察真伪，赐死李牧。李牧冤死，国无良将，秦军大举攻赵，三个月后，连赵王迁也做了俘虏。

间谍战是军事斗争的一个特殊战场，古今中外的间谍故事俯拾即是。随着科技的发展，间谍战范围更广阔，手段更巧妙，行动更诡秘，用间同反间的斗争、窃密同反窃密的斗争更加尖锐复杂。面对间谍战的新情况、新特点，为了防奸反谍斗争的胜利，我们必须增强对这一特殊战场的认识和研究，以维护国家的利益和安全。

五、孙学骊珠

对《孙子兵法》的研究已成为一个专门的学问，如同《红楼梦》研究称为"红学"一样，学术界把《孙子兵法》研究称为"孙子兵学"，简称"孙学"。对于《孙子兵法》，千百年来人们一直在发掘它的价值，弘扬它的思想，实践它的理论。而在这一过程中，对其军事思想正确的文化解读始终是学者们十分关注的重要课题。

（一）

1. 不战而屈人之兵是孙子最理想的战略追求

《孙子兵法》虽然是一部兵书，但是孙子的最高追求却不是战争，不是追求战争的胜利，他说："百战百胜，非善之善者也。"那么，什么才是他最理想的战略追求呢？他说"不战而屈人之兵"才是"善之善者也"。

通观《孙子兵法》，我们看到，从很大程度上说，它主要讲了两个字（词）：一个是"全"，一个是"破"。"全"是不战而胜，"破"是交战而胜。"全胜"为上，"破胜"次之。

实现"全胜"的方法是"上兵伐谋""其次伐交"；实现"破胜"的方法是"其次伐兵""其下攻城"。

"伐谋"就是"挫败敌人的战略企图"，也就是说，在敌人的战略企图还没有付诸实施之前就揭露它、破坏它，使之夭折、使之破产。这是一种最省力、最省事、最高明的斗争方法。

在孙子所处的那个春秋时代，这种"伐谋"是确能实现的。孙子同时代的墨子救宋的故事，是说明这一策略最典型的例证。

可是，自战国秦汉以后，情形就大不相同。战争越打越激烈，越打越残酷，墨子式的游说，墨子式的"伐谋""伐交"已很难达成"不战而胜"的目的，以至在人类历史上出现了两次世界大战。应当看到，"不战而屈人之兵"的事例虽然已不多见，然而人们对这一目标并没有放弃，比如唐代的《神机制敌太白阴经·术有阴谋篇》就仍然强调："故兵有百战百胜之术，非善之善；不如不战而屈人之兵，善之善者也。夫太上（最好）用计谋，其次用人事，其下用战伐。"对于孙子这一战略思想，到了20世纪以后才又被重新发现，重新认识，重新运用。

2. 以小的代价赢得大的胜利是孙子善战思想的核心

孙子的胜负观，除了"全胜"之外，就是"破胜"。"全"是政治解决问题，"破"是战争解决问题。"全"是不流血的战争，"破"是流血的政治。孙子虽然以"全胜"为其最理想的战略追求，但是他的十三篇中，大部分的篇幅是论述的"破胜"之法。用兵打仗，毕竟是《孙子兵法》的主体内容。

以小的代价换取大的胜利是孙子对交战而胜的追求。孙子关于用兵打仗最根本的指导思想是追求一个"善"字。"全胜"是追求"善之善"，"破胜"是追求"战之善"，即他所一再强调的"善战"。

孙子的"善战"思想其实质仍然是"全胜"思想在作战过程中的延续。他说："善战者之胜也，无智名，无勇功。"为什么善战者打了胜仗却没有智慧的名声，也没有勇武的战绩呢？

因为在孙子看来，真正的善战者所打的胜仗，绝不是那种杀人一千自损八百的浴血苦战、拼死激战，而是"胜于易胜"——打的是好打易打之敌，"胜已败者"——打的是已经处于失败地位之敌。

军队要想打胜仗，取决于国君要英明、将帅要贤能、士兵要勇武、装备要精良、民众要拥护、保障要充足、联络要通畅，诸如此类，孙子都有不同程度的精辟论述。这里，我只想就孙子战术思想的三大支柱略加阐述。

　　从作战指挥的角度看，《孙子兵法》也是一部极具创意的兵法。孙子的想象很特殊，思维很超常，善于化平常为神奇，以四两拨千斤。他在军事学上，首创了一系列概念范畴，其中"形势""虚实""奇正"三个范畴构成了孙子战术思想的三大支柱。

　　我们知道，"形势"是讲军事力量的积聚，"奇正"是讲军事力量的使用，"虚实"是讲打击目标的选择。这三者是相辅相成、紧密联系的。

　　一支军队由军队士气和兵力、兵器构成了一种军事力量，这就是"形势"；正确地指挥这支军队并灵活地变换战术，这就是"奇正"；根据敌情我情，巧妙地选择这支军队的最佳作战方向，这就是"虚实"。

　　其实，古往今来，中西方的战略指导者们，无论是中国的孙子，还是西方的克劳塞维茨都懂得谋略、懂得力量，差异只是表现在对力量的认识和使用上有所不同而已。

　　孙子以水来比喻"势"，"激水之疾，至于漂石者，势也"。这种水势是一种冲击力，而不是爆发力。爆发力就像火力，猛打猛冲，胜负立见。冲击力就像水力，连续攻击，使敌没有喘息的机会、没有还手的时间、没有变更战术的余地。

　　在力量的使用上，孙子十分重视"奇正"，重视作战方式，主张"巧能成事"，用巧劲而不是使蛮力。孙子之所以论述"十围五攻"的不同战法就是讲究策略的选择，力争上策，准备中策，避免下策。掌握了事物的运动规律就是上策，庖丁解牛，迎刃而解，就是上策。庖丁用的是巧劲，费力少而收功多。打蛇要打七寸，不要对蛇全身乱打，这是孙子的思维。这种思维反映在军事力量的使用上，就要求事半功倍，很有些像太极拳的原理，

"任他巨力来打我，牵动四两拨千斤"（《太极拳歌》）。

孙子讲"以正合、以奇胜"。从字面上看，是用正兵当敌，用奇兵取胜。其实它还有一层意思，正合是用常法布局，用奇法胜敌。用常法排兵布阵，这是一般规律。然而，运用之妙，存乎一心。如果没有这一条，没有人的能动作用，打仗就成了机器人对垒。正因为有这一条，才有人的因素，人的因素是战争胜负的决定因素。

从作战角度看，"形势""奇正""虚实"这三者，最关键的是"虚实"。因为只有察明"虚实"，才能最终实现"攻其无备，出其不意"。

孙膑指导的齐魏桂陵之战成功地体现了这些原则。

庞涓率魏军从都城大梁（今开封）北攻赵国都城邯郸，赵国向齐国求救。按照通常的思维，救赵的齐军正好利用魏军顿兵坚城、兵疲意沮之机，与赵军联手内外夹击魏军于邯郸城下。但是孙膑否定了这种惯常思维，认为这种方法就像劝解斗殴时自己也参与殴打一样，是笨办法。他主张进攻防务空虚的大梁，迫使庞涓撤围邯郸，回兵自救，然后乘机伏击魏军于归途，打他一个措手不及。战役的过程完全如孙膑所料，赢得了胜利。

孙膑这一"围魏救赵"的打法就是活用孙子"攻其必救"的原则，孙膑形象地称之为"批亢捣虚"，"亢"是咽喉，"批亢"就是打击敌人的咽喉，打击敌人既是要害又很虚弱之处。对于孙膑指导的齐魏桂陵之战，毛泽东予以高度评价，曾写下这样的批语："攻魏救赵，因败魏兵，千古高手。"（《毛泽东读文史古籍批语集》，中央文献出版社1993年版，第66页）

3. "令文齐武"是孙子治军思想的主线

如果说"全"与"破"是贯穿孙子作战思想的一条主线，那么，"文"与"武"就是贯穿孙子治军思想的一条主线。"令之以文，齐之以武"是孙子提出的又一个巨大的思维框架。文武两手包含恩威并用、信赏明罚、爱卒善俘、严格要求等诸多以法治军的内容。

指挥作战的主体是将帅，管理军队的主体也是将帅，《孙子兵法》详细论述了在治军作战中将帅的地位、作用和要求。因此，从这层意义上说，《孙子兵法》又是一部将帅学或统御学的著作。

春秋末期，"将军"作为一种新生事物刚刚萌芽，孙子敏锐地看到了，给予了高度的评价。他对将帅的地位和作用、选拔和任用、品德和修养等各个方面都作出了一系列精辟的论述，极富指导意义。

孙子认为一个优秀的将帅必须具有"进不求名，退不避罪，唯民是保，而利合于主"的政治品格，具备"智、信、仁、勇、严"的为将标准，练就"静以幽，正以治"的德才修养，深怀"视卒如婴儿，视卒如爱子"的爱兵情怀。孙子诸如此类关于将帅的论述不仅在战争形态发生重大改变的春秋时代是至理名言，即使到了今天，也依然是治军方面的真理。

4. 朴素的军事辩证法思想是《孙子兵法》的灵魂

《孙子兵法》在军事学术上的巨大成就是与它朴素的军事辩证法思想密不可分的。孙子十分注意分析敌我双方的各种矛盾及矛盾运动，做到"知彼知己"，从实际出发去探索战争的客观规律，从而制定出正确的作战方针和方法。

《孙子兵法》的难能可贵之处在于它既看到了争取战争胜利的客观条件，又看到了人的因素对战争胜负的重要作用。《孙子兵法》中的"形"论述的就是运动的物质，"势"论述的就是物质的运动。在孙子那里，战争中的一切事物都是运动的而不是静止的。"度、量、数、称、胜""道、天、地、将、法""逸劳饱饥"等都是战争的物质力量，通过它们表现出强弱攻守，它们是决定战争胜负的客观基础。孙子看到它们不是一成不变的，相反，是可以通过人的主观努力能动地促进其转化的。他说："乱生于治，怯生于勇，弱生于强"，"敌逸能劳之，饱能饥之，安能动之"。总之，只要知彼知己，战术正确，"胜可为也"，弱军可以打败强军，少兵可以打败多兵。

他举例说，如果敌人十倍于我，克敌制胜的办法就是"形人而我无形，则我专而敌分。我专为一，敌分为十，是以十攻其一也，则我众而敌寡。能以众击寡者，则吾之所与战者，约矣"。意思是说，通过战术欺骗和兵力佯动诱使敌人分散兵力而我则集中兵力。这样，虽然在全局来看，也就是在战略上我是以一击十，但是在局部、在战术上我是以十击一，是以多胜少，是以强击弱，是以优胜劣。每战如此，便可每战必胜，然后再及其余，各个击破，最后赢得全局的胜利。

诱敌、误敌是以少胜多的克敌之法，打敌要害、避实击虚，也是以少胜多的克敌之法。《九地》写道："敌众整而将来，待之如何？"孙子说："先夺其所爱，则听矣。"意思是说，敌人气势汹汹，大军压境，怎么对付呢？孙子认为只要率先攻击其要害部位就能反被动为主动。

除了朴素的军事辩证法之外，《孙子兵法》在思维方式上也有其特点。这一特点也是中国传统兵学区别于西方军事学的重要标志。

我们知道，西方军事学的理论基础是逻辑思维，西方的军事术语是以概念元素的分解与综合为特征的。与中国传统兵学相比，西方军事思想具有偏重微观的思维特征，强调具体的操作，缺乏长远而宏观的战略意识，这是其明显的缺陷。中国传统兵学的理论基础，是以辩证法为主体的、经验的、非形式逻辑型的思维方式。这种思维方式固然有其弱点，然而它注重对事物进行整体的、动态的把握，注重事物的普遍联系、能动转化和循环发展。与形式逻辑相比，它更适于从主体的角度来反映和驾驭经验知识，反映和驾驭现实矛盾运动，具有深谋远虑的全局意识和远观意识。这是以《孙子兵法》为代表的中国传统兵学的灵魂所在，是中国传统兵学的长处所在，也是中国传统兵学给我们留下的丰厚的文化遗产，是必须认真继承和发扬的。

（二）

《孙子兵法》问世之后，好评如潮。伴随着中国封建社会和中国封建文化的成熟，北宋时，确立了以《孙子兵法》为首的七部兵书为中国兵学的经典，这就进一步巩固了《孙子兵法》在军事学术史上的崇高地位，直至明清，没有动摇。

1. 以《孙子兵法》为代表的中国传统兵学的近代转型

关于中国传统兵学的近代转型，我与宫玉振博士曾在《中国传统兵学的历史命运：回顾与启示》一文中指出：《孙子兵法》真正受到考验和挑战是中国历史进入近代以后。用李鸿章的话来说，近代中国所遇到的是"数千年来未有之变局""数千年来未有之强敌"。在近代军事技术和近代战争样式的冲击面前，包括《孙子兵法》在内的中国传统兵学体系同西方兵学发生了严重碰撞。鸦片战争后，林则徐、魏源等人清醒地看到了中国"技不如人"的现实，提出了"师夷长技以制夷"的战略主张。与此同时，传统兵学的时代价值，也开始受到人们的怀疑。兵学家陈龙昌一针见血地指出："中国谈兵无虑百数，惟《孙子兵法》十三篇、戚氏《纪效新书》至今通行，称为切实。但孙子论多玄空微妙，非上智不能领会；戚书出自前明，虽曾文正公尝为推许，其可采者，要不过操练遗意，此外欲求所谓折衷戎行，会通今昔守御之要而机宜悉当者，殆不多见。"（《中西兵略指掌》卷20，《军防》按语）徐建寅也得出了这样的结论："古来兵书，半多空谈，不切实用，戚氏《纪效新书》，虽稍述事实，而语焉不详，难以取法。"（《兵学新书·凡例》）

在这种背景下，中国传统兵学体系开始了它的近代转型，于是大量引进西方军事理论著作。《战略学》《战法学教科书》《战术学》《军制学》《兵器学》等反映西方现代军事理论和军事学术思想的著作，基本取代了

— 221 —

《武经七书》的地位。

成功的转型需要的是"化西"而不是"西化"，而成功的"化西"，一要立足于本国的实际，二要立足于批判继承本国的兵学，否则便是无本之木、无源之水。正如鲁迅先生所说的那样："外之既不后于世界之思潮，内之仍弗失固有之血脉，取今复古，别立新宗。"（《文化偏至论》）正是在这种背景下，一些兵学家意识到了中国传统兵学的巨大潜在价值。

著名的兵学家蒋百里开始从现代军事学的视角对《孙子兵法》进行注释，并开启了传统兵学研究的"新注释之风"。进入民国之后，以《孙子兵法》为代表的传统兵学的价值进一步为国人所认识。民国兵学家李浴日认为，与西方兵学相比，中国传统兵学的特色主要表现在以下几个方面。

第一，中国传统兵学是"以应用为主，指示若干原则或方法以教示其应用的极致"；西方兵学是"以探究兵学乃至兵术的学理为主，其应用是适用于一般学理的理解"。

第二，中国传统兵学是"以直观立刻把握住事实的本体"，"求应用之妙，而不拘形式的推理"；西方兵学是"以论理的推理以达到条理的结论"。

第三，中国传统兵学受儒学的影响，其所论的范围不仅是关于战略战术，同时对于政治、经济、外交等重要的"国政"方面，"都很明白的指示着在平战两时的准绳"。这是中国的兵书之所以永垂千古而不朽的原因。与西方"只有作兵典的价值"的军事著作相比，中国的兵书"自有一番治国平天下的大经纶的价值"。

第四，中国的民族性是爱好和平的，中国的兵学也"处处流露着和平的思想"。这和"列强以侵略主义出发的兵学"是极为不同的，这也是中国传统兵学"所以大放异彩的要因"。

第五，中国传统兵学是以"不战而屈人之兵，善之善者也"为用兵的最高原则，是王道主义的兵学；而西方兵学以"直接歼灭敌人"的歼灭主义为用兵的最高原则，是霸道主义的兵学。

第六，中国传统兵学讲究"上兵伐谋，其次伐交，其次伐兵，其下攻城"；西方兵学则停留在"其次伐兵，其下攻城"的层次，是不健全的。（李浴日：《东西兵学代表作之研究》，世界兵学社1943年版）这些认识，基本上把握住了中国传统兵学的特色及其价值。

批判地继承中国传统兵学的优秀遗产，批判地吸收西方现代军事理论的精华，在中西方兵学的交流与融合中，建立一个有中国特色的现代兵学体系，也就成了兵学家们的共识。

不过，民国兵学家们建立中国独立的新兵学体系的设想，很大程度上只是停留在理论的设想这个层次上。从阶级属性上来说，民国兵学家们大多是资产阶级的思想家。中国资产阶级的先天不足，使得他们无论在政治上、经济上、文化上，还是在军事上，都摆脱不了对西方的严重依附，在军事理论上同样也是如此。由此也就决定了资产阶级的兵学家们是无力建立这个新的、独立的兵学体系的。建立新兵学体系的任务，也就历史地落到了无产阶级身上。毛泽东军事思想这个独具中国特色的科学体系，既是马列主义军事理论和中国革命具体实际相结合的产物，也是以毛泽东为代表的无产阶级军事家对中国传统兵学文化批判继承与发展的产物。中国传统兵学文化的精华，在这个新的体系中得到了全面的继承与发展。

2.《孙子兵法》"伐谋""伐交"的"全胜"思想在20世纪被重新发现

进入20世纪之后，人类历史上空前的两次世界大战，特别是核武器的出现使西方军事思想的缺陷暴露无遗。以西方人对克劳塞维茨以来的军事理论进行反思为契机，中国传统兵学的价值又一次表现了出来。第一次世界大战使英国军事学家利德尔·哈特对拿破仑战争以来的西方军事理论产生了强烈的幻灭感，他在《战略论》中写道："在战争中发生无益的大规模屠杀的主要原因，是由于战争的指导者固执于错误的军事教条，即克劳塞维茨式的对拿破仑战争的解释。"一战结束不久，利德尔·哈特即发表文章，呼吁对"从克劳塞维茨那里继承下来的、流行相当广泛的关于战争目的的观点""加以重新审查"。正是在对西方近代军事理论的清算过程中，利德尔·哈特发现了《孙子兵法》在战略思维、战略价值观上的重要启发意义，并由此提出了"间接路线战略"。

利德尔·哈特是第一个对西方现代军事理论进行反思的人，但并非最后一个。二战之后，以美国为首的西方接连陷入了朝鲜战争、越南战争的失败，西方军事理论的问题进一步暴露了出来。尤其是越南战争的失败，给了西方人以极大的触动。越南战争，美国人是严格按照西方军事理论来打的，然而在这场历时11年的战争中，美国几乎打赢了每一场战斗，却输掉了整个战争。这不但使美军的战场指挥官感到迷惑不解，而且连战争的最高决策者也不得不反思，这场怎么说似乎也该赢的战争到底出了什么问题。在这种大背景下，更多的西方人将眼光投向了《孙子兵法》，希望能从东方古老的智慧中得到启示。结果是不少人得出了这样的结论：西方世界的失败，正是因为违背了孙子的教训。美军入越作战部队司令威斯特摩兰在《一个军人的报告》中回顾越南战争时，引用了孙子"兵久而国利者，未之有也"的名言，说"进入越南是我国所犯的最大的错误"。前总统尼克松在《真正的战争》中也说："正如2500年前中国战略学家孙子所说的那样：'夫兵久而国利者，未之有也。故兵贵胜，不贵久。'美国在越南战争中的失败正应了孙子的话。"另一位美国著名的战略思想家柯林斯在他的《大战略》一书中也指出："孙子说：'上兵伐谋'。……美国忽视了孙子的这一英明忠告，愚蠢地投入了战斗。我们过高地估计了我方的能力，过低地估计了敌人的能力。我们热衷于使用武装力量，其结果很快产生了一个不起决定性作用的目标：战场上的军事胜利。"

20世纪70年代末，当西方战略体系面临着严重的"崩溃性危机"的时候，美国人又想到了孙子，并受孙子的"全胜"战略的启示而制定出了所谓的"孙子的核战略"。美军的作战指挥理论，也从《孙子兵法》中吸取了很多东西，以至于澳洲军事作家小莫汉·马利在展望21世纪的军事理论发展时这样预言："正如19世纪的战争受约米尼、20世纪受克劳塞维茨的思想影响一样，21世纪的战争，也许将受孙子和利德尔·哈特的战略思想的影响。"

与近代中国人是被迫接受西方军事理论不同，以利德尔·哈特为代表的现代西方人，却是主动地来引进中国传统兵学的。如果说对于近代中国来说，西学东渐的结果，是一个传统兵学体系的解体，那么对于现代西方人来说却并非如此。现代西方的军事理论已经是一个成熟的体系，中国传统兵学的西渐，并没有形成对西方军事理论体系的全面冲击，它只是更多地表现为对以克劳塞维茨为代表的西方军事理论体系的修正。也正因为如此，西方军事理论对中国传统兵学的吸取，从一开始就不是在低层次上进行的，而是借鉴了中国传统兵学中所包含的思维方式。

3.《孙子兵法》慎战备战、倡导和平的人文精神在当代国际关系中值得大力张扬

中国传统兵学的伟大之处，不仅在于它揭示和创造了不朽的作战通则，更在于它始终高举义战、慎战的旗帜，反对穷兵黩武。《孙子兵法》开宗明义就指出战争是国之大事，必须慎重对待。其后，它又不断强调，对于来自敌国的威胁，要常备不懈，"无恃其不来，恃吾有以待之；无恃其不攻，恃吾有所不可攻也"，告诫君主和将帅，对待战争要"非利不动，非得不用，非危不战"，兵凶战危，"主不可以怒而兴师，将不可以愠而致战"。

中华民族是爱好和平的民族，中国的兵学文化和中国的儒学文化一样，其根本精神都是和合文化，从来都倡导亲仁善邻、积极防御。《晏子春秋》的论述是有代表性的："不侵大国之地，不耗小国之民，故诸侯皆欲其尊；

不劫人以兵甲，不威人以众强，故天下皆欲其强。"(《内篇问上第三》之第五）

在战争观上，中国兵家认为"自古知兵非好战"，儒家主张仁义安天下，墨家主张"非攻"，道家追求建立一种"虽有甲兵无所陈之"的理想社会，主旨都是相同的。

中国传统兵学强调的是战争必须服从社会道义的法则，而不能仅仅是为了伸张一己之利。军事暴力的运用必须接受人类道德的约束，而不能变得没有限制。军事学不应该导致人类的自我毁灭，相反，军事学必须有深沉的人道情怀，只有这样，军事学才能给人类的军事行为指出正确的方向，军事学才能成为一门有益于人类进步的、富于理性的科学。在全球化时代的今天，中国传统兵学中的这种人道主义与和平主义的精神，在现代国际生活中尤其值得高扬。

一部中国的军事历史充分表明，中国古代兵学不仅不拒斥外来的兵学文化，相反，还非常善于吸收和消融外来的兵学文化；它不仅为毛泽东军事思想的形成和发展提供了有益的借鉴，同时也为马克思主义的军事学在中国生根、开花、结果提供了丰富的思想资料。

然而，包括《孙子兵法》在内的中国古代兵学由于受其阶级的和时代的限制，也不可避免地存在着不少封建性糟粕，不可避免地存在着不少形而上学的成分，诸如英雄史观、愚兵政策、等级观念等，即使是代表处于上升时期的新兴地主阶级先进思想的《孙子兵法》，从总体上说，它在自然观上是唯物的、辩证的，但在社会观上却也存在着不少唯心的、形而上学的内容。总之，这些问题都是必须批判的、拒斥的、摒弃的。

4. 开启《孙子兵法》研究的新生面

笔者曾在《面临新挑战，开启新局面》一文中指出：面对新军事革命，《孙子兵法》研究不能游离于世界潮流之外，而应有新的观念和理论思想，有新的研究视角和新的研究方法。总之，《孙子兵法》研究必须来一次大的变革。

（1）研究支点的转移。

自11世纪北宋王朝把《孙子兵法》尊为经典、列为武经之首，千百年来，校勘其版本、注解其章句、考辨其本事、寻绎其体系的著作大量涌现。长期以来，这种注经解诂的研究传统一直是《孙子兵法》研究的支点。这一研究传统固然还应当继承，但是，今天对《孙子兵法》的阐释性工作基本上已经完结。研究工作向新的支点转移，是不可回避的历史课题。我们为寻求新的支点，必须通过对《孙子兵法》本体精神的开掘，来探究其深层次的文化意蕴。比如，通过"伐谋""伐交"这一思想来探索当今世界多极斗争的战略策略和地缘战略问题，探索构建和谐世界问题。只有这样，才能使《孙子兵法》研究更加自觉地贴近对现实问题的解答和应用。

（2）研究领域的延伸。

《孙子兵法》研究要发展，既要不离传统，又要走出传统。

不离传统，就是要求我们必须把《孙子兵法》放在中国军事传统文化之中进行综合研究。具体地说，要把《孙子兵法》与中国古典兵学文化诸如历代兵书、儒墨道法等联系起来进行研究，廓清"前孙子者，孙子不遗；后孙子者，不能遗孙子"（《武备志·兵诀评》）的承传轨迹，从中提炼精华，使之发扬光大。

走出传统，就是要求我们用现代人的知识和手段，从全新的视角，探索《孙子兵法》在军事领域和非军事领域的研究与应用。研究是解决理论问题，应用是解决实践问题，而这两者又是相辅相成的。不解决理论问题，实际应用也必然是支离破碎的。

（3）研究方法的转型。

《孙子兵法》研究要在方法上获得突破，不仅仅需要研究手段的改变，比如电脑检索、互联网交流等，更需要哲学层面的突破，其核心则是创新问题。要很好地解决这个问题，就必须把《孙子兵法》研究置于中西军事文化比较的大背景中。《孙子兵法》的现代价值，只有同西方的强势文化相比较、相融合、相竞争，才能真正凸显出来。

（4）学术层次的增位。

《孙子兵法》研究的生命力，是由它的学术地位决定的，而衡量其学术地位的关键是学术层次的高低。

众所周知，面对新军事革命提出的一系列新问题，《孙子兵法》研究不可能也没有必要去一一应对。《孙子兵法》绝不是包治百病的万应灵药。我们可以从中寻求有益的启示，但它不可能为我们提供现成的答案。那些诸如语录式的简单类比和贴标签式的生搬硬套都是肤浅的、不可取的。而要提高学术层次，只有从《孙子兵法》体系入手，特别是从《孙子兵法》范畴体系入手，联系新军事革命所提出的一系列战争新课题，从宏观整体上提炼《孙子兵法》的理论精华，才能真正达到"古为今用"的目的。

六、超越兵法

《孙子兵法》现在真成了显学，热门得很，在"与"字系列论著中，《孙子兵法》可能首屈一指，如《孙子兵法》"与"商战、"与"管理、"与"人生、"与"治病、"与"炒股……林林总总，眼花缭乱，无怪乎有人惊叹《孙子兵法》万能。

《孙子兵法》的本质属性是军事学术著作，是提供给军队打仗用的专业著作，只是由于它充满哲理，富于思辨，舍事言理，高视远观，因此又确实可以作为人们用以"攻玉"的砺石。

《孙子兵法》用于非军事领域，古已有之，最典型的例子是战国时的商人白圭。他宣称："吾治生产（经商致富），犹伊尹、吕尚之谋，孙、吴用兵，商鞅行法是也。"（《史记·货殖列传》）以致"天下言治生祖（效法）白圭"（同上）。

其实，比白圭早一百多年的范蠡才真正称得上是商人鼻祖。我们知道，商业在我国有着悠久的历史。早在夏代就出现了商品交换，商品、商业在商、周时代已有了很大的发展。但是，自由商人——私商却是春秋末期才开始登上历史舞台的。春秋末期"工商食官"——官商日趋废弛，官府对工商业的垄断趋于残破，自由商人在流通领域大显身手。楚国人范蠡便是他们中杰出的代表人物。

范蠡在营销经济学上的建树主要表现为他在陶邑（今山东定陶西北）的经营理念和实践。越灭吴之后，范蠡"乃乘扁舟，浮于江湖"（《史记·货殖列传》）到了齐国，改名换姓为"鸱夷子皮"，不久又来到宋国的陶邑，再次改名换姓为"朱公"，于是在此成就了他的又一番事业。他的经营理念主要是"积著（贮）之理"：囤积居奇（"治产积居"），抓住时机（"与时逐而不责于人"），货畅其流，因形造势（"财币欲其行如流水""择人而任时"），终于获得巨大成功，"十九年之中三致千金"。范蠡把这些钱，两次分送给贫贱之交和远房的本家兄弟，即所谓"再分散与贫交、疏昆弟"。待到晚年，他又放手让其子孙"修业而息之"管理企业，发展生产，最后拥有了"巨万"的家产。

范蠡担任过上将军，相当于国防部长的角色，又著有兵书，当然是精通兵法的，因此，他把兵法理念运用在商业竞争之中是得心应手、顺理成章的。他在经商中，把握时势的战略考量就充分表现出他非凡的战略家的气魄。

常言所谓"识时务者为俊杰"，"时来天地皆同力，运去英雄不自由"。中国传统文化的这种时务观，在治国上表现为时机，在作战上表现为战机，在经商上表现为商机。范蠡对此有深刻的论述，而且都是从高层次的战略机遇的角度加以阐述的。他指出："夫圣人随时以行，是谓守时。天时不作，弗为人客；人事不起，弗为之始。""时不至，不可强生"（《国语·越语下》）。这里所讲的"时"，不只限于时令季节、阴晴寒暑以及自然祸福的天时，还泛指时势、形势、社会生活的发展趋势。这种客观事物发展的历史趋势是不以人们的意志为转移的，人们可以认识它、顺应它、驾驭它，但是不能改变它。因此，范蠡非常准确地指出：圣人只能"随时"，就是依顺时势自身的运动规律；顺时而动，就是"守时"，就是遵循历史发展的自然趋势。这就像春夏秋冬是不能改变的，但人们可以依据四季的变化而春种秋收，适应寒暑。范蠡这番话是回答越王勾践的提问而说的，也是告诫勾践穷兵好战、倒行逆施必将祸及自身。他的这番话无异于一篇关于"审时度势"的卓识高论。

范蠡根据他的时势观，正确地指导了越国在灭吴战争中对时机的判断和把握。直到敌我强弱易势、彼消我长，条件完全成熟之后，才最终一举灭吴。

历史记载，范蠡首先是在夫椒之战越军惨败之后，竭力谏阻勾践伐吴，认为"得时不成，反受其殃"（同上）；后来吴王夫差虽然荒淫无道，但范蠡清楚地看到"人事至矣，天应未也"，认为仍不能伐吴，还须耐心地等待，指出"人事必将与天地相参，然后乃可以成功"（同上）。

范蠡的时势观是一种深富唯物辩证法的哲学思维，它既可用来观察政治、军事形势，也可用来观察经济形势，我们从他对战略环境的选择就可以看出范蠡是如何高明而巧妙地实现自己的远大抱负的。

范蠡一生有两次大的选择：一次是选择去越国实现自己的政治抱负。据《史记·越王勾践世家》张守节《正义》载，范蠡对文种说："天运历纪，千岁一至；黄帝之元，执辰破巳，霸王之气，见（现）于地户。""地户"指地的出入口。据《升庵外集》："《河图括地象》曰：'东南为地户。'注云：地不满东南是地户。"范蠡认为霸王之气已移至东南吴越一带，于是与文种一起来到新兴的越国，从此入仕，登上政治舞台。

再一次大的选择，而且是实现自我经商天才的一次选择就是辞去齐相到宋国做陶朱公。春秋时，宋国乃是"平原四达，膏腴之地"（《史记·春申君列传》）。范蠡更看到陶邑乃是"天下之中，诸侯四通，货物所交易（交通方便）也"（《史记·货殖列传》）。范蠡选择陶邑"下海"，无疑是一种明智的战略选择。

在市场营销上，范蠡更是把兵法理论用活了，从商品的选择、储备、流通、经营到管理等各个环节都有自己一套成功的做法。从理论上看，最关键的是他善于"与时逐而不责于人"，"能择人而任时"。这是一条与兵法相通的原则。《孙子兵法》有言:"故善战者,求之于势,不责于人,故能择人而任势。""势"的核心是"时",是快速、敏捷。孙子所谓"激水之急,至于漂石者,势也"。但是,无论"战势"还是"商势",根本的问题是"造势",是充分利用时间,抓住机遇,把握态势。如果在商战中不善于识势、造势、求势,就必然处处被动,失去竞争能力。

战国时代,兵法在中医上的运用也很显著。《黄帝内经·灵枢·逆顺》就以"无迎逢逢之气,无击堂堂之阵"与"无刺熇熇之热,无刺漉漉之汗,无刺浑浑之脉"相对应。中医理论吸收兵法原理,从大背景来说,春秋战国时代正是阴阳五行相生相克的哲学方法大行其道的时代。所以阴阳、虚实、奇正、攻守之类军事术语在中医学上得到了广泛的使用。清朝名医徐大椿明确指出:"《孙武子》十三篇,治病之法尽之矣。"(《医学源流论·用药如用兵论》)

从伦理道德方面看,兵法重良将,中医重良医;从指导思想上看,诸如防病如防敌,择医如用将,治病如治寇,用药如用兵,用药组方如排兵布阵,等等,这一切无不表明兵学与医学是同源一脉、相互沟通的。

兵法别诠,范围十分广泛,其中最能形象而又具体地反映《孙子兵法》本质特征的莫过于太极拳。太极拳的拳法十分符合《孙子兵法》隐忍静柔的理念。太极拳所强调的静如山岳,动如江河,蓄势如开弓,发劲如放箭,曲中求直,蓄而后发,同《孙子兵法》"风林火山",因形造势,势如旷弩,节如发机的思想如出一辙,因为它们都是主张以巧制胜,以柔克刚。诸如此类的运用,古人还有不少,明朝著名学者李贽在其所著《孙子参同》中就明确提出要把《武经七书》与儒家的《六经》合而为一,"以教天下万世"。

历史进入现代,《孙子兵法》在非军事领域的应用,更在外国受到相当的重视,出现了"兵法经营学"的崭新理论。

在我国社会主义市场经济中，能不能借鉴《孙子兵法》原理，曾经有过不同意见。我想专门就《孙子兵法》与商业经济方面的问题谈谈看法。

我始终认为把兵法应用于经营管理是十分必要的。今天的中国要发展，要腾飞，就一定要把商场当战场，把商战当兵战，没有这个信念，是达不到目的的。

兵法与经营具有同质性与异质性。关于同质性，诸如：以功利为目的的竞争性，决策的预见性，谋划的宏观性，信息的盖然性，投入的风险性，实施的灵活性，管理的法规性，以小的代价换取最大利益的价值观念，等等。

关于异质性：兵战的目的在于消灭敌人，保存自己；商战的目的在于赢得客户，赢得市场。由此决定了二者实现目的时应采取不同的手段和方法。一切在经营管理中运用兵法的认识误区，都是没有区分好这二者的界限所致。兵法是双刃剑，不可不用，不可滥用。因为在商言商，商人当然要图利，如同军队在战场上要歼敌一样。但必须做到争利而不唯利，利己而不损人。抬高自己但不打击别人，推销自己但不诋毁别人。君子爱财，取之有道。道就是道义，就是界限。

对于企业，《孙子兵法》最有借鉴意义的不是诡诈和欺骗，而是它的战略思想和管理思想。我认为，把《孙子兵法》应用于企业经营管理，就其主体而言大致反映在以下三个方面：经营决策上的运筹决胜理论、市场营销上的因利任势理论、企业管理上的令文齐武理论。

（一）以慎战为指导的战略思想

中国文化是女性文化，阴性文化，是阴柔的、内向的，不张扬、不外露。中国战略是稳健战略，孙子的战略思想是中国战略思想的代表，其核心是慎战、智战。因此，商战战略不可避免地继承了中国文化。儒将与儒商，都有着共同的价值取向：以柔克刚，以迂为直，后发制人，以小赢大。

决策问题是战略问题，战略问题是全局问题，战略问题是生死问题。在慎战思想的指导下，孙子的战略追求给我们的启示有以下几点。

1. 追求全胜全赢

"不战而屈人之兵"的全胜观。全胜：伐谋、伐交，不战而胜。高明的战争是不交战，全胜无斗，大兵无创；高明的竞争是避免竞争，尤其是避免恶性竞争，主要依靠产品好、服务好、信誉好，赢得市场。

2. 立足先胜先赢

孙子主张"未战而庙算胜"。庙算：慎重决策，先计后战，先胜后战。争先手，抢先招。知识是智慧的基础，信息是制定战略的基础，市场信息是企业的生命之源。信息即财富，即效益。知彼知己、先知尽知，永远是真理。

无论"全胜"还是"先胜"，孙子认为"称胜"是基础，力量是基础。这样才能占据优势的地位，从而立于不败之地（优势的政治、优势的组织、优势的兵力、优势的策略）。

3. 争取巧胜巧赢

"巧能成事""胜于易胜，胜已败者"。企业也一样，不能拼消耗，要善于四两拨千斤，以巧制胜。

避实击虚，打敌要害，不要两个拳头对敌。牢牢抓住主攻方向，牢牢抓住战略枢纽，牢牢抓住转瞬即逝的战机，做到这"三抓"，就能战必胜、商必赢。

通俗地表述，一个最佳战略（上策），常常表现为：

站得高——通观全局，总揽全局，立意高。现代战争、当代经济，首先要立足于世界，展望国际舞台。

看得远——由于放眼世界，因此眼界广阔、谋划久远。

想得深——预知胜负，走一步看几步，考虑几手，准备几手。

谋得巧——不战而胜，胜于无形，四两拨千斤，避免恶性竞争，出奇制胜。

知得详——"道天地将法"，尽知、先知，充分掌握信息，准确判断。

站得稳——"先为不可胜"，君要有道，将要有能，国富兵强，稳操胜券。

总之，战略不是空谈，关键是本固谋长，优胜劣汰。力量是第一位的（军队的战斗力、商业的竞争力），谋略是第二位的。

（二）以"令文齐武"为总纲的管理思想

军队管理以严格著称，企业管理也应效法军队。古代兵家的治军言论能够激发企业家的灵感，值得向企业管理借鉴移植。但是，古代兵法中的管理思想精华与糟粕并存，因此，必须认真分析，批判继承。

孙子的管理思想，大体可以概括为一纲四目。总纲是"令之以文，齐之以武"。

"文"是教育，是怀柔，是软的一手；"武"是管理，是威猛，是硬的一手。对外是公共关系，对内是人际关系。"文武"在孙子的管理思想中是一个巨大的思维框架，如果说，我们视"文武"为"纲"，那么在这个"纲"下，又可分为"四目"。略而言之，一是新的人才，二是新的制度，三是新的手段，四是新的要求。《孙子兵法》实际上是一部将帅学：将帅如何指挥作战，将帅如何管理军队。在管理上，孙子正确阐述了将领的统御之术，主要是君将关系，君要有道，将要有能；君要善于"将将"，将要善于执行。孙子对选将、任将的标准很高，提出"智信仁勇严"五条标准以及其他要求。之所以标准高、要求严，是因为他那个时代是人才竞争的时代，千军易得，一将难求。信息时代的今天，一支军队，一个企业，更必须要有强有力的领导，要有德才兼备的人才。

在人才问题上，孙子以及其后战国时代的兵家都主张因能授官，强调一个"能"字，将要有能，是明白人，不是糊涂人。只要是能人，就要大胆提拔，予以重用。特别是在竞争激烈的时代，愈加需要提拔重用年轻的能人。例如汉武帝重用卫青、霍去病，康熙重用施琅。曹操明确主张"唯才是举"，他说："今天下尚未定，此特求贤之急时也。……若必廉士而后可用，则齐桓其何以霸世！今天下得无有被褐怀玉而钓于渭滨者乎？又得无盗嫂受金而未遇无知者乎？"金无足赤，人无完人，陈平与嫂子通奸，是小节问题，不妨碍他为刘邦六出奇计，争胜天下。作为特殊时代的特殊处理，曹操的看法不是没有道理的。

总而言之，兵法商用也好，兵法医用也好，究其根本都是用的中国文化中特有的重道轻器的思维方式：重宏观轻微观，重整体轻个别，重综合轻分析，重意象轻具象。这种思维方式颇能触动人们的思维按钮，举一反三，以石攻玉，获得灵感，创新出奇。《坛经》说："一灯能除千年暗，一智能灭万年愚。"但愿《孙子兵法》的智慧之光永远闪烁，造福人类！

附录:《孙子兵法》原文与今译

一、《孙子兵法》(中华书局上海编辑所1961年影印宋本《十一家注孙子》本)原文

计 篇

孙子曰:兵者,国之大事,死生之地,存亡之道,不可不察也。

故经之以五事,校之以计,而索其情:一曰道,二曰天,三曰地,四曰将,五曰法。道者,令民与上同意也。故可以与之死,可以与之生,而不畏危。天者,阴阳、寒暑、时制也。地者,远近、险易、广狭、死生也。将者,智、信、仁、勇、严也。法者,曲制、官道、主用也。凡此五者,将莫不闻,知之者胜,不知者不胜。故校之以计而索其情,曰:主孰有道,将孰有能,天地孰得,法令孰行,兵众孰强,士卒孰练,赏罚孰明。吾以此知胜负矣。

将听吾计,用之必胜,留之;将不听吾计,用之必败,去之。

计利以听,乃为之势,以佐其外。势者,因利而制权也。

兵者,诡道也。故能而示之不能,用而示之不用,近而示之远,远而示之近。利而诱之,乱而取之,实而备之,强而避之,怒而挠之,卑而骄之,佚而劳之,亲而离之。攻其无备,出其不意。此兵家之胜,不可先传也。

夫未战而庙算胜者,得算多也;未战而庙算不胜者,得算少也。多算

237

胜，少算不胜，而况于无算乎？吾以此观之，胜负见矣。

作战篇

孙子曰：凡用兵之法，驰车千驷，革车千乘，带甲十万，千里馈粮，则内外之费，宾客之用，胶漆之材，车甲之奉，日费千金，然后十万之师举矣。

其用战也胜，久则钝兵挫锐，攻城则力屈，久暴师则国用不足。夫钝兵挫锐，屈力殚货，则诸侯乘其弊而起，虽有智者，不能善其后矣。故兵闻拙速，未睹巧之久也。夫兵久而国利者，未之有也。故不尽知用兵之害者，则不能尽知用兵之利也。

善用兵者，役不再籍，粮不三载；取用于国，因粮于敌，故军食可足也。

国之贫于师者远输，远输则百姓贫。近于师者贵卖，贵卖则百姓财竭，财竭则急于丘役。力屈、财殚，中原内虚于家。百姓之费，十去其七；公家之费，破车罢马，甲胄矢弩，戟楯蔽橹，丘牛大车，十去其六。

故智将务食于敌，食敌一钟，当吾二十钟；葸秆一石，当吾二十石。

故杀敌者，怒也；取敌之利者，货也。车战，得车十乘已上，赏其先得者，而更其旌旗，车杂而乘之，卒善而养之，是谓胜敌而益强。

故兵贵胜，不贵久。

故知兵之将，生民之司命，国家安危之主也。

谋攻篇

孙子曰：凡用兵之法，全国为上，破国次之；全军为上，破军次之；

全旅为上，破旅次之；全卒为上，破卒次之；全伍为上，破伍次之。是故百战百胜，非善之善者也；不战而屈人之兵，善之善者也。

故上兵伐谋，其次伐交，其次伐兵，其下攻城。攻城之法为不得已。修橹轒辒，具器械，三月而后成，距闉又三月而后已。将不胜其忿，而蚁附之，杀士三分之一，而城不拔者，此攻之灾也。

故善用兵者，屈人之兵而非战也，拔人之城而非攻也，毁人之国而非久也，必以全争于天下，故兵不顿而利可全，此谋攻之法也。

故用兵之法，十则围之，五则攻之，倍则分之；敌则能战之，少则能逃之，不若则能避之。故小敌之坚，大敌之擒也。

夫将者，国之辅也。辅周则国必强，辅隙则国必弱。

故君之所以患于军者三：不知军之不可以进而谓之进，不知军之不可以退而谓之退，是谓縻军；不知三军之事，而同三军之政者，则军士惑矣；不知三军之权而同三军之任，则军士疑矣。三军既惑且疑，则诸侯之难至矣，是谓乱军引胜。

故知胜有五：知可以战与不可以战者胜，识众寡之用者胜，上下同欲者胜，以虞待不虞者胜，将能而君不御者胜。此五者，知胜之道也。

故曰：知彼知己者，百战不殆；不知彼而知己，一胜一负；不知彼，不知己，每战必殆。

形　篇

孙子曰：昔之善战者，先为不可胜，以待敌之可胜。不可胜在己，可胜在敌。故善战者，能为不可胜，不能使敌之可胜。故曰：胜可知而不可为。

不可胜者，守也；可胜者，攻也。守则不足，攻则有余。善守者，藏于九地之下；善攻者，动于九天之上，故能自保而全胜也。

见胜不过众人之所知，非善之善者也；战胜而天下曰善，非善之善者也。故举秋毫不为多力，见日月不为明目，闻雷霆不为聪耳。古之所谓善战者，胜于易胜者也。故善战者之胜也，无智名，无勇功。故其战胜不忒，不忒者，其所措必胜，胜已败者也。故善战者立于不败之地，而不失敌之败也。是故胜兵先胜而后求战，败兵先战而后求胜。善用兵者，修道而保法，故能为胜败之政。

兵法：一曰度，二曰量，三曰数，四曰称，五曰胜。地生度，度生量，量生数，数生称，称生胜。故胜兵若以镒称铢，败兵若以铢称镒。胜者之战民也，若决积水于千仞之溪者，形也。

势 篇

孙子曰：凡治众如治寡，分数是也；斗众如斗寡，形名是也；三军之众，可使必受敌而无败者，奇正是也；兵之所加，如以碫投卵者，虚实是也。

凡战者，以正合，以奇胜。故善出奇者，无穷如天地，不竭如江河。终而复始，日月是也；死而复生，四时是也。声不过五,五声之变，不可胜听也；色不过五,五色之变，不可胜观也；味不过五,五味之变，不可胜尝也。战势不过奇正，奇正之变，不可胜穷也。奇正相生，如循环之无端，孰能穷之？

激水之疾，至于漂石者，势也；鸷鸟之疾，至于毁折者，节也。是故善战者，其势险，其节短。势如彍弩，节如发机。

纷纷纭纭，斗乱而不可乱也；浑浑沌沌，形圆而不可败也。

乱生于治，怯生于勇，弱生于强。治乱，数也；勇怯，势也；强弱，形也。故善动敌者，形之，敌必从之；予之，敌必取之。以利动之，以卒待之。

故善战者，求之于势，不责于人，故能择人而任势。任势者，其战人也，如转木石。木石之性，安则静，危则动，方则止，圆则行。故善战人之势，如转圆石于千仞之山者，势也。

虚实篇

孙子曰：凡先处战地而待敌者佚，后处战地而趋战者劳。故善战者，致人而不致于人。能使敌人自至者，利之也；能使敌人不得至者，害之也。故敌佚能劳之，饱能饥之，安能动之。

出其所不趋，趋其所不意。行千里而不劳者，行于无人之地也。攻而必取者，攻其所不守也；守而必固者，守其所不攻也。

故善攻者，敌不知其所守；善守者，敌不知其所攻。

微乎微乎，至于无形，神乎神乎，至于无声，故能为敌之司命。

进而不可御者，冲其虚也；退而不可追者，速而不可及也。故我欲战，敌虽高垒深沟，不得不与我战者，攻其所必救也；我不欲战，画地而守之，敌不得与我战者，乖其所之也。

故形人而我无形，则我专而敌分。我专为一，敌分为十，是以十攻其一也，则我众而敌寡。能以众击寡者，则吾之所与战者，约矣。吾所与战之地不可知；不可知，则敌所备者多；敌所备者多，则吾所与战者，寡矣。故备前则后寡，备后则前寡，备左则右寡，备右则左寡，无所不备，则无所不寡。寡者，备人者也；众者，使人备己者也。

故知战之地，知战之日，则可千里而会战；不知战地，不知战日，则左不能救右，右不能救左，前不能救后，后不能救前，而况远者数十里，近者数里乎？以吾度之，越人之兵虽多，亦奚益于胜败哉？故曰：胜可为也。敌虽众，可使无斗。

故策之而知得失之计，作之而知动静之理，形之而知死生之地，角之而知有余不足之处。故形兵之极，至于无形；无形，则深间不能窥，智者不能谋。因形而错胜于众，众不能知；人皆知我所以胜之形，而莫知吾所以制胜之形。故其战胜不复，而应形于无穷。

夫兵形象水，水之形，避高而趋下；兵之形，避实而击虚。水因地而制流，兵因敌而制胜。故兵无常势，水无常形；能因敌变化而取胜者，谓之神。

故五行无常胜，四时无常位；日有短长，月有死生。

军争篇

孙子曰：凡用兵之法，将受命于君，合军聚众，交和而舍，莫难于军争。军争之难者，以迂为直，以患为利。故迂其途，而诱之以利，后人发，先人至，此知迂直之计者也。

故军争为利，军争为危。举军而争利，则不及；委军而争利，则辎重捐。是故卷甲而趋，日夜不处，倍道兼行，百里而争利，则擒三将军，劲者先，疲者后，其法十一而至；五十里而争利，则蹶上将军，其法半至；三十里而争利，则三分之二至。是故军无辎重则亡，无粮食则亡，无委积则亡。

故不知诸侯之谋者，不能豫交；不知山林、险阻、沮泽之形者，不能行军；不用乡导者，不能得地利。故兵以诈立，以利动，以分合为变者也。故其疾如风，其徐如林，侵掠如火，不动如山，难知如阴，动为雷震。掠乡分众，廓地分利，悬权而动。先知迂直之计者胜，此军争之法也。

《军政》曰："言不相闻，故为金鼓；视不相见，故为旌旗。"夫金鼓旌旗者，所以一人之耳目也；人既专一，则勇者不得独进，怯者不得独退，此用众之法也。故夜战多火鼓，昼战多旌旗，所以变人之耳目也。

故三军可夺气，将军可夺心。是故朝气锐，昼气惰，暮气归。故善用兵者，避其锐气，击其惰归，此治气者也。以治待乱，以静待哗，此治心者也。以近待远，以佚待劳，以饱待饥，此治力者也。无邀正正之旗，勿击堂堂之阵，此治变者也。

故用兵之法，高陵勿向，背丘勿逆，佯北勿从，锐卒勿攻，饵兵勿食，归师勿遏，围师必阙，穷寇勿迫，此用兵之法也。

九变篇

孙子曰：凡用兵之法，将受命于君，合军聚众，圮地无舍，衢地交合，绝地无留，围地则谋，死地则战。途有所不由，军有所不击，城有所不攻，地有所不争，君命有所不受。

故将通于九变之地利者，知用兵矣；将不通于九变之利者，虽知地形，不能得地之利矣；治兵不知九变之术，虽知五利，不能得人之用矣。

是故智者之虑，必杂于利害。杂于利而务可信也；杂于害而患可解也。

是故屈诸侯者以害，役诸侯者以业，趋诸侯者以利。

故用兵之法，无恃其不来，恃吾有以待也；无恃其不攻，恃吾有所不可攻也。

故将有五危：必死，可杀也；必生，可虏也；忿速，可侮也；廉洁，可辱也；爱民，可烦也。凡此五者，将之过也，用兵之灾也。覆军杀将，必以五危，不可不察也。

行军篇

孙子曰：凡处军、相敌：绝山依谷，视生处高，战隆无登，此处山之军也。绝水必远水；客绝水而来，勿迎之于水内，令半济而击之，利；欲战者，无附于水而迎客；视生处高，无迎水流，此处水上之军也。绝斥泽，惟亟去无留；若交军于斥泽之中，必依水草，而背众树，此处斥泽之军也。平陆处易，而右背高，前死后生，此处平陆之军也。凡此四军之利，黄帝之所以胜四帝也。

凡军好高而恶下，贵阳而贱阴，养生而处实。军无百疾，是谓必胜。丘陵堤防，必处其阳，而右背之。此兵之利，地之助也。上雨，水沫至，欲涉者，待其定也。凡地有绝涧、天井、天牢、天罗、天陷、天隙，必亟去之，勿近也。吾远之，敌近之；吾迎之，敌背之。军行有险阻、潢井、葭苇、山林、翳荟者，必谨复索之，此伏奸之所处也。

敌近而静者，恃其险也；远而挑战者，欲人之进也；其所居易者，利也。众树动者，来也；众草多障者，疑也；鸟起者，伏也；兽骇者，覆也；尘高而锐者，车来也；卑而广者，徒来也；散而条达者，樵采也；少而往来者，营军也。辞卑而益备者，进也；辞强而进驱者，退也；轻车先出居其侧者，陈也；无约而请和者，谋也；奔走而陈兵车者，期也；半进半退者，诱也。杖而立者，饥也；汲而先饮者，渴也；见利而不进者，劳也；鸟集者，虚也；夜呼者，恐也；军扰者，将不重也；旌旗动者，乱也；吏怒者，倦也；粟马肉食，军无悬甀不返其舍者，穷寇也；谆谆翕翕，徐与人言者，失众也；数赏者，窘也；数罚者，困也；先暴而后畏其众者，不精之至也；来委谢者，欲休息也。兵怒而相迎，久而不合，又不相去，必谨察之。

兵非益多也，惟无武进，足以并力、料敌、取人而已。夫惟无虑而易敌者，必擒于人。

卒未亲附而罚之则不服，不服则难用也。卒已亲附而罚不行，则不可用也。故令之以文，齐之以武，是谓必取。令素行以教其民，则民服；令不素行以教其民，则民不服。令素行者，与众相得也。

地形篇

孙子曰：地形有通者，有挂者，有支者，有隘者，有险者，有远者。我可以往，彼可以来，曰通；通形者，先居高阳，利粮道，以战则利。可以往，难以返，曰挂；挂形者，敌无备，出而胜之；敌若有备，出而不胜，难以返，不利。我出而不利，彼出而不利，曰支；支形者，敌虽利我，我无出也；引而去之，令敌半出而击之，利。隘形者，我先居之，必盈之以待敌；若敌先居之，盈而勿从，不盈而从之。险形者，我先居之，必居高阳以待敌；若敌先居之，引而去之，勿从也。远形者，势均，难以挑战，战而不利。凡此六者，地之道也；将之至任，不可不察也。

故兵有走者，有弛者，有陷者，有崩者，有乱者，有北者。凡此六者，非天之灾，将之过也。夫势均，以一击十，曰走；卒强吏弱，曰弛；吏强卒弱，曰陷；大吏怒而不服，遇敌怼而自战，将不知其能，曰崩；将弱不严，教道不明，吏卒无常，陈兵纵横，曰乱；将不能料敌，以少合众，以弱击强，兵无选锋，曰北。凡此六者，败之道也，将之至任，不可不察也。

夫地形者，兵之助也。料敌制胜，计险厄远近，上将之道也。知此而用战者必胜，不知此而用战者必败。

故战道必胜，主曰无战，必战可也；战道不胜，主曰必战，无战可也。故进不求名，退不避罪，唯人是保，而利合于主，国之宝也。

视卒如婴儿，故可与之赴深溪；视卒如爱子，故可与之俱死。厚而不能使，爱而不能令，乱而不能治，譬若骄子，不可用也。

知吾卒之可以击，而不知敌之不可击，胜之半也；知敌之可击，而不知吾卒之不可以击，胜之半也；知敌之可击，知吾卒之可以击，而不知地形之不可以战，胜之半也。故知兵者，动而不迷，举而不穷。故曰：知彼知己，胜乃不殆；知天知地，胜乃不穷。

九地篇

孙子曰：用兵之法，有散地，有轻地，有争地，有交地，有衢地，有重地，有圮地，有围地，有死地。诸侯自战其地，为散地。入人之地而不深者，为轻地。我得则利，彼得亦利者，为争地。我可以往，彼可以来者，为交地。诸侯之地三属，先至而得天下之众者，为衢地。入人之地深，背城邑多者，为重地。行山林、险阻、沮泽，凡难行之道者，为圮地。所由入者隘，所从归者迂，彼寡可以击吾之众者，为围地。疾战则存，不疾战则亡者，为死地。是故散地则无战，轻地则无止，争地则无攻，交地则无绝，衢地则合交，重地则掠，圮地则行，围地则谋，死地则战。

所谓古之善用兵者，能使敌人前后不相及，众寡不相恃，贵贱不相救，上下不相收，卒离而不集，兵合而不齐。合于利而动，不合于利而止。敢问："敌众整而将来，待之若何？"曰："先夺其所爱，则听矣。"兵之情主速，乘人之不及，由不虞之道，攻其所不戒也。

凡为客之道：深入则专，主人不克；掠于饶野，三军足食；谨养而勿劳，并气积力，运兵计谋，为不可测。投之无所往，死且不北；死，焉不得士人尽力。兵士甚陷则不惧，无所往则固，深入则拘，不得已则斗。是故其兵不修而戒，不求而得，不约而亲，不令而信。禁祥去疑，至死无所之。吾士无余财，非恶货也；无余命，非恶寿也。令发之日，士卒坐者涕沾襟，偃卧者涕交颐。投之无所往者，诸、刿之勇也。

故善用兵者，譬如"率然"；"率然"者，常山之蛇也。击其首则尾至，击其尾则首至，击其中则首尾俱至。敢问："兵可使如'率然'乎？"曰："可。"夫吴人与越人相恶也，当其同舟而济，遇风，其相救也，如左右手。是故方马埋轮，未足恃也；齐勇若一，政之道也；刚柔皆得，地之理也。故善用兵者，携手若使一人，不得已也。

将军之事：静以幽，正以治。能愚士卒之耳目，使之无知。易其事，革其谋，使人无识；易其居，迂其途，使人不得虑。帅与之期，如登高而去其梯；帅与之深入诸侯之地，而发其机，焚舟破釜；若驱群羊，驱而往，驱而来，莫知所之。聚三军之众，投之于险，此谓将军之事也。九地之变，屈伸之利，人情之理，不可不察。

凡为客之道：深则专，浅则散。去国越境而师者，绝地也；四达者，衢地也；入深者，重地也；入浅者，轻地也；背固前隘者，围地也；无所往者，死地也。是故散地，吾将一其志；轻地，吾将使之属；争地，吾将趋其后；交地，吾将谨其守；衢地，吾将固其结；重地，吾将继其食；圮地，吾将进其涂；围地，吾将塞其阙；死地，吾将示之以不活。故兵之情：围则御，不得已则斗，过则从。

是故不知诸侯之谋者，不能豫交；不知山林、险阻、沮泽之形者，不能行军；不用乡导者，不能得地利。四五者，不知一，非霸、王之兵也。夫霸、王之兵，伐大国，则其众不得聚；威加于敌，则其交不得合。是故不争天下之交，不养天下之权，信己之私，威加于敌，故其城可拔，其国可隳。施无法之赏，悬无政之令，犯三军之众，若使一人。犯之以事，勿告以言；犯之以利，勿告以害。投之亡地然后存，陷之死地然后生。夫众陷于害，然后能为胜败。故为兵之事，在于顺详敌之意，并敌一向，千里杀将，此谓巧能成事者也。

是故政举之日，夷关折符，无通其使；厉于廊庙之上，以诛其事。敌人开阖，必亟入之。先其所爱，微与之期。践墨随敌，以决战事。是故始如处女，敌人开户，后如脱兔，敌不及拒。

火攻篇

孙子曰：凡火攻有五：一曰火人，二曰火积，三曰火辎，四曰火库，五曰火队。行火必有因，烟火必素具。发火有时，起火有日。时者，天之燥也；日者，月在箕、壁、翼、轸也。凡此四宿者，风起之日也。

凡火攻，必因五火之变而应之。火发于内，则早应之于外。火发兵静者，待而勿攻，极其火力，可从而从之，不可从而止。火可发于外，无待于内，以时发之。火发上风，无攻下风。昼风久，夜风止。凡军必知有五火之变，以数守之。

故以火佐攻者明，以水佐攻者强。水可以绝，不可以夺。

夫战胜攻取，而不修其功者，凶，命曰"费留"。故曰：明主虑之，良将修之。非利不动，非得不用，非危不战。主不可以怒而兴师，将不可以愠而致战；合于利而动，不合于利而止。怒可以复喜，愠可以复悦；亡国不可以复存，死者不可以复生。故明君慎之，良将警之，此安国全军之道也。

用间篇

孙子曰：凡兴师十万，出征千里，百姓之费，公家之奉，日费千金。内外骚动，怠于道路，不得操事者，七十万家。相守数年，以争一日之胜，而爱爵禄百金，不知敌之情者，不仁之至也，非人之将也，非主之佐也，非胜之主也。故明君贤将，所以动而胜人，成功出于众者，先知也。先知者，不可取于鬼神，不可象于事，不可验于度，必取于人，知敌之情者也。

故用间有五：有因间，有内间，有反间，有死间，有生间。五间俱起，莫知其道，是谓神纪，人君之宝也。因间者，因其乡人而用之。内间者，因其官人而用之。反间者，因其敌间而用之。死间者，为诳事于外，令吾间知之，而传于敌间也。生间者，反报也。

故三军之事，莫亲于间，赏莫厚于间，事莫密于间。非圣智不能用间，非仁义不能使间，非微妙不能得间之实。微哉微哉！无所不用间也。间事未发，而先闻者，间与所告者皆死。

凡军之所欲击，城之所欲攻，人之所欲杀，必先知其守将、左右、谒者、门者、舍人之姓名，令吾间必索知之。

必索敌人之间来间我者，因而利之，导而舍之，故反间可得而用也。因是而知之，故乡间、内间可得而使也；因是而知之，故死间为诳事可使告敌；因是而知之，故生间可使如期。五间之事，主必知之，知之必在于反间，故反间不可不厚也。

昔殷之兴也，伊挚在夏；周之兴也，吕牙在殷。故惟明君贤将能以上智为间者，必成大功。此兵之要，三军之所恃而动也。

二、《孙子兵法》今译

计　篇

孙子说：战争，是国家的大事，关系到军民的生死、国家的存亡，是不可不仔细研究的。

所以，要从以下五个方面来进行分析，比较敌我双方谁的计算准确，以探索战争胜负的情势。一是政治，二是天时，三是地利，四是将帅，五是法制。"政治"，就是让民众与君主的意愿相一致，这样，他们就可以为君主死，为君主生，而不畏惧危难。"天时"，指昼夜阴晴、寒冬酷暑、季节时令。"地利"，指远途近路、险阻平地、地域宽狭、死地生地。"将帅"，指将帅的智谋、诚信、仁慈、勇略、严明。"法制"，指军队的组织编制、将吏的管理、军需的掌管。凡属这五个方面的情况，将帅都不能不知道。了解这些情况的就能胜利，不了解这些情况的就不能胜利。所以要通过双方情况的比较来探索战争的情势。就是说，哪一方面的君主政治开明？哪一方的将帅更有才能？哪一方的天时地理有利？哪一方的法令能贯彻执行？哪一方的武器装备精良？哪一方的兵卒训练有素？哪一方的赏罚严明？我根据这些就可以判断谁胜谁负了。

将军听从我的计谋，用他打仗必定胜利，我就留用他；将军不听从我的计谋，用他打仗必定失败，我就撤换他。

分析利害得失的意见已经被采纳，然后就要造成有利的态势，作为外在的辅助条件。所谓"态势"，就是根据自己有利的情况，掌握作战主动权。

用兵应以诡诈为原则，所以，能打而装作不能打，要打而装作不要打，向近处而装作向远处，向远处而装作向近处，敌人贪利就引诱他，敌人混乱就攻取他，敌人力量充实就防备他，敌人兵力强大就避开他，敌人容易愤怒就挑逗他，敌人谦卑谨慎就骄纵他，敌人休整充分就劳累他，敌人上下相亲就离间他，在敌人毫无防备之处发动进攻，在敌人意料不到时采取行动。这是军事指挥的奥秘，是不能事先泄露出去的。

开战之前就预计能够取得胜利的，是因为胜利的条件充分；开战之前就预计不能取得胜利的，是因为胜利的条件不充分。筹划周密就能胜利；筹划疏漏就不能胜利，何况不作筹划呢？我根据这些来进行观察，谁胜谁败就端倪可见了。

作战篇

孙子说：用兵作战的一般规律是，出动轻型战车千辆，重型战车千辆，军队十万，还要越境千里运输粮食，那么前方、后方的费用，招待使节的用度，军械物资的供应，车辆盔甲的保养，每天就要耗费千金，然后十万军队才能出动。

用军队去作战就要求速胜，旷日持久就会耗损武器装备、挫伤锐气，攻城就会使军力耗尽。军队长期在外作战，就会使国家的财政发生困难。耗损武器装备、挫伤锐气，军事实力耗尽，国家经济枯竭，那么诸侯列国就会乘此危机发起进攻，到那时即使有智谋高超的人，也无法挽回危局了。所以，用兵作战，只听说指挥虽拙，但求速胜，而没有见过为讲究指挥工巧而求持久的。战争久拖不决而对国家有利的情形是没有的。所以，不完全了解用兵有害的人，就不能完全了解用兵之利。

善于用兵的人，兵员不再次征集，粮秣不多次运输；武器装备自国内取用，粮食饲料在敌国补充，这样，军队的粮秣供应就充足了。

国家之所以会因为用兵而贫穷，是由于远程运输。远程运输，百姓就会贫穷。靠近军队集结的地方，物价就会上涨。物价上涨，就会使百姓的财富枯竭。财富枯竭，就要急于加征赋役。军力耗尽，财富枯竭，国内家家户户就空虚了。百姓的财产要耗去十分之七；国家的资财，也由于车辆损坏，马匹疲病，盔甲、箭弩、戟盾、蔽橹以及运输用的壮牛、大车的征集、补充而损失十分之六。

所以，明智的将帅务求取粮于敌国。消耗敌国粮食一钟，相当于从本国运输二十钟；动用敌国草料一石，相当于从本国运送二十石。

要使军队勇敢杀敌，就要激励部队的士气；要使军队夺取敌人的物资，就要用财物作奖励。在车战中，凡缴获战车十辆以上的，就要奖励首先夺得战车的人，并把敌人的旗帜换成我军的旗帜，与我军的战车混合编组，对俘虏的兵卒要给予优待并使用他们。这就是所谓越战胜敌人而自己也越强大。

所以用兵贵在速胜，而不应旷日持久。

所以懂得用兵作战的将帅，是民众生死的掌握者，是国家安危的主宰者。

谋攻篇

孙子说：指导战争的法则是，使敌人全国完整地降服是上策，击破它就次一等；使敌人全军完整地降服是上策，击破它就次一等；使敌人全旅完整地降服是上策，击破它就次一等；使敌人全卒完整地降服是上策，击破它就次一等；使敌人全伍完整地降服是上策，击破它就次一等。因此，百战百胜不算高明中最高明的；不经交战而使敌人屈服，才算是高明中最高明的。

所以，上策是挫败敌人的战略计谋，其次是挫败敌人的外交，再次是挫败敌人的军队，下策是攻占敌人的城池。攻城的办法是不得已的。修造攻城用的巢车和四轮车，准备攻城器械，三个月才能完成；构筑攻城的土山又要三个月才能完工。将帅抑制不住焦躁愤怒的情绪，指挥士卒像蚂蚁一样去爬梯攻城。士兵伤亡三分之一，而城还是攻不下来，这就是攻城的危害。

所以，善于用兵的人，使敌屈服而不靠直接交战，夺取敌人的城堡而不靠硬攻，毁灭敌人的国家而不需旷日久战，一定要用全胜的战略争胜于天下，这样，军队不疲惫受挫而胜利却可完满取得，这就是以计谋攻取敌人的法则。

所以，用兵的法则是，有十倍于敌的兵力就包围他，有五倍于敌的兵力就进攻他，有两倍于敌的兵力就分散他，与敌人兵力相等就要抗击他，兵力少于敌人就要退却，实力比敌人弱就要避免决战。所以，弱小的军队如果只知硬拼坚守，就会成为强大敌人的俘虏。

将帅是国家的辅佐，辅助周密，国家就强盛，辅助缺陷，国家就会衰弱。

国君危害军队的情况有三种：不知道军队不可以前进而命令它前进，不知道军队不可以后退而命令它后退，这叫束缚军队；不了解军队的内部事务而主持军队的行政管理，将士就会迷惑；不懂得军队的权变而干预军队的指挥，将士就会疑虑。军队既迷惑又疑虑，那么各诸侯国乘机侵犯的灾难就来到了。这就叫作扰乱自己的军队而致使敌人获得胜利。

预知胜利有五个方面：知道可以打或不可以打的，能胜利；懂得多兵与少兵的不同用法的，能胜利；军队上下意愿一致的，能胜利；以有准备对待无准备的，能胜利；将帅有指挥能力而国君不加牵制的，能胜利。这五条，是预知胜利的方法。

所以说，了解敌人又了解自己百战都不会有危险；不了解敌人但了解自己，可能胜利，也可能失败；不了解敌人也不了解自己，那就每战都有危险。

形　篇

孙子说：从前善于指挥作战的人，先要做到不会被敌人战胜，以等待机会战胜敌人。不被敌人战胜的主动权在自己，可能战胜敌人则在于敌人有疏漏。所以善于指挥作战的人，能够做到不会被战胜，而不能做到使敌人必定被战胜。所以说，胜利可以预见，但不能强求。

要不被敌人战胜，就要进行防御；要战胜敌人，就要采取进攻。采取防御是因为兵力不足，采取进攻是因为兵力有余。善于防御的人，如深藏于不可知的地下；善于进攻的人，如行动在极高的天上。所以，既能保全自己又能取得完全的胜利。

预见胜利不超过一般人的认识，不算高明中最高明的；经过激战取得胜利，普天下都说好，也算不得高明中最高明的。这就好比举得起秋毫算不上力大，看得见日月算不上眼明，听得见雷霆算不上耳聪。古时候所谓善于指挥作战的人，都是战胜容易战胜的敌人。所以，善于指挥作战的人所打的胜仗，没有智慧的名声，没有勇武的战功。所以，他的战胜是不会有差错的。之所以没有差错，是因为他的作战措施建立在必胜的基础上，战胜的是已处于失败地位的敌人。所以，善于指挥作战的人，总是使自己立于不败之地，而又不放过击败敌人的机会。因此，胜利的军队总是先有了胜利的把握而后才同敌人交战，失败的军队则是先同敌人交战而后企求侥幸取胜。善于指导战争的人，修明政治，确保法制，所以能够掌握胜败的主动权。

《兵法》说，一是"度"，二是"量"，三是"数"，四是"称"，五是"胜"。敌我所处地域的不同，产生双方土地面积大小不同的"度"；"度"的不同，产生双方物产资源多少不同的"量"；"量"的不同，产生双方兵员多寡不同的"数"；"数"的不同，产生双方军事实力强弱不同的"称"；"称"的不同，最终决定战争的胜负成败。胜利的军队较之失败的军队，就像用"镒"称"铢"那样占有绝对优势；失败的军队较之胜利的军队，就像用"铢"称"镒"那样处于绝对劣势。胜利者指挥作战，就像在八百丈高处决开溪中的积水一样，这就是军事实力的"形"！

— 254 —

势　篇

　　孙子说：管理大部队如同管理小部队一样，这是军队的组织编制问题。指挥人部队作战如同指挥小部队作战一样，这是指挥号令问题。统率全军，能够一旦遭到敌人进攻而不失败的，这是"奇正"的战术变化问题。军队进攻敌人，如同用石头打鸡蛋一样，这是"避实就虚"的正确运用问题。

　　作战都是用正兵当敌，以奇兵取胜。所以善于出奇制胜的将帅，其战法变化就像天地那样不可穷尽，像江河那样永不枯竭。入而复出，是日月的运行；去而又来，是四季的更迭。乐音不过五种，然而五音的变化就听不胜听；颜色不过五种，然而五色的变化就看不胜看；滋味不过五种，然而五味的变化就尝不胜尝；作战的战术不过"奇""正"，然而"奇""正"的变化就无穷无尽。"奇""正"互相转化，就像顺着圆环旋转一样，无首无尾，谁能穷尽它呢？

　　湍急的流水飞快地奔泻，以致能漂移石头这就是"势"。雄鹰迅飞搏击，以致能捕杀鸟兽，这就是"节奏"。所以善于指挥作战的人，进攻时态势险峻，冲锋时节奏短促。险峻的态势就像张满的弓弩，短促的节奏就像击发弩机。

　　旌旗纷纷，人马纭纭，在混乱状态中作战而指挥不乱；混混沌沌，迷迷蒙蒙，在复杂形势下周密部署而不会失败。示敌混乱，是因为有严整的组织；示敌怯懦，是因为有勇敢的素质；示敌弱小，是因为有强大的兵力。严整、混乱，这是组织编制的问题；勇敢、怯懦，这是态势好坏的问题；强大、弱小，这是实力大小的问题。所以，善于调动敌人的将帅，用假象迷惑敌人，敌人就会听从调动；给敌人一些便宜，敌人就会贪取。用小利调动敌人，用主力伺机伏击破敌。

所以善于指挥作战的人，总是去造成有利的态势，而不苛求部属，因此能选择良将去造成有利的态势。善于利用有利态势去指挥部队作战，就像转动木头和巨石一样。木石的特性是方的静止不动，圆的滚动灵活。所以，善于指挥作战的人所造成的有利态势，就像转动圆石从八百丈的高山上滚下来一样，这就是"势"！

虚实篇

孙子说：凡先到达战场迎战敌人的就从容主动，后到达战场仓促应战的就疲劳被动。所以善于指挥作战的人，能调动敌人而不被敌人调动。能使敌人自动进至我预定地域的，是用小利引诱的结果；能使敌人不能进入我防区范围的，是制造困难阻止的结果。敌人休整得好，就要使他疲劳；敌人粮食充足，就要使他饥饿；敌人驻扎安稳，就要使他移动。

出兵指向敌人无法援救的地方，奔袭敌人预料不到的方向。行军千里而不疲劳，因为走的是没有敌人阻碍的地区。进攻必然得手，因为进攻的是敌人不防守的地方；防御必然稳固，因为扼守的正是敌人无法攻克的地方。所以善于进攻的，使敌人不知道怎么防守；善于防御的，使敌人不知道怎么进攻。

微妙呀微妙，竟至看不到形迹；神奇呀神奇，竟至听不到声息；所以能成为敌人命运的主宰。

前进而使敌人不能抵御，是因为冲向他空虚的地方；后退而使敌人无法追击，是因为行动迅速使敌人追赶不上。所以，我军要打，敌人即使高垒深沟也不得不脱离阵地与我作战，是因为进攻敌人必救的地方；我军不想打，稍加防守，敌人也无法来同我作战，是因为我诱使敌人改变了预定的进攻方向。

所以，使敌情暴露而我情不露痕迹，我军的兵力就集中而敌人的兵力则分散。我军兵力集中一处，敌人兵力分散十处，这是用十倍于敌的兵力去攻击敌人，这样就我众敌寡；能以众击寡，那么，我军与之作战的敌人就有限了。我军所要进攻的地方，敌人不得而知。不得而知，那么敌人所要防备的地方就多了。敌人所要防备的地方多了，那么我军所要进攻的敌人就少了。所以，敌人防备了前面，后面的兵力就薄弱；防备了后面，前面的兵力就薄弱；防备了左边，右边的兵力就薄弱；防备了右边，左边的兵力就薄弱；无处不防备，就无处的兵力不薄弱。敌人兵力薄弱，是因为处处防备；我军兵力充足，是因为迫使敌人处处防备。

所以，能预知交战的地点，预知交战的时间，就可以跋涉千里去同敌人作战。不能预知交战的地点，不能预知交战的时间，那么就左翼不能救右翼，右翼不能救左翼，前锋不能救后卫，后卫不能救前锋，何况远的数十里、近的数里呢？依我看来，越国的兵力虽多，对争取战争的胜利又有什么裨益呢？所以说，胜利是可以争取的。敌军虽多，也可以使它无法同我较量。

所以，分析敌情以了解敌人作战计划的优劣，挑动敌军以了解敌人的活动规律，佯动示形以了解敌人地形的有利与不利，战斗侦察以了解敌人兵力部署的虚实强弱。因此，伪装到最好的地步，就看不出形迹。看不出形迹，那么即使隐藏极深的间谍也窥察不到我军的底细，聪明的敌人也想不出办法。根据敌情的变化而取胜，把胜利摆在众人面前，众人还是看不出其中的奥妙。人们都知道我取胜的战术，但是却不知道我是怎样用这些战术来取胜的。所以每次战胜都不是重复老一套的方式，而是适应不同的情况，变化无穷。

用兵的规律好像水的流动，水的流动是避开高处而流向低处，作战的规律是避开敌人坚实之处而攻击它的弱点。水因地势的高低而制约流向，作战则根据敌人的变化而夺取胜利。战争没有固定的态势，水流没有不变的形态，能根据敌情的变化而夺取胜利的，就叫作用兵如神。

五行没有哪一个固定独胜，四季没有哪一个固定不变，白昼有短有长，月亮有缺有圆。

军争篇

孙子说：用兵的法则，将帅接受国君的命令，从组织军队、动员民众到同敌人对阵，没有比两军争利更困难的。两军争利最困难的地方，是要把迂回的道路变为直路，要把困难变为有利。所以要故意迂回绕道，并用小利引诱敌人转移方向，这样就能比敌人后出动而先于敌人到达必争之地，这就是懂得以迂为直的方法了。

所以争夺先机之利是有利的，同时也是有危险的。带着所有装备辎重去争利，就不能按时到达预定地域；放下装备辎重去争利，装备辎重就会损失。因此，卷甲急进，昼夜不停，加倍行程强行军，走百里去争利，三军将领都可能被俘，强壮的士卒先到，疲弱的士卒掉队，这种做法只会有十分之一的兵力赶到；走五十里去争利，前军主将会受挫折，这种做法只有半数兵力赶到；走三十里去争利，就只有三分之二的兵力赶到。所以，军队没有辎重就不能生存，没有粮食就不能生存，没有物资储备就不能生存。

不了解列国诸侯的战略企图，不能与其结交；不熟悉山林、险阻、水网沼泽等地形，不能行军布阵；不使用向导，不能得地利。所以用兵打仗的要诀是诡诈多变才能成功，根据是否有利决定自己的行动，按照分散和集中来变化兵力的使用。所以，军队行动迅速时像疾风，行动舒缓时像森林，攻击时像烈火，防御时像山岳，隐蔽时像阴天，冲锋时像迅雷。掳掠乡邑，要分兵掠取；扩张领土，要论功行赏；衡量利害得失，然后相机行动。事先懂得以迂为直方法的就胜利，这就是军争的原则。

《军政》说："因为用言语指挥听不到，所以设置金鼓；用动作看不到，所以设置旌旗。"金鼓、旌旗，是统一全军视听的。全军行动既然一致，那么，勇敢的就不能单独前进，怯懦的就不能单独后退，这就是指挥大部队作战的方法。所以，夜间作战多用火光和金鼓，白天作战多用旌旗，之所以变换这些信号都是为了适应士卒的视听。

对于敌人的军队，可以打击它的士气；对于敌人的将领，可以动摇他的意志。军队初战时士气锐不可当，过一段时间就逐渐懈怠，最后就疲乏衰竭了。所以善于用兵的人，要避开敌人初来时的锐气，等待敌人士气懈怠、衰竭时再去打击他，这是掌握军队士气的方法。以自己的严整对付敌人的混乱，以自己的镇静对付敌人的轻躁，这是掌握军队心理的方法。以自己的接近战场对付敌人的远道而来，以自己部队的安逸休整对付敌人的奔劳，以自己部队的饱食对付敌人的饥饿，这是掌握军队体力的方法。不去拦击旗帜整齐、部署周密的敌人，不去攻击阵容堂皇、实力强大的敌人，这是掌握因敌变化的方法。

用兵的法则是：敌军占领山地不要仰攻，敌军背靠高地不要正面迎击，敌军假装败退不要跟踪追击，敌军锐气旺盛不要去攻击，敌人的诱兵不要去理睬，撤退的敌军不要去正面拦截，包围敌人要虚留缺口，濒临绝境的敌军不要过分逼迫，这是用兵的法则。

九变篇

孙子说：大凡用兵的法则，主将接受国君的命令，组织军队，聚集军需，在"难以通行的地域"不可宿营，在"三国交界的地域"应结交诸侯，在"无法生存的地域"不可停留，在"四面险阻，难以出入的地域"要巧设计谋，陷入"只有拼命才能生存的地域"就要坚决奋战。道路有些不要走，敌军有些不要打，城邑有些不要攻，土地有些不要争，国君的命令有些不要接受。

所以，将帅能够精通以多种地形和战情机变之利的，就是懂得用兵了。将帅不精通多种地形和战情机变之利的，虽然了解地形，也不能得到地利。指挥军队而不懂得多变的方法，虽然知道"五利"，也不能充分发挥军队的作用。

聪明的将帅考虑问题，必须兼顾到利害两个方面。在不利的条件下要看到有利因素，任务才可顺利完成；在顺利的条件下要看到不利的因素，祸患才能解除。

所以，制服诸侯是靠计谋伤害，役使诸侯是靠制造危难扰乱，调动诸侯是靠小利引诱。

用兵的法则是，不要寄希望于敌人不来，而要依靠自己做好了充分的准备；不要寄希望于敌人不进攻，而要依靠自己拥有力量使敌人无法进攻。

将帅有五种弱点：只知死拼会被诱杀，贪生怕死会被俘虏，急躁易怒会遭欺侮，过于自尊则不免受辱，一味爱民而不审度利害则会被动烦劳。这五种情况是将帅的过错，也是用兵的大忌。军队将帅被杀，必定是由这五种危险引起的，不可不充分注意。

行军篇

孙子说：在不同地形上处置军队和观察敌情，应该注意：通过山地，必须沿着有水草的山谷行进，在高而向阳的地方驻扎。敌人占领高地，不要仰攻。这是在山地对军队的处置。横渡江河，应远离流水驻扎；敌人渡水而来，不要迎击他于河滨，应让他渡过一半时去攻击他，才有利；如果要与敌决战，不要紧靠水边列阵迎击敌人；要居高向阳，不要面迎水流。这是在江河地带对军队的处置。通过盐碱沼泽地带，要迅速离开，不要停留；如果同敌军遭遇于盐碱沼泽地带，就必须靠近水草而背靠树林。这是在盐碱沼泽地带对军队的处置。在平原上应占领开阔地域，而主要翼侧依托高地，前低后高。这是在平原地带对军队的处置。以上四种"处军"原则的好处，就是黄帝所以能战胜四帝的原因。

凡是驻军总是喜欢干燥的高地而讨厌潮湿的洼地，重视向阳面而避开阴暗面，人马得以休养生息，军需供应充足，将士百病不生，这样就有了胜利的保证。在丘陵堤防地带，军队必须驻扎于向阳之地，并将主力背靠高地部署。这对用兵是有利的，能得到地形的辅助，上游下雨，洪水突至，要涉水，必须等水流稍定之后。地形有"绝涧""天井""天牢""天罗""天陷""天隙"，必须迅速离开，不要接近。我们应远离它，让敌人去靠近它；我们应面向它，让敌人背靠着它。军营两旁遇有隘路、湖沼、水网、芦苇、山林以及草木茂盛的地方，必须谨慎反复地搜索，这些都是奸细可能隐伏的地方。

敌人逼近而安静的，是倚仗他占领了险要地形；敌人离我方很远而来挑战的，是想引诱我前进；敌人之所以驻扎在平坦的地方，是因为据有有利条件；许多树木摇动，是敌人隐蔽前来；草丛中有许多障碍，是敌人布下的疑阵；群鸟惊飞，是下面有伏兵；野兽骇跑，是敌人大举突袭；尘土高而尖，是敌人战车驶来；尘土低而宽广，是敌人步兵开来；尘土疏散飞扬，是敌人在砍运木材；尘土少而时起时落，是敌人正在扎营。敌人使者措辞谦逊却又在加紧战备的，是准备进攻；措辞强硬并作出前进姿态的，是准备后退；轻车先出动，部署在翼侧的，是在布列阵势；尚未受挫而来讲和的，是另有阴谋；士卒奔走而布列兵车的，是期待与我决战；半进半

— 261 —

退的，是企图引诱我军。敌兵倚着兵器站立的，是因为饥饿；打水急于先饮的，是因为干渴；见利不前进的，是因为疲劳；营寨上聚集鸟雀的，是因为下面是空营；夜间惊叫的，是因为恐慌；敌营惊扰纷乱的，是因为将领没有威严；旗帜乱动的，是因为队伍已经混乱；军官易怒的，是因为全军疲倦困乏；用粮食喂马，杀牲口吃肉，收拾起炊具，不返回营舍的，是准备拼命突围的穷寇；低声下气同部下讲话的，是因为敌将失去人心；不断犒赏士卒的，是因为处境艰难；不断处罚部属的，是因为陷于困境；先凶暴后又惧怕部下的，是因为将领太不精明；派来的使者措辞委婉，态度谦逊的，是因为想休战；愤怒向我前进，但久不交锋又不撤退的，必须谨慎地观察他。

兵力并不是愈多愈好，只要不轻敌冒进，却能集中兵力，判明敌情，任用贤将，也就可以了。那种既不深思熟虑又轻敌的人，必定会被敌人俘虏。

士卒还没有亲附就执行处罚，他们就不会心服，心不服就很难使用。士卒已经亲附，如果纪律仍不执行，也不能用来作战。所以要用怀柔的手段去笼络他们，用严明的法令去管束他们，这样就必定能取胜。平素能以条令严格管教兵卒，兵卒就服从；平素不能以条令严格管教兵卒，兵卒就不服从。军令平素就能贯彻执行的，表明将帅同兵卒之间相处融洽。

地形篇

孙子说：地形有"通形""挂形""支形""隘形""险形""远形"。我们可以去，敌人可以来的地域叫通形。在通形地域上，应先占领视界开阔的高地，保证粮道畅通，这样作战就有利。可以前往，难以返回的地域叫挂形。在挂形地域上，如果敌人没有防备，就可以突然出击而战胜他；如果敌人有防备，出击不能取胜，难以返回，就不利了。我军出击不利，敌人出击也不利的地域叫支形。在支形地域上，敌人虽然以利诱我，也不要出击，而应引兵离去，当敌人前出一半时再回兵攻击，这样就有利。在隘形地域上，我军应先敌占领，并封锁隘口等待敌人。如果敌人先占领隘口，并用重兵据守，就不要去打；如果没有封锁隘口，则可以去打。在险形地域上，如果我军先敌占领，必须控制视界开阔的高地，以等待来犯之敌；如果敌人先占领，就应引兵离去，不要去打他。在远形地域，双方态势均等，不宜挑战，勉强求战，则不利。以上六条，是利用地形的原则，是将帅的重大责任，不可不认真考察研究。

军事上有"走""弛""陷""崩""乱""北"六种情况。这六种情况，不是天灾造成的，而是将帅的过错造成的。凡是态势相当而以一击十的，叫作"走"。兵卒强悍，军官懦弱的，叫作"弛"。军官强勇，兵卒懦弱的，叫作"陷"。高级军吏愤怒而不服从指挥，遇到敌人怨怼而擅自出战，将帅又不了解他们能力的，叫作"崩"。将帅懦弱不严，治军无方，军吏士卒不受军纪约束，出兵列阵杂乱无章的，叫作"乱"。将帅不能正确判断敌情，以少击众，以弱击强，军队又没有"选锋"的，叫作"北"。以上六种情况，都是造成失败的原因，是将帅的重大责任，不可不认真研究。

地形是用兵的辅助条件。判断敌情，夺取胜利，考察地形的险隘和道路的远近，这是高明的将领必须掌握的方法。懂得这些道理去指挥作战的，必然胜利，不懂得这些道理去指挥作战的，必然失败。

从战争规律上分析，必然会胜利的，即使国君说不打，也可以坚持打；从战争规律上分析，不能打胜的，即使国君说一定要打，也可不去打。进不求名利，退不避罪责，只求保全民众而有利于国君，这样的将帅，才是国家的珍宝。

对待兵卒如同对待婴儿，兵卒就能与他赴汤蹈火；对待兵卒如同对待爱子，兵卒就能与他同生共死。对待兵卒厚养而不使用，爱宠而不教育，违法而不惩治，那就好比受溺爱的娇子，是不能用来打仗的。

只了解自己的部队能打，而不了解敌人不可以打，胜利的可能只有一半；了解敌人可以打，而不了解自己的部队不能打，胜利的可能只有一半；了解敌人可以打，也了解自己的部队能打，而不了解地形不利于打，胜利的可能只有一半。所以，懂得用兵的人，他的行为绝不迷惑，他的对策变化无穷。所以说，了解对方，了解自己，争取胜利就不会有危险；懂得天时，懂得地利，就能不断地取得胜利。

九地篇

孙子说：按照用兵的法则，战地有散地、轻地、争地、交地、衢地、重地、圮地、围地、死地。诸侯在本国境内作战的地区，是散地。在敌国浅近纵深作战的地区，是轻地。我军得到有利，敌军得到也有利的地区，是争地。我军可以往，敌军可以来的地区，是交地。各国相邻，先到达就可以得到诸侯列国援助的地区，是衢地。深入敌境，远离自己城邑的地区，是重地。山林、险阻、沼泽，道路难于通行的地区，是圮地。进入的道路狭隘、退归的道路迂远、敌军能够以其少兵击我多兵的地区，是围地。迅速奋勇作战就能生存，不迅速奋勇作战就只有死亡的地区，是死地。因此，散地，不宜作战；轻地，不宜停留；争地，不要在被动情况下强攻；交地，部队的联系不可断绝；衢地，则应结交诸侯；重地，就要掠取敌国物资；圮地，就要迅速通过；围地，就要巧设计谋；死地，就要奋勇作战。

古代善于指挥作战的人，能使敌人的部队前后不相策应，主力和小部队不相依靠，官兵不相救援，上下不能协调，兵卒溃散难以集中，交战时阵形也不整齐。对我有利就行动，对我无利就停止。请问："假如敌军人数众多、阵势严整地向我推进，用什么办法对付它呢？"回答道："先夺取敌人的要害，就能使他听从我的摆布了。"用兵之理贵在神速，乘敌人措手不及的时机，走敌人意料不到的道路，攻击敌人没有戒备的地方。

大凡对敌国进攻作战，其规律是，越深入敌境，军心越专一，敌人越不能取胜。在丰饶的田野上掠取粮草，全军就能得到足够的粮食；休整部队不使疲劳，提高士气，积蓄力量，部署兵力巧设计谋，使敌人无法判断。置部队于无路可走的境地，虽死也不会败退，既然死都不怕，怎么会不尽力而战呢！士卒深陷危险的境地就不恐惧，无路可走军心就会稳固，深入敌国军队就团结，迫不得已就坚决战斗。因此，这种条件下的军队不须整饬就能注意戒备，不须强求就能完成任务，不须约束就能亲附拥戴，不须申令就能遵守纪律。禁止迷信，消除疑虑，至死也不会逃避。我军士兵没有多余的钱财，不是厌恶财物；没有人贪生怕死，不是厌恶长命。作战命令发布的时候，士兵们坐着的泪湿衣襟，躺着的泪流满面。把士兵投入无路可走的绝地，他们就会像专诸、曹刿一样勇敢。

善于统率部队的人能使部队像"率然"一样，"率然"是常山的一种蛇。打它的头，尾就过来救应，打它的尾，头就过来救应，打它的身子，头尾都过来救应。试问："可以使军队如同'率然'一样吗？"回答是："可以。"吴国人和越国人是互相仇恨的，可是当他们同船渡河遇到大风，互相救援就像一个人的左右手。因此，缚住战马、掩埋车轮，用这种办法迫使部队不动摇是不可靠的。要使部队齐力同勇如一人，在于管理教育得法；要使强者弱者都能发挥作用，在于利用地形适当。所以善于用兵的人，能使全军将士携手如一人，这是因为严峻的形势迫使他们不得不这样做。

统率军队，要冷静而深邃，公正而严明。要能够蒙蔽士卒的视听，使他们对军事行动毫无所知。变更作战部署，改变原定计划，使人们无法识破真相；改换驻地，迂回行进，使人们推测不出意图。主帅与部属约期出战，如同登高而抽去梯子一样能进不能退。主帅与部属深入诸侯国内，如同击发弩机射出的箭矢一样一往无前。烧掉船只，砸毁军锅；对待士卒如同驱赶羊群一样，赶过去赶过来，他们不知要到哪里去。聚集全军，把他们投入危险的境地，这就是统率军队的要务。各种地形的不同处置，攻防进退的利害得失，官兵上下的不同心理，这些都不能不认真考察研究。

进攻敌国作战的规律是：深入敌境，军心就稳定专一；浅入敌境，军心就容易涣散。离开本国进入敌境作战的地区，是"绝地"；四通八达的地区，是"衢地"；进入敌国纵深的地区，是"重地"；进入敌国浅近纵深的地区，是"轻地"；背靠险固、前阻隘路的地区，是"围地"；没有出路的地区是"死地"。因此，散地，我就要统一官兵的意志；轻地，我就要使营阵紧密相连；争地，我就要让后续部队迅速跟进；交地，我就要谨慎防守；衢地，我就要巩固邻国的交往；重地，我就要补充军粮；圮地，我就要迅速通过；围地，我就要堵塞缺口；死地，我就要显示死战的决心。所以，军事上的情势就是：被包围就要抵抗，迫不得已就要拼死战斗，陷入危险的境地就会听从指挥。

不了解诸侯各国的战略动向，就不能与之结交；不熟悉山林、险阻、沮泽等地形，就不能行军布阵：不使用向导，就不能得到地利。对于"九地"的利害，有一方面不了解，就不是霸王的军队。凡是霸王的军队，进攻大国，就能使其军民来不及动员集中；威力施加于敌，就能使其无法同别国结交。所以，不必争着同天下诸侯结交，不必在诸侯国培植自己的权势，只要伸展自己的战略意图，威力施加于敌国，那么，敌国的城池就可以拔取，国都就可以毁灭。实行超越惯例的奖赏，颁布打破常规的号令。指挥全军如同指挥一个人。给予任务，不说明企图，只告知有利条件，不告知危险的因素。把士卒投入危地，才能转危为存；使士卒陷入死地，才能转死为生。军队陷于险境，然后才能夺取胜利。所以，指导战争这件事，在于假装顺从敌人的战略意图，实则集中兵力于主攻方向，出兵千里斩杀其将，这就是所谓用巧妙的方法取得成功。

所以，决定战争行动之日，就要封锁关口销毁符证，禁止敌国使节往来。在庙堂秘密谋划，作出战略决策。敌方一旦出现疏漏，就必须迅速乘机进入。首先夺敌战略要地，但不要轻易约期决战，遵循规律，敌变我变，灵活决定自己的作战行动。因此，战争开始之前要像处女那样沉静，诱使敌人暴露弱点，战争展开之后要像脱逃的野兔一样迅速行动，使敌人来不及抵抗。

火攻篇

孙子说：火攻有五种：一是火烧敌军人马，二是火烧敌军粮草，三是火烧敌军辎重，四是火烧敌军仓库，五是火烧敌军粮道。进行火攻必须有一定的条件，烟火器材必须经常准备好。放火要看天时，点火要看日子。天时是指气候干燥，日子是指月亮行经箕、壁、翼、轸四星宿的位置时。月亮经过这四星宿时，正是有风的日子。

凡用火攻，必须根据五种火攻方式的不同，灵活地派兵配合。火从敌营内部放，就要及时派兵从外部策应；火已烧起而敌营毫无动静，则应冷静等待，不可立即发起进攻，待火势旺盛，可以进攻就进攻，不可进攻就停止。火也可以从外面放，就不必等待内应，只要适时放火就行。火在上风放，不可从下风进攻。白天刮风的时间长，夜晚风就容易停止。军队必须懂得灵活运用五种火攻形式，等待条件进行火攻。

用火来配合进攻，效果显著；用水来配合进攻，可以增强攻势。水可以分割断绝敌军，但不能夺敌物资。

凡打了胜仗，夺取了土地城邑，而不巩固战果的，则有凶险，这叫作

"费留"。所以说，明智的国君要慎重地考虑它，贤良的将帅要认真地处理它。不是有利不行动，不是能胜不用兵，不是危急不出战。国君不可因一时之怒而发起战争，将帅不可因一时之愤而出阵求战。有利才用兵，不利就停止。愤怒可以恢复到喜悦，气愤可以恢复到高兴，国家亡了就不能复存，人死了就不能再生。所以，明智的国君要慎重，贤良的将帅要警惕，这是安定国家、保全军队的关键。

用间篇

孙子说：凡是兴兵十万，出征千里，百姓的耗费，公室的开支，每天要花费千金；国内外一片骚动，为运输物资疲于道路而不能耕作的有七十万家。相持数年，就是为了争得最后一天的胜利。吝惜爵禄金钱不重用间谍，以致不了解敌情而招致失败，那就是不仁到了极点。这样的将领不配做军队的统帅，不配做君主的助手，这样的君主不是能取胜的君主。贤明的君主、优秀的将领之所以一旦行动就能战胜敌人，成功超出众人之上，就在于事先了解敌情。事先了解敌情，不可祈求于鬼神，不可类比推测，不可用日月星辰运行的度数去验证，只能从人、从知道敌情的人的身上去了解。

使用间谍的方式有五种，有因间、内间、反间、死间、生间。五种间谍都同时使用起来，使敌人无从了解我使用间谍的规律，这乃是神妙的纲纪，是国君的法宝。因间，是利用敌国的乡大夫充当间谍。内间，是利用敌方官吏充当间谍。反间，是利用敌方间谍充当我方间谍。死间，就是将假情报传播于外，让潜入敌营的我方间谍得知并传给敌间。生间，就是能活着回来报告情况的间谍。

所以在军队的关系中，没有比间谍更亲近的，奖赏没有比间谍更优厚的，事情没有比间谍更秘密的。不是圣贤睿智的人不能利用间谍，不是仁义的人不能指使间谍，不是用心微妙的人不能得到间谍的真实情报。微妙呀！微妙呀！无处不需使用间谍。间谍的工作尚未进行而事先走漏了消息，那么间谍和听到秘密的人都要被处死。

凡是要攻打的敌人军队，要攻占的敌方城堡，要暗杀的敌方官员，一定要先打听守城的将帅及其亲信、传达人员、守门官吏、门客幕僚的姓名，命我方间谍务必侦察清楚。

必须搜索出前来侦察我军的敌方间谍，要利用收买、诱导放归，这样反间就可以为我所用了。由此而了解情况，于是因间、内间就可以为我所用了；由此而了解情况，于是就能使死间传假情报给敌人；由此而了解情况，于是就可以使生间按预定时间回报敌情。五种间谍的使用，国君都必须知道。了解情况的关键在于反间，所以对反间不可不厚待。

从前殷朝的兴起，因为伊挚曾经在夏朝；周朝的兴起，因为姜子牙曾经在殷朝。所以贤明的国君、优秀的将帅，能用智慧高超的人充当间谍，就一定能建树大功。这是用兵的关键，全军依靠它来决定军事行动。

后　记

2002年我退休了，离开了军科院，住进了干休所，终日无心终日闲。然而我桑榆虽晚，尚存伏枥之志。2007年应解放军出版社郑晖社长、陈济康主任的邀请，组织编写了一套"中国古代兵法经典鉴赏"丛书，我写了第一本《孙子兵法新说》。现在该书合同已逾期，市场已脱销。当此时也，北京出版集团有限公司正策划出版一套"中国军事专家文库"，遴选了一些论著，其中便有拙著《孙子兵法新说》。我虽已届杖朝之年，但也欣然同意再版，于是签署合同，修订文字，更名为《孙子兵法制胜智慧》，因以付梓，公开出版发行。

吴如嵩

2021年12月底